古代歷史文化 研究輯刊

七 編

王 明 蓀 主編

第 **10** 冊

征服或擴大
——遼朝的政治結構與國家形成

廖 啟 照 著

國家圖書館出版品預行編目資料

征服或擴大——遼朝的政治結構與國家形成／廖啓照 著 — 初
版 — 新北市：花木蘭文化出版社，2012〔民 101〕
序 2+ 目 2+224 面；19×26 公分
（古代歷史文化研究輯刊 七編；第 10 冊）
ISBN：978-986-254-820-2（精裝）
1. 契丹　2. 中國政治制度　3. 遼史
618　　　　　　　　　　　　　　　101002878

ISBN-978-986-254-820-2

9 789862 548202

古代歷史文化研究輯刊
七 編 第 十 冊　　　　　　　ISBN：978-986-254-820-2

征服或擴大——遼朝的政治結構與國家形成

作　　者　廖啟照
主　　編　王明蓀
總 編 輯　杜潔祥
出　　版　花木蘭文化出版社
發 行 所　花木蘭文化出版社
發 行 人　高小娟
聯絡地址　新北市永和區中正路五九五號七樓
　　　　　電話：02-2923-1455 ／傳眞：02-2923-1452
網　　址　http://www.huamulan.tw 信箱 sut81518@gmail.com
印　　刷　普羅文化出版廣告事業
初　　版　2012 年 3 月
定　　價　七編 24 冊（精裝）新台幣 38,000 元

征服或擴大
──遼朝的政治結構與國家形成

廖啟照　著

作者簡介

廖啟照，台灣台中人，1968年生。中興大學歷史學系碩、博士，主要研究領域為遼金元史，專攻遼代政治與政治制度史，著有〈從部落聯盟到契丹王朝——以遼代中央政樞之官僚化為中心〉等論文數篇。兼任中部數所大學通識教育中心教席，講授中國歷史與文化、台灣歷史與文化、文明史等課程。

提　要

　　遼朝政權統治兩個生活背景差異很大的社會，一個是以游牧、漁獵生活為主的北亞草原社會，一個是以農業生活為主的漢文化社會。遼代的統治者必須思考，採取何種制度才能有效地統治這個「複合國家」，以及政治權力如何分配方能鞏固其政權。本書企圖從社會史的角度討論遼朝的政治結構與國家形成，本書的研究取向可說是帶有社會史傾向的政治史研究。

　　歸納本書研究的結果，可略述數端：

　　契丹部族勢力、漢文化圈的漢人與渤海人，及其它北亞游牧民族是構成遼朝政權的三大勢力。隨著遼朝政權的鞏固，逐漸發展出足以代表此三大社會基礎的統治階層。遼太祖耶律阿保機吸收具有經濟優勢的漢人，誘殺其它七部大人，成為中國式集權王朝的君主。遼太祖主要是利用遼朝治下各股社會勢力互相牽制，建立皇室與后族的權威地位，成為高於契丹各部之上的獨立族帳。

　　在政治制度方面，遼朝的統治者必須建立一套適當的行政制度，以便集權中央而能成功地統治這個「複合國家」，又必須適應生活方式差異極大的社會，於是形成兩元政治的特殊型態。儘管契丹的皇帝們並沒有明顯的改造其政府，但確實以其中央集權的需要運作漢制與契丹制度，改變了這兩種制度的原貌。

　　權力結構方面，以統治階層的構成而言，表現出遼朝擴大政局基礎的開放面。然而，北樞密院等核心官署的權力結構，具有相當明顯的征服性格。這些權力機構高級官員的選任，顯示封閉的征服民族至上主義，往往不是一般漢人所企盼的職位。遼朝的統治者也非常重視家世背景，所以蔭緣是其最主要的用人管道。中葉以後，進士出身的官員在官僚結構的比列上升，顯示行政組織官僚化後需要有效率的高級行政人才。這反映在行政傑出進士官員可以升到最高政治中樞的使相職位。

目
次

自　序

　　本書是據筆者中興大學歷史系的博士論文潤飾修定而成，除了文字的潤飾和文句的疏通以外，本書保持學位論文大部分的面貌。一方面作爲著者個人學思歷程的紀錄，一方面就教於學界先進專家。本書的寫作雖僅一年有餘，但全文的構思、資料蒐集、架構布局和進行方向的探索前後已歷十年，是筆者對遼代政治與制度思考研究的最近成果。

　　本書主要探討立國於 10-12 世紀轄有北亞草原社會與中原農業社會的遼朝統治者，運用何種政治手段、採取何種制度以有效統治這個「複合國家」。契丹的皇帝們爲鞏固其政權，必須擴大其統治階層的社會基礎，因此遼朝政權的社會基礎具有多元民族的成分。基於對遼朝政權背景的認識，本書主要的論點，首先在權力結構方面，誠如前面所述藉由擴大社會基礎以鞏固遼朝政權，相對來說契丹、漢人、渤海、奚、室韋、女眞各民族在全體遼朝官員所占的比例約略均衡。除了契丹族以外，各民族官員的權力甚至可以達到互相制衡的效果。然而，遼朝若干核心官署，契丹族官員占有極大的比重，顯示遼朝權力核心具有強烈的征服民族封閉性。其次，遼朝的統治者採借中國的政治制度，以彌補其草原政治經驗的不足。深究中國政治制度在遼朝的運作情形，可以發現契丹的皇帝沒有中國傳統政治包袱，當然也不必然受到傳統中國政治制度的拘束，他們採取中國制度的目的在於剪除契丹守舊貴族的掣肘，以達到君主集權。筆者未來將集中心力，探討個別中國制度在遼朝的運作情形，以加強這個論點的說服力。

　　本書的出版，首先要感謝恩師王明蓀教授。本書從研究方向的確定、資料蒐集與判讀到文字的撰寫，都耗費明蓀師不少心力，最後還向花木蘭出版

公司推薦本書。明葓師對提攜後學的熱誠與學術志業的堅持，最令筆者銘感五內。學位論文口試期間，承蒙趙振績、洪金富、蔣武雄及楊育鎂諸位教授撥冗審查論文，不勝感激。趙教授提醒筆者注意契丹與渤海、高麗的關係，洪教授強調論述與論點的表達必須具體明確，蔣教授指正遼代進士名額、補充遼代進士的外交作為，楊教授細心指出筆者引用資料的瑕疵，令筆者改正不少錯誤。筆者深信本書在資料判讀、論述邏輯上還有不少缺漏錯誤，甚望海內外方家不吝賜教，是盼！

　　論文撰寫期間，學兄林煌達不時督促、鼓勵，昭揚學棣熱心提供資料、閱讀本書的初稿，提出若干筆者忽略的問題，新添學棣時時提出疑問，使本書的邏輯在筆者能力範圍內減到最少。學友的鼓勵與交流，是筆者能在這個論題上沉浸十個寒暑的動力。學友的熱情與鼓勵，也令筆者點滴在心。

　　學術研究需要家人的支持。為了滿足個人的成就感，父親和大弟在筆者研究期間分擔不少原本應由筆者承擔的家庭責任，值本書出版之際，也應形諸文字感謝他們。本書的完成猶如新生兒的誕生，需要慈母含辛茹苦的孕育、養育、教育，最後謹以本書獻給先慈謝淑琴女士。

廖啓照　　序於 2012 年元月

第一章　緒　論

一、問題意識——從「征服」或「擴大」說起

　　法國漢學家伯希和（P. Pelliot）在他的研究中，認爲契丹和其他在中國成功建立政權的游牧民族一樣，很快地便爲中國文化所「征服」。〔註1〕《劍橋中國史》第 6 卷的編著者也注意到，10～14 世紀期間中國落入外族人的部分雖然不斷在「擴大」，中國式的官僚統治方式反而成爲東亞世界的政治規範。換言之，中國的政治制度，被那些非漢人政權以及非中國地區的政權所採納和適應。〔註2〕文化史令人感到微妙之處即在於此，而深層的問題在於應如何解釋其因果脈絡以及歷史意義。

　　證諸遼、金、元、清四朝的歷史，雖然它們的政府在很大的部分採取中國的政治制度，但是若干固有的部族政治、軍事組織並未因此而放棄。契丹、女眞、蒙古和滿洲的統治貴族，雖然在生活和文化上吸收許多中國的要素，但是部族的傳統和宗教信仰，仍然被這些統治貴族保留下來。尤其這些部族的大部分平民，仍然過著傳統的生活。這些現象，使美國學者魏復古（K. A. Wittfogel）發現眞正完全的同化（Assimilation），在實際的歷史很難出現。於是，他採取文化涵化（accultration）的理論，重新觀察研究這些現象。魏復古

〔註1〕　轉引自魏復古（Karl A. Wittfogel）著，蘇國良譯，〈中國遼代社會史（907～1125）總述〉，《亞洲研究譯叢》第 3、4 集合訂本（臺北：臺灣大學歷史系亞洲研究譯叢編譯委員會，1971 年 8 月），頁 6～7。

〔註2〕　傅海波（Herbert Franke）、崔瑞德（Denis Twitchett）著，馬曉光譯，《劍橋中國遼西夏金元史（907～1368）·導言》（北京：中國社會科學出版社，1998 年 8 月），頁 6。

說明他採取涵化理論的原因，是因爲同化理論無法將遼金元清社會的二元結構，充分合理地解釋爲同一社會。

　　基於同化理論的侷限，魏復古遂研究契丹游牧文化與漢文化接觸後，遼代政治與社會經濟的發展與變遷，兼而探討遼朝對後世征服王朝的影響。他以遼代社會研究爲基礎，將遼金元清時期兩元性質共生的現象，稱爲「征服型態」的社會，以與秦漢帝國鞏固時期的典型社會對照。〔註3〕魏復古顯然認爲涵化的過程漫長而複雜，常常不是單方面而是有選擇性並且互惠式的文化。換言之，在漫長的遼漢文化涵化過程之後，他不排除有一個新的第三種文化的出現。據此足見，他對中國社會型態的研究背後，有一個文化變遷和適應的問題意識。〔註4〕

　　回顧當代東亞的「征服王朝」史研究，中日兩國對遼金元清四史的學術興趣，恐怕是受到政治局勢演變的刺激。日本對中國北疆歷史的研究雖然在廿世紀初就開始，〔註5〕其研究重心則在歷史地理和語言方面的考證。實際上對中國的軍事野心和侵略政策，才是日本對中國東北地區和遼金元史研究的驅動力。許多第一流學者投入民族的調查和考古的發掘，因此1935年以後遼金元史研究方向，轉而進行法制史研究以及由民族考古調查所掀起的文化史熱潮。〔註6〕另一方面，我國遼金元史研究的興起，由於晚清外患的關係，國內有識之士便已重視西北邊防，從而擴及東北地理歷史。隨著日本侵華野心日亟，更有學者著書立說，提醒國人對東北史事的注意。〔註7〕當時因清代學

〔註3〕　魏復古（Karl A. Wittfogel）著，蘇國良譯，〈中國遼代社會史（907～1125）總述〉，《亞洲研究譯叢》第3、4集合訂本，頁35～37。

〔註4〕　如果筆者的理解不錯的話，當以契丹族利益爲優先的統治牢不可破時，他想證明文化上完全的融合將受到阻礙。政治的分離（或分化）如果繼續存在，經濟及社會的兩元結構也將難以撼動，在這個結構下種種適應和變遷引起的問題都會表現在文化上。

〔註5〕　在白鳥庫吉的倡導下有「滿鮮地理歷史調查室」的成立。見劉萍，《津田左右吉研究》（北京：中華書局，2004年11月1版1刷），頁2。

〔註6〕　海老澤哲雄將20世紀初至1950年代日本遼金元史研究分爲前後兩期，略以1935～1940年爲分界。參看海老澤哲雄撰，穆鴻利譯，〈戰後日本研究遼金史動態〉，《遼金契丹女眞史譯文集》（長春：吉林文史出版社，1990年9月第1版），頁420。

〔註7〕　金毓黻謂清末外患致當時人研究邊疆地理，由西北地理進究東北，見金毓黻，《東北通史·引言》（臺北：洪氏出版社影印國立東北大學民國30年本，1976），頁20。陶晉生指出傅斯年爲駁正日本對東北史的扭曲，撰寫《東北史綱》，見〈民國以來遼金史研究的回顧〉，《民國以來國史研究的回顧與展望論文集》

風所及，主要重點在文獻的校勘輯逸，同時也注意到契丹、女眞文化及其與漢文化接觸後的變遷，以及宋朝與遼金的關係。〔註8〕

戰後日本銜接戰前「民族誌」式的文化史研究，針對「征服王朝」掀起一波熱烈的論爭。這些爭論的重點，在於「征服王朝」是否如魏復古指涉的應包含漁獵兼農耕民族所建立的金、清兩朝。〔註9〕其次，則是應把「征服王朝」視爲中國史的一環，還是應放在北亞史的範疇探討，抑或兼顧兩者的立場。〔註10〕不過，對於北亞世界歷史的發展歷程，日本學界所持的看法大致相同。他們認爲，北亞草原社會吸取中亞綠洲和部分中國農業地帶的養分，因而孕育了不同於匈奴的新型態游牧都城國家——回鶻，是爲征服王朝的先驅。從遼朝開始強化可汗的絕對權力，進而征服並支配中國一部或全部的領土。不論如何，日本東洋史始終強調「征服王朝」是游牧社會高度發展的結果，象徵北亞歷史由古代向中古的轉變。〔註11〕

嚴格說來，日本東洋史學界並未從百家爭鳴中歸納出遼、金、元、清四朝的統治模式，其研究內容充其量只能說是「征服王朝形成史論」。從上面的討論，可以明顯地看出日本學者研究征服王朝歷史的焦點，與魏復古之間存在根本性的差異。其主要方向和論點是，強調北亞世界的部族習慣和傳統對對四朝政治和文化的影響力，可視爲日本學界對征服政權性質的一般看法。〔註12〕

雖然，日本學者也注意到了北亞民族如何統治新得漢地領土，或者所謂「征服模式」的問題。實際上，眞正究心研究此一問題的要屬法律學者出身的島田

（臺北：臺灣大學，1992年），頁124。

〔註8〕 陶晉生前揭〈民國以來遼金史研究的回顧〉，《民國以來國史研究的回顧與展望論文集》，頁124～126。

〔註9〕 吉田順一撰，鄭欽仁譯，〈北亞的歷史發展與魏復古的征服王朝理論〉，鄭欽仁、李明仁編譯，《征服王朝論文集》（臺北：稻香出版社，1999年1月初版），頁174～175。

〔註10〕 田村實造撰、李明仁譯，〈中國征服王朝——總括〉，《征服王朝論文集》，頁73。

〔註11〕 參看田村實造，〈北アジアにおける歷史世界の形成と發展〉，《中國征服王朝の研究上》（京都：東洋史研究會，昭和42年7月2版）：村上正二撰、鄭欽仁譯，〈征服王朝〉，《征服王朝論文集》，頁91～150；以及護雅夫撰、鄭欽仁譯，〈內陸亞世界的展開——總說〉，《征服王朝論文集》等，頁151～170。

〔註12〕 吉田順一說日本征服王朝研究「已經是魏復古的理論完全看不到的傾向，就是說從北亞史發展過程中把握征服王朝，而且當作其發展的一結果加以暸解的看法」，又認爲這個方向在日本學界「佔支配性的看法」。參看氏著、鄭欽仁譯，〈北亞的歷史發展與魏復古的征服王朝理論〉，《征服王朝論文集》，頁172以及183。

正郎。綜合津田左右吉與他個人對遼朝官僚組織和政治制度的系列研究，島田
正郎提出「二元制度」作爲遼朝政治體制。多數日本學者也大致同意，政治、
軍事組織的二元性格，就是遼朝及其他征服王朝同時統治農耕和游牧、狩獵二
元社會結構的一種反映。島田氏承認契丹民族仿照中國模式建立遼朝，但仍堅
持主張將遼代視爲北亞民族興亡史的一環，而不能當作中國王朝正史看待。〔註
13〕如果一條學術光譜的左側代表強烈的北亞因素，右側代表濃厚的中國影響，
則島田氏的「征服王朝論」應該位在左側偏重北亞性格的一個極端。

　　戰後的中國由於政治的分裂，兩岸的學術也走向不同的發展。臺灣的遼
金元史研究，可以說完全由大陸來臺學者在教學研究之餘，繼往開來地培養
新一代學術研究者而奠定基礎。〔註 14〕就在魏復古的「征服王朝」引起日本
的廣泛討論之後不久，臺灣新一代的遼金元史研究者也逐漸嶄露頭角。〔註 15〕
陶晉生和蕭啓慶先後赴美，以社會科學的觀念、方法，探討女眞、蒙古文化
及其與漢人接觸後社會文化的變遷。另外，曾在日本進修的學者札奇斯欽於
1969 年創辦政治大學邊政研究所，採民族學和人類學的取徑。經過第一代和
第二代學人的努力，關於契丹和女眞等民族原有文化及建國以後的變遷，成
爲戰後臺灣遼金元史研究的重點之一。

　　綜觀上述前輩學者的研究成績，著作較多影響較深要屬臺灣大學的姚從
吾，他的論著涵蓋長段的遼金元三史，因此得出中國歷史文化形成的宏觀解
釋。〈國史擴大綿延的一個看法〉一文指出中華民族與文化的形成，歷史上有
五大醞釀和四大混合。近古時期契丹、女眞和蒙古等邊疆民族在進入中原之
後，都能以務實的態度接受較爲優越的漢族制度，成爲中原「儒教大同文化」
的支流。居於主流地位的漢族文化經過遼金元時期的考驗，則和邊疆民族的

〔註13〕 島田正郎，〈遼朝北面中央官制的特色〉，《大陸雜誌》29 卷 12 期（臺北：大
　　　　陸雜誌社，1964 年 12 月），頁 1。

〔註14〕 主要有執教於臺大的姚從吾，他的著作涵蓋遼金元史；受業於金毓黻專研回
　　　　鶻而執臺灣師大教席的李符桐；版本文獻家楊家駱主編《遼史彙編》，執教中
　　　　國文化大學。除了上舉幾位以外，尚有研究宋史的學者而兼治宋遼、宋金關
　　　　係或發表若干遼金史論著。例如蔣復璁、師範大學趙鐵寒、東海大學孫克寬、
　　　　政治大學楊樹藩和中國文化大學程光裕，參看陶晉生，〈民國以來遼金史研究
　　　　的回顧〉，《民國以來國史研究的回顧與展望論文集》（臺北：臺灣大學，1992），
　　　　頁 127～128。

〔註15〕 拙著，〈臺灣遼金元史研究述要〉，《遼夏金元史教研通訊》2002 年第 1 期（臺
　　　　中：《遼夏金元史教研通訊》編輯組，2002 年 6 月），頁 118～119。

文化支流混合「擴大」成為中華民族文化。事實上，姚從吾所提出的觀點就揭示了臺灣遼金元史研究的主軸。

　　戰後大陸的歷史研究，含有強烈的唯物主義意識型態，解釋遼金元史也需符合「社會發展階段論」，此經若干學者指陳，無庸贅述。因此，評價歷史地位與作用、社會經濟性質、民族關係定位等，是大陸學界的主要研究方向和課題。〔註16〕八〇年代以後改革開放，大陸學界發表論著的數量，涉及的範圍都超越戰後的前三十年。至於對征服王朝歷史研究的問題意識及若干結論，大體亦是基於中華民族與文化形成這一思考。然而，部分大陸學者將契丹、女眞、蒙古和滿洲四個民族與漢族視為兄弟民族輪流執政，又可視為學術光譜上的另一個極端。

　　綜合上述的討論，不難看出「征服王朝」關涉社會、政治與文化等層次的課題，複雜難解，必須具備優異的洞察力，才能作出紮實的實證研究。無論就任何角度來看，對於所有的研究者而言都是一項艱鉅的挑戰。筆者學史以來，始終著力於探討北方民族政權歷史文化的發展，尤其是遼朝的歷史文化。研究遼金元清四朝歷史依據的史料，除了少數蒙文與滿文記述與檔案之外，仍以漢文典籍文獻為主。其中社會史資料不多，而著重於政治方面的記述。考慮筆者的能力和經驗，所以本書的研究策略擬改弦易轍從政治的角度來觀察和理解遼朝歷史發展。〔註17〕因此，在契丹的統治者如何鞏固遼朝政權的關懷下，本書欲致力探討遼代中央政治體制的形成和權力的結構及其政府的運作。

　　國內當代的東北史地研究，緣於欲與日本一爭長短的企圖，殆無疑義。〔註18〕就遼、金、元、清征服王朝歷史研究的學術源流來看，不論日本的「征服王朝形成論」或是我國的「國史擴大綿延說」，都從不同角度指出征

〔註16〕王明蓀，〈八十餘年以來遼金史研究之方向與課題〉，《中華民國史專題論文集第四屆討論會》（臺北：國史館，1998年12月），頁749。

〔註17〕筆者修讀碩士期間，以〈契丹建國前之社會結構〉為題，試圖從社會史的角度探討契丹部族游牧文化的面貌及其變遷。蒐集的資料，絕大部分是政治軍事史，社會史資料非常貧乏，以致該論文存有不小的缺陷。不過，同時也發現游牧文化的政治和社會之間並沒有清楚的界限，例如部族首長的權力在某種意義上是來自於部民的授與，換言之仍須從部族社會的運作觀察其權力。經此一番反省思考後，決定改變研究策略。

〔註18〕金毓黻曾指出研究東北史的重心不在中國，反在日本，世界各國學者研究東北史必以日本著作為基本材料。他暗示以乙國人敘甲國事，恐其「牽強附會別有用意」，足見他有意以中國觀點研究、解釋東北史。見金毓黻，《東北通史·引言》（臺北：洪氏出版社，影印國立東北大學民國30年本，1976），頁20。

服王朝的若干歷史事實。針鋒相對的歷史解釋觀點的論爭也許並不明顯，形成相對的「研究典範」卻是無庸置疑的。基於上述的討論，本書在問題意識的設計，以「征服」代表契丹政權性格的北亞法傾向，而採取「擴大」顯示其政權的漢文化傾向。

二、研究取向與論題——關於遼朝中央政治研究的檢討

本書之所以刻意提出「征服」或「擴大」，其目的在於藉由看似互相對立的兩個學術傳統反覆質疑彼此的論點，進而期望能更深入問題的核心並實證地分析遼代政治文化的形成。因此，以下試就這兩個看似互相對立的角度，分析以往的研究文獻及其研究方向。國內學者往往將遼金元史視爲同一領域，不過爲了呼應本書的問題意識，本節擬以遼代中央政治爲中心來審視過去的研究成績，只在必要的時候才將金元史研究列入討論。

（一）遼代政權基礎

遼代是契丹族建立的政權，因此關於契丹民族溯源和部族構成，引起不少討論。由於正史的記載常是後史承襲前史甚或前後矛盾，因此契丹民族的起源及其部族組織的問題，迄今尚無定論。〔註 19〕其中，日人愛宕松男企圖重建契丹古代由氏族發展爲部族聯盟國家的過程，其專著論證頗爲精妙，但仍有若干問題值得商榷。愛宕氏以原始部族分爲世通婚姻之兩半胞族的理論，檢討契丹的部族組織。他指出唐代李姓契丹與孫姓契丹便是互相通婚的兩個半胞族，因此可以證明遼代契丹社會分耶律、蕭氏的事實，即是契丹部族國家長久以來由兩半胞族構成的遺跡。〔註 20〕

至於遼代統治階層的問題，研究雖然不多倒是有值得注意之處。遼代統治集團大致可以分爲三類，一類是以皇族耶律氏和后族蕭氏爲中心的契丹部族勢力，包括其他契丹部族酋長及平民；其二包括漢人與渤海人的漢文化圈勢力，其中以漢人世家影響力較大；第三類爲契丹鄰近部族奚、室韋等的權貴家族，以奚王府較爲重要。這三類構成契丹政權的基礎，尤以皇族橫帳與后族國舅帳爲統治核心。

〔註 19〕 黃鳳岐，〈近年來我國契丹史研究述略〉，《遼金史論集》第 7 輯（鄭州：中州古籍出版社，1995），頁 3～4，列舉了契丹源流的幾種説法。

〔註 20〕 愛宕松男著，邢復禮譯，《契丹古代史研究》（呼和浩特：內蒙古人民出版社，1988 年 11 月）。

遼代契丹皇族的研究很少，楊若薇曾考述遼代最核心的「遼內四部族」的組成，即跟隨遼帝斡魯朵「行朝」移動的遙輦可汗後裔、橫帳三父房及合併拔里、乙室已的國舅帳與國舅別部。〔註21〕遼代國舅族與回鶻的關係密切，殆無疑義。李符桐曾分疏回鶻與契丹建國的關係；更析論構成遼代國舅族之半的二審密拔里與乙室已二族源於回鶻，由於二審密來源甚古，據遼代國舅族可任意合併，及國舅蕭氏任北府宰相者多為回鶻，顯示國舅之族與皇族關係甚近，厥為回鶻族。〔註22〕但是對於國舅族的組成，學界頗有爭論。李符桐指出國舅族述律氏與二審密之拔里一樣分大父房、少父房二帳，此與日本橋口兼夫的看法極為相近。〔註23〕王民信則依據文獻史料，商榷李符桐與橋口兼夫的主張。他指出《遼史》記載「國舅大父房」、「國舅少父房」即是述律氏大父房和少父房為不合理，並批駁日本愛宕松男《契丹古代史研究》直稱述律氏為收里之國舅帳大父房少父房亦毫無根據。〔註24〕在鄰近部族的研究方面，李符桐闡述作為遼朝兄弟部族的奚部與契丹兄弟反目，及其對遼朝建國的貢獻，成為融入遼代內屬的核心部族。〔註25〕

上述幾篇研究皆從文獻記載的歧異，分疏整理遼代統治核心皇族和國舅族的來源和構成，或者指出「遼內四部族」的構成，或者對組成國舅族的房系有不同的見解。這是因為史書的記載常語焉不詳，甚至互相矛盾所造成。因此，運用〈志書〉和傳記資料的對照互校，或許比較容易釐清史書記載的矛盾，並且掌握契丹政權核心氏族及其動態變遷。

遼代漢族統治階層的研究，則揭示若干可與史料文獻深入對話的研究方向。早期的研究有羅繼祖〈遼漢臣世系表〉，採拾史書、文集的相關記載，計

〔註21〕楊若薇，〈釋遼內四部族〉《民族研究》第 2 期（北京：中國社會科學出版社，1987）。

〔註22〕李符桐，《回鶻與遼朝建國之關係》，《李符桐論著全集》二（臺北：臺灣學生，1992 年，原文風出版社，1968 年出版），頁 263～405。

〔註23〕參看李符桐，〈遼朝國舅族拔里乙室已二部為回鶻考〉《李符桐論著全集》五，頁 113～176。橋口兼夫，〈遼代の國舅帳について〉，《史學雜誌》50 卷 2、3 號（出版地不詳：史學會，昭和 14 年），50：2，頁 153～191 及 50：3，頁 326～357。

〔註24〕王民信，〈契丹外戚集團的形成〉，《契丹史論叢》（臺北：學海出版社，1973 年 6 月），頁 73～87。

〔註25〕李符桐，〈奚部族及其與遼朝關係之探討〉，《李符桐論著全集》五（臺北：臺灣學生，1992 年），頁 1～112。

得漢臣 25 姓、39 族，補充《遼史》列傳的缺略。〔註 26〕王明蓀考述遼代漢人的來源、待遇，並探討遼代漢臣集團在統治階層中地位的升降。〔註 27〕王氏曾執行遼金元三代漢人世家的國科會專題研究計畫，是臺灣學界最早將研究眼光注意及此的學者。此外，長年鑽研蒙元史的蕭啓慶，亦曾研析邊族王朝與漢族世家，在結合漢族地方勢力藉以鞏固遼朝政權上，有值得注意的地方。他以遼朝燕京五大家族為中心，企圖分析漢人世家與邊族政權的共生關係。〔註 28〕方法上則以重建燕京五大家族世系表、仕進表和婚媾關係為基礎，分析二者的共生關係。歸納其結果，漢人世家子弟以蔭子、科舉和近侍為主要入仕途徑，其中有四家在金朝仍維持仕宦地位，足見其子孫仕宦之延續性及普遍性甚強。其次，漢人世家與契丹統治階層家族及其他重要漢人官僚家族密切聯姻，形成包擁胡漢的內婚集團。故自仕宦及婚姻二點言之，若干漢人世家已深入遼朝統治階層核心。另外，漢人世家的個案研究，以玉田韓知古家族最引人注意。〔註 29〕王民信探討遼初康默記族系及其他遼代康姓漢族人物，〔註 30〕是作者繼遼代皇族集團和外戚集團研究之外，考證遼代人物及其家族的個案研究；著者另有遼帝賜姓漢人之研究。〔註 31〕

前述王明蓀、蕭啓慶二人的研究，都探討征服王朝政治結構中漢人的政治活動。王文雖比較偏重政治性的分析，但已注意到漢人在遼代政治社會中的地位，蕭文則進而分析婚姻等社會網絡與漢族世家在「邊族政權」的仕進關係，可視之為政治社會史的取向。契丹統治者結合漢族地方勢力以鞏固政權，顯示漢人兼有被統治者與遼朝政權基礎的雙重性質。這足以說明權力其實是反映現實的社會地位，同時也啓示了研究政治制度及其運作不僅需從政

〔註 26〕 羅繼祖，〈遼代漢臣世系表〉，《遼史彙編》第四冊（臺北：鼎文書局，1973年 10 月），彙編第 35 種頁 2～22。

〔註 27〕 王明蓀，〈略論遼代漢人集團〉，《宋遼金史論文稿》（臺北：明文出版社，1981年 12 月），頁 63～126。

〔註 28〕 蕭啓慶〈漢人世家與邊族政權〉，《國科會研究彙刊·人文社會科學》3 卷 1期（臺北：國科會，1993 年 1 月），頁 36～58。

〔註 29〕 何振祥、曹建華主編，《大遼韓知古家族》（呼和浩特：內蒙古大學出版社，2002 年 8 月），頁 1～263。

〔註 30〕 王民信，〈遼朝時期的康姓族群——遼朝漢姓氏族集團研究之一〉，《第二屆宋史學術研討會論文集》（臺北：中國文化大學，1995）。

〔註 31〕 王民信，〈遼代漢人賜姓研究〉，《政大邊政所年報》9 期（臺北：政大邊政研究所，1978）。

治角度入手，若從社會史的角度探討，更可顯示制度可能是各種社會勢力折衝角力的產物。大陸漆俠的論述也正反映這種研究取向。他雖無法拋棄馬克思演化式的社會階段論，將韓、劉、馬、趙四大家族視爲大地主階級。但是也從對《遼史》列傳的分析，提出「是哪個民族、哪個階級或哪個社會集團掌握遼國國家政權」之類的論題，進而觀察遼朝的國家體制。〔註32〕

（二）遼代政治制度

遼代實行二元統治方式，所以在遼代政治制度及其運作方面，若干研究旨在闡釋遼代制度中的契丹特色，有些則著重探討中國對遼代制度的影響力。

遼代制度中，世選制度最足以表現契丹政治傳統特色。契丹八部可汗的產生可說是世選傳統的一種表現，前人研究的論點皆頗爲精闢。從世選傳統看契丹可汗的產生，有陳述及楊志玖相對的看法。陳氏認爲契丹可汗是經由推選產生，《遼史》裏的柴冊儀就是選汗大會的遺跡。他直陳遼朝官吏的世選也就是推選大汗的縮影；既然夷离堇是世選，可汗自然也是世選，所以阿保機之後的君位繼承紛爭無代無之。陳氏列舉了太祖諸弟之亂、「扶餘之變」、讓國皇帝的讓位、世宗的即位及遇弒和穆宗以下的繼承，這種種糾紛均和選汗有關。〔註33〕楊氏的結論正好相反，他認爲阿保機的即位是接受前任可汗的遺命，造成這種差異的原因是史料的問題。楊文分析陳氏所採以論證的史料都是宋人的記載，這只是中原流行的傳聞，難以採信，他稱之爲甲組史料。承受遺命的說法都出現在《遼史》紀、志、表、傳中，併陳兩種說法的只在卷六十三〈世表〉一處，這些記載即是乙組史料，《遼史》史源多是契丹人記契丹事，較爲可信。楊氏考述阿保機的家世，證明迭剌部在契丹部族的地位；以阿保機的出身，接受遺命並非難事。〔註34〕

另外，姚從吾綜合遼代歷朝皇位繼承的衝突與蒙古宗親大會「忽鄰勒塔」，認爲契丹可汗被選人應符合需有參與世選的資格（夷离堇）有幹略與優越的武力、被選人需經前任可汗指定或同意等三個條件。他以阿保機的得位、耶律德光的繼承與阿保機選任繼承人的用心、耶律屋質之調和述律太后、李

〔註32〕漆俠，〈從對《遼史》列傳的分析看遼國家體制〉，《歷史研究》1994 年 1 期（北京：歷史研究雜誌社，1994 年），頁 75～88。

〔註33〕陳述，〈論契丹之選汗大會與帝位繼承研究〉，《遼史彙編》第八冊（臺北：鼎文書局，1973 年 10 月），頁 418～442。

〔註34〕楊志玖，〈阿保機即位考辨〉，《中央研究院歷史語言研究所集刊》17 本（北平：中央研究院歷史語言研究所，1948 年初版），頁 213～225。

胡與遼世宗，以證明其說，最後分析契丹立君制度的轉變。〔註35〕就研究方法言，契丹可汗被選資格就如同假設，遼朝君位繼承的實例，則是假說的證實，足堪實證研究的最佳典範，即以今天的眼光視之，仍少有學者能望其項背。

在契丹其它官職的世選方面，陳述除了論契丹選汗大會與地位繼承之外，尚爲文分析遼代世選制度的意義。〔註36〕姚從吾的〈說遼朝契丹人的世選制度〉，首從《遼史》直接關涉契丹世選史料的統計、分析，瞭解契丹世選的實施程度，幾乎重要官職和專業官吏都由世選產生。次就遼朝歷代北府宰相之任例，確定世選制的實施程度。〔註37〕

反過來看，強調中國傳統對遼代制度的影響方面，有楊樹藩對中國政治制度史研究的遼金部分，上部論遼下部論金，皆就統治主體、政務機關、侍衛機關、監察機關、業務機關、文教機關、營造機關分論之。〔註38〕楊氏對中國古代王朝的政治制度的綜觀，認爲「大部分則由因襲演變而形成，但一部分卻基於階級的種族特性而成長。」本書所論的遼金等邊陲之異族王朝，「其政制兼適於兩者」，即謂遼金二朝非僅因襲，尚有基於部族特性之北面朝官與猛安、謀克世襲之官。

官員選舉和考核制度方面，曾資生和楊樹藩的著作皆屬通論性質。〔註39〕遼代科舉方面，李家祺和蔡淵絜二文則是專論遼代科舉，其中李氏指出遼代開科自聖宗統和二十二年澶淵之盟後取士人數大增，原只准漢人參加使漢士也有一套入仕參與政治的機會，考試日漸發達後契丹人也見獵心喜自動參加。〔註40〕朱子方、黃鳳岐與楊若薇及都興智等人則以文獻考證《契丹國志》

〔註35〕姚從吾，〈契丹君位繼承問題的分析〉，《臺大文史哲學報》2 期（臺北：臺大文學院，1953 年 2 月），頁 81〜111。

〔註36〕陳述，〈契丹世選考〉，《中央研究院歷史語言研究所集刊》8 本 2 分（北平：中央研究院歷史語言研究所，1939 年初版），頁 181〜187。

〔註37〕姚從吾，〈說遼朝契丹人的世選制度〉，《臺大文史哲學報》6 期（臺北：臺大出版委員會，1954 年 12 月），頁 91〜135。

〔註38〕楊樹藩，《遼金中央政治制度》（臺北：臺灣商務印書館，1978 初版），頁 1〜207。

〔註39〕參看曾資生，〈宋遼金元的考核制度概況〉，《東方雜誌》41 卷 12 期（上海：商務印書館，1945 年 6 月）；及楊樹藩，〈遼金文官任用制度〉，《中國歷史學會史學集刊》6 期（臺北：中國歷史學會，1974）。

〔註40〕參看〈遼朝科舉考〉，《現代學苑》5 卷第 8 期，頁 21〜26；蔡淵絜〈遼代科舉制度的分析〉，《史學會刊》13、14（臺北：臺灣師範大學歷史學會，1975

記載的錯誤及遼代科舉實際的實施情形。〔註41〕另外通述遼金元三朝的考試制度方面，楊樹藩列述遼金科舉考試的程序、分科及初任官職。科舉制度並非遼金元三朝統治者主要的用人管道，其實施兼採唐宋制度，所以金代有南、北選之分。汪其樣分析遼、金、元三朝科舉的背景與取士科目、考生資格和各級試官、考試和選拔標準等制度的規劃和實施以及任用情形。〔註42〕

（三）政治體制與權力結構

遼代統治疆域，包括北亞草原游牧區及河北、山西部分漢人農業區。爲適應遼國境內兩個性質懸殊的社會，遼代行政制度分二元統治，於是官制也隨之而分南北。因此有關遼朝官制不在前文「政治制度」論之，併於此處檢討前輩學者的研究成績。

遼國以二元行政制度統治境內契丹與漢人兩大社會，日本津田左右吉稱此爲遼制的「二重體系」。島田正郎針對惕隱、宣徽使、御帳官、于越、北南府宰相等北面官職進行一系列研究，並且檢討監察官、翰林等中國制度在遼代官制的反映，改稱津田氏的「二重體系」爲「二元體制」。他指出諸帳官職在遼朝北面官佔有極大的比重，是皇族耶律氏在建立中央集權政府的過程中，與契丹既有的新舊勢力妥協的結果。〔註43〕因此，與其說遼朝將皇帝置於官僚制度之上，以確立其獨裁權，不如視爲北方民族部族制國家的遺存。

在遼朝二元統治體制下，北南樞密院並列爲中央最高權力官署。然而《遼史・百官志》除了在南面官列舉一漢人樞密院之外，復於北面官提列一個不曾存在的契丹南樞密院，此一重複最早亦由津田左右吉提出，〔註44〕復經若城久治郎、張亮采及傅樂煥申說證實。張亮采考證《遼史・百官志》中契丹

年 1 月及 6 月）頁 11～16、頁 29～37。

〔註41〕參看朱子方、黃鳳岐，〈遼代科舉制度述略〉，《遼金史論集》第 3 輯（北京：書目文獻出版社，1987 年），頁 1～12；楊若薇，〈遼朝科舉制度的幾個問題〉，《宋遼金元史》1989 年 3 期（北京：人民大學書報中心，1989 年），頁 69～74；都興智，〈有關遼代科舉的幾個問題〉，《北方文物》1991 年 2 期（北京：北方文物編輯社，1991 年 5 月），頁 56～60。

〔註42〕參看楊樹藩，〈遼金貢舉制度〉，《宋史研究集》第 7 輯（臺北：中華編審委員會，1974 年 9 月），頁 115～149；汪其樣，〈遼金元科舉制度〉，《國立編譯館館刊》5 卷 1 期（臺北：國立編譯館，1976 年 6 月），頁 119～169。

〔註43〕島田正郎，〈遼朝北面中央官制的特色〉29 卷 12 期，頁 8。

〔註44〕津田左右吉，〈遼の制度の二重體系〉，《津田左右吉全集》（東京：岩波書店，1987 年 8 月第二刷）第 12 卷，頁 321～391。

南樞密院和漢人樞密院其實是同一機關，即是統治漢人的最高機構。〔註45〕

此後，大陸學界開始注意遼代政治體制的研究，其中以李錫厚、唐統天和何天明的研究最多也較有系統。實際上，遼代早期的政治中樞應該是于越，後經契丹內部權力鬥爭後，始由樞密院取代。日本島田正郎及大陸唐統天對於遼朝于越從擁有實權的官職轉變爲尊貴虛銜的過程，有不同的見解。〔註46〕筆者曾分析太祖藉由諸弟叛亂的機會，成功壓制其他契丹部族權貴勢力。耶律阿保機諸弟的叛亂造成契丹內部權力的眞空，使樞密院取代于越成爲遼朝中央政治中樞，該文並考述二樞密院組織的官僚化。〔註47〕

關於北南府宰相在遼代的地位，李錫厚認爲遼代北面官中的北、南宰相只是部族官，眞正的相權是在北、南樞密院，而遼代中期以後的政治中心在捺鉢，決策的權力只屬於皇帝一人而已。〔註48〕至於唐統天則認爲直到遼世宗設北樞密使以前，北南府宰相都掌握遼代中央實際的相權。〔註49〕

島田正郎曾蒐檢史書所見北南府宰相的事例，依據這些宰相所出身部族的比例，檢討二府宰相的敘任是否符合北府宰相由國舅帳世選而南府宰相由宗室世選的傳統。〔註50〕遼史學界對遼代權力結構的討論比較少，島田氏蒐檢並分析這些北南府宰相出身的部族，其實也可視爲對遼代二宰相府權力結構的初步探討。此外，李漢陽、蔣武雄及王民信曾以文獻記載把梳遼初太祖諸弟叛亂等統治核心內部權力鬥爭的始末，〔註51〕則是對遼初權力衝突的研究。

〔註45〕 張亮采，〈遼代漢人樞密院之研究〉，《遼史彙編》第九冊（原刊《東北集刊》第 1 期），頁 217～226。

〔註46〕 參看島田正郎，〈遼朝于越考〉，《大陸雜誌》35 卷 10～12 期；及唐統天，〈契丹于越考──兼與島田正郎及威特夫先生商榷〉，《宋遼金元史》1988 年第 3 期（北京：人民大學書報中心，1988 年），頁 54～60。

〔註47〕 廖啓照，〈從部落聯盟到契丹王朝──以遼代中央政樞之官僚化爲中心〉，《興大歷史學報》11 期（臺中：興大歷史系，2000 年 12 月），頁 153～173。

〔註48〕 李錫厚，〈遼代宰相制度的演變〉，《宋遼金元史》1987 年 5 期（北京：人民大學書報中心，1987），頁 56～62；及〈論遼朝的政治體制〉，《宋遼金元史》1988 年 4 期，頁 52～68。

〔註49〕 唐統天，〈關於北、南宰相府的幾個問題〉，《宋遼金元史》1989 年第 1 期（北京：人民大學書報中心，1989 年），頁 61～68；及〈遼代宰相制度的研究〉，《東北地方史研究》1992 年 1 期（瀋陽：東北地方史研究編輯部，1992 年），頁 21～35。

〔註50〕 島田正郎，〈遼朝宰相考〉，《大陸雜誌》40 卷第 3 期（臺北：大陸雜誌社，1970 年 2 月出版），頁 71～84。

〔註51〕 李漢陽〈遼太祖諸弟之亂考〉，《史學會刊》16 期（臺北：臺灣師範大學歷史

遼代的二元行政制度及官分南北，如前揭李錫厚所分析的最後由皇帝裁決，而統攝在「捺鉢政治」之下。陳述對此早已舉其大要，認爲契丹規模漸大軍國之事既多，已非往昔儉樸單純。契丹統治者透過冬夏捺鉢之「議政大會」，〔註52〕處理日趨複雜的軍國政務。

對於捺鉢政治研究最爲精闢、深刻的當屬傅樂煥。首先，他以遼帝春水、秋山爲中心考察相關地名，從而發現遼代北南建官蕃漢分治，種種特制無不出於游牧式的「捺鉢」，有遼一代的政治中心亦在於此四時移動的捺鉢，而非漢人式的五京。〔註53〕楊若薇以《遼史》的〈本紀〉、〈列傳〉和墓誌銘互相對照，發現遼代皇后以及中央政府大部分官員都扈從遼帝四時遷徙，楊氏把這種政治運作的方式稱爲「斡魯朵政治」和「行朝」體制。〔註54〕她耙梳文獻零碎的記載，主張遼代五京的建置是爲了統治新得的地區和人口或防衛邊區，不具有決策的政治功能，等於以大量的證據證實傅樂煥的看法。全書的研究以紀、傳對照互證的方法，堪稱另闢細部研究的方法。然而，作者卻未進一步從實際政治決策的事例，檢驗遼代中央在捺鉢進行決策的比例，因此楊若薇低估五京在遼代政治的地位。王明蓀曾考察遼代五京的職官與遼帝在五京的活動，發現遼帝在京駐留期間亦有決策之事實，顯見遼帝四時遷徙時，朝廷在捺鉢，駐留五京期間朝廷在京城。〔註55〕

（四）遼代文化綜說

契丹文化與漢化的研究方面，較爲重要的有姚從吾的綜論。他曾分析契丹部族文化歸類爲漁獵文化，而與蒙古游牧文化和女眞、滿洲漁獵農耕文化性質稍有不同。捺鉢就是契丹漁獵文化的代表，契丹人在部族時期居住「行在」過著四時遷徙漁獵的生活，其政治社會組織也爲適應這種生活而產生。〔註56〕到

學會，1976）、王民信，〈遼太祖諸弟叛逆探源〉，《遼金史論集》第 5 輯（北京：文津出版社，1991 年 11 月），頁 51～58 及蔣武雄〈耶律阿保機諸弟之亂始末〉，《空大人文學報》3 期（臺北：空中大學，1994）。

〔註52〕陳述，《契丹史論政稿》，收於《遼史彙編》第七冊（臺北：鼎文書局，1973年 10 月），見彙編第 70 種頁 25。

〔註53〕傅樂煥，〈遼代四時捺鉢考五篇〉，《中央研究院歷史語言研究所集刊》第 10 本（北平：中央研究院歷史語言研究所，1948 年），頁 223～347。

〔註54〕楊若薇，《契丹王朝政治軍事制度研究》（臺北：文津出版社，1992 年 7 月初版）。

〔註55〕王明蓀，〈論遼代五京之性質〉（未刊稿）。

〔註56〕姚從吾，〈說契丹的捺鉢文化〉，《東北史論叢》下（臺北：正中書局，1970年臺 3 版），頁 1～30。

了王朝時代建立遼國，這些捺鉢習慣仍然保留下來，但是與漢文化正式接觸後，契丹對文化採取主動的、擇善而從的態度，姚氏將契丹文化的反應分為全盤接受漢化、有限度接受漢化與擇善而從遼漢文化合流三個時期，正反映出他在國史擴大綿延史觀中所謂儒家大同文化是中華文化主流的思考，其脈絡是一貫的。〔註57〕

　　回顧分析前輩學者的研究成績，略可歸納幾項特點。第一，早期探討遼朝政權基礎，大概只略以文獻的記載加以考據、分析契丹部族組織。這可能是因為撰史者對契丹部族陌生，以致《遼史》的記載籠統易生混淆。另外，缺乏大量的傳記資料以資重建明晰的契丹部族組織，也造成契丹部族組織研究的乏善可陳。由於前輩學者花費許多心力，企圖從殘缺不全的資料中重建完整的契丹部族組織與統治核心。因此，對構成遼朝政權基礎的數股社會勢力彼此間的關係，反而甚少加以分疏、探明。簡單地說，即是缺乏分析、解釋這些社會勢力對皇族鞏固統治權所能發揮的作用或功能。第二，契丹統治核心內部的權力鬥爭，雖受到許多研究者的注意。然而遼代統治階層及中央權力結構的論題，卻往往被學者所忽略。相較於金元二朝政治結構問題在學界已有成熟的研究（見下節研究方法），遼朝中央權力結構是值得進行的研究主題。更不為人注意的是，遼史學界探討遼朝政治制度的形成，甚少考慮一個國家採用某種制度的根本原因，換句話說忽略以「功能」的觀點解釋制度的形成。

　　透過本節前述的討論，筆者擬基於政權的社會基礎和「功能」觀點探討制度的形成，以便觀察契丹國家政權的性格。本書進行研究的基本取向，為帶有社會史傾向的制度史研究，以文獻的記載為基礎，略加分疏社會與政治制度的關係。綜合前述的思考，本書試以下列論題為研究主軸：

　　1、遼朝政權的社會基礎
　　2、遼朝的政治制度
　　3、遼朝的權力結構
　　4、遼朝的中央政府運作

〔註57〕姚從吾，〈契丹漢化的分析〉，《姚從吾先生全集》五（臺北：正中書局，1981年初版），頁33～80。

三、研究資料與方法

（一）研究資料試析

基於前節探討問題意識和研究論題所揭示的研究主軸，概將參考資料略分爲幾類。姚從吾在討論遼代史事時，特別注意徵別史料的「直接觀察」和「遼人記遼事」兩種性質。本書參考資料第一類爲遼人記遼事，這類史料數量最少卻最重要，包括元代纂修的《遼史》，以及應歸類爲遼文輯錄的《全遼文》、《遼代石刻文編》和遼人著述如王鼎的《焚椒錄》。民國 38 年以後大陸發掘的遼金墓葬，出土大量的器物和墓誌碑文。大陸學者陳述利用文獻和這批出土的碑刻資料，承續前人繆荃孫、羅福頤等蒐錄遼文的工作，先錄成《遼文匯》繼又總集爲《全遼文》。向南所輯的《遼代石刻文編》則專以石刻爲對象，是遼代石刻的總集。蓋之庸的《內蒙古遼代石刻文研究》蒐集並校注若干石刻遼文，尤其依據石刻傳記整理許多遼代著名家族的系譜，亦是本書研究的重要材料之一。《遼史》的內容素爲人所詬病，但與《全遼文》等遼文輯錄同樣都是研究遼史最重要的史料。大陸學者楊若薇便是利用《遼史》紀、傳對照，輔以《全遼文》所收墓志爲據，強化前輩學者傅樂煥所揭遼朝政治中心不在五京而在捺鉢的看法。此類資料的價值由楊若薇專著的內容可以看出，本書也以此爲最基本參考資料。此外，《全遼金文》、《全遼金詩》的內容，也可作爲輔助參考。

第二類爲宋人記遼事。這一類資料依其性質不同，又可分爲語錄、文集筆記和編年類史書三種。宋人使遼，回朝例需將途經見聞呈於朝廷，如〈富鄭公行程錄〉、〈宋綬上契丹事〉等數量很多，不過這些記載都太簡略。文集筆記數量最多。出使遼國的宋人，有時會把他們對游牧生活的觀察記於文集，如《蘇魏公文集》曾記載契丹的養馬法；有些則將不宜記於語錄的內容，寫成箚子上奏而存於文集傳世，如蘇轍《欒城集》。有些則代表宋人對遼代文化的一般看法，由於資料繁多不擬細舉，陶晉生曾據此寫成〈宋代朝野人士對契丹的看法〉。宋人所撰編年類史書而牽涉遼宋關係或宋金時期遼宋金三方關係者，有李燾《續資治通鑑長編》、徐夢莘《三朝北盟會編》與李心傳《建炎以來繫年要錄》等。此類編年史，雖然重點在於記載遼宋金三方關係，但輯錄了不少已經亡佚而有助於瞭解遼朝內部情形的私家著述。

第三類資料爲方志和考古資料。方志的編修水準固然參差不齊，卻也可以按圖索驥，據以收集考古資料。潢河、土河會流處的永州木葉山是契丹族

的發源地，約在今內蒙古赤峰市轄區，其後隨著勢力發展，契丹逐漸向遼河
方向遷移。因此，今赤峰地區和遼寧西北阜新市，是遼代考古成果較爲豐富
的地區。大陸考古工作的成果，主要有遼墓群的發掘、頭下州城址與佛塔的
調查，以及出土文物的保存。其中，遼墓的發掘和城址的調查，對遼代政治
研究的參考價值較高。遼墓的發掘，除了一般文物的保存之外，對於遼朝契
丹貴族的生聚地和家族的發展，留下寶貴的資料。遼代有時會以政治的力量
將人口移入新建的城市，遼代城市的發展，反映遼代政治力量的有效範圍。
善加利用城址調查的成果，可以提出不少新的研究課題，例如王明蓀就根據
大陸在城市方面的考古成果，歸納遼代古城的形制、移民築城及政區的建置。
〔註58〕

（二）研究方法

　　審酌前文討論的問題意識和研究取徑及課題，並且適應研究所依據的文
獻資料內容，本書擬採取的研究方法有二。一爲參考社會科學的概念，處理
並組織歷史材料。筆者試圖分析遼朝政治制度所發揮的社會功能和政治效
果，適合參考的社會科學理論主要有結構功能學派的觀點和韋伯的支配理
論。以文化人類學和政治思想的觀念，重新思考既有的史料，期望有不同於
純就制度史角度所得出的政治史面貌。

　　社會科學理論的發展不斷推陳出新，歷史研究如果一昧追求社會科學理
論，以歷史事實印證理論的周延性，將易主爲客成爲理論的附庸。本書擬從理
論中抽繹若干概念，來思考既有的歷史文獻和事實。筆者在本章前節曾述欲以
政權的社會基礎和「功能」的觀點，探討遼代政治制度的形成。馬凌諾斯基（B.
Malinowski）提倡的「結構功能論」有若干概念，值得加以注意。他研究人類
文化時，頗爲強調制度（包括政治制度及法律與秩序）等文化要素在人類社會
中「功能」。〔註59〕文化的「形式」是隨著功能的增加而分化的。例如，耕種制
度的功能就是不間斷地提供人類植物性的食物。因應各地氣候、土壤甚至風俗

〔註58〕 參看王明蓀，〈論內蒙古遼代之古城〉，《興大歷史學報》13 期（台中：興大歷
　　　　史系，2002），頁 25～70；〈論東北遼代之古城〉，《興大人文學報》32 期下（台
　　　　中：興大文學院，2002），頁 731～777；〈遼代政區之建置與移民築城〉，《中
　　　　古史研究》第 1 期（台北：蘭台，2002），頁 248～279。
〔註59〕 根據馬凌諾斯基的「文化總表」，文化要素還包括經濟、教育、巫術與宗教、
　　　　藝術、知識以及娛樂等。見馬凌諾斯基著、費（孝）通譯，《文化論》（臺北：
　　　　臺灣商務印書館，1978 臺三版）附表。

等環境差異，會產生耕作技術、播種儀式以及農作收穫的分配等不同「形式」。換言之當一個文化消滅或失去其作用時，文化的「形式」也失去其意義，所以研究「遺俗」的學術價值不高。〔註60〕其次，他認為要將任何的文化要素放在人類活動中所處的位置，來分析其文化的功能和意義。〔註61〕

　　然而，揆諸中國歷史的發展，文化的形式及其功能之間的關係，並非如馬氏所論純粹是「功能決定形式」，有時也會互相影響。其次，當文化的形式失去原本作用時，可能會逐漸演化出其它的作用，因此研究所謂「遺俗」也並非完全沒有意義。札奇斯欽關於蒙古札魯忽赤等官職的研究，〔註62〕應該是上述討論最好的證明。「札魯忽赤」在蒙古語的意思是司理詞訟的人，漢譯為「斷事官」。在蒙古帝國時代札魯忽赤是行政兼司法首長，滅金之後派駐金朝舊壤的大斷事官漢式名稱為「行尚書省事」。元朝建立以後，札魯忽赤的職掌都移交給中書省。但是為了保持蒙古舊制，札魯忽赤的職掌乃略有轉變。蒙古的司法仍得以札魯忽赤司理，不由漢式官銜審斷，同時札魯忽赤還要管理類似蒙古宗人府的事務。由此可見，札魯忽赤的職掌隨著時代而轉變，並非失去作用的「遺俗」，這就是本書進行研究時，抽繹理論之「概念」而不全盤照搬理論的原因。因此，本書採取「理論」的基本態度是，在避免受社會科學理論牽制的前提下，運用「概念」尋繹史料所未表現出的遼代制度之社會意涵。本書在第三章第一節就避免單調地綜述遼代中央權力官署的職掌，而試著分析遼代中央權力官署的形成與社會結構的關連。例如，從契丹游牧社會結構的內涵，闡釋八部可汗的職責與可汗的推舉及柴冊儀的關係。

　　二為實證的研究。政治結構及統治階層的研究與分析，在金、元二朝的方法運用已相當成熟，〔註63〕主要藉由相對有較為詳細生平的傳記資料，整

〔註60〕　參看馬凌諾斯基著、費（孝）通譯，《文化論》，頁8～10。形式指可客觀描述的特徵，馬氏舉木杖為例，形式是關於它的材料、長度、重量、色彩及其它物質特性等。所以純就木杖的物質性而言，英文稱為"a stick"，但是用來撐船渡河的木篙稱為"a punting-pole"，助行的柺杖為"a walking-staff"，作為簡單武器的則是"a digging-stick"皆是指涉木杖的功能，見頁11。

〔註61〕　參看馬凌諾斯基著、費（孝）通譯，《文化論》，頁15。中文譯為「文化佈局」。

〔註62〕　札奇斯欽，〈說元史中的「札魯忽赤」並兼論元初的尚書省〉，氏著《蒙古史論叢》（臺北：學海出版社，1980年），頁233～363。

〔註63〕　參看陶晉生，〈金代用人政策〉，《食貨月刊》復刊8卷11期（臺北：食貨月刊社，1979年2月），頁47～56；〈金代政治結構〉，《中央研究院歷史語言研究所集刊》41本4分（臺北：中央研究院歷史語言研究所，1970年），頁567～593；《女真史論》（臺北：稻香出版社，2003年11月）第三章，頁49～73。

理官員的入仕途徑，統治階層的民族分佈，重要官職的民族分佈，同時觀察權力結構在遼代歷史上的演變趨勢。本書首先以正史和石刻資料中的傳記，整理遼代中央高級官員的出身、仕履等，初步形塑遼朝中央政府的權力結構。其次分析此權力結構是否受到遼朝政治體制的深刻影響。第三，耙梳遼代政策決策事例以及決策官員的遷轉事例，嘗試歸納遼朝中央政府決策模式及遷轉模式。進一步以這兩個模式為基礎，分析其與權力結構的關係。透過這三個步驟的細部實證研究，描述遼朝政治圖像及其演變。

四、基本論點與章節安排

本書企圖以遼朝政權基礎和中央政治制度，以及中央政府的權力結構與運作，觀察契丹國家的形成。契丹的統治者利用吸收附屬部族及漢人的手段，強化其領導權並壓制其他部落貴族的勢力，集合全部的力量征服中國的一部建立遼朝政權。其次，藉由構成國家各股勢力間的互相牽制，使宗室皇族與后族得以佔據政治的優勢，進而建立強大的中央集權政府，達成鞏固政權的目的。因此本書的重點，在於觀察契丹統治者在遼朝兩個異質社會下，如何改造政府或運作既有的不同體質制度，以適應複合國家的管理與統治。

本書第二章考述構成遼朝政權的三大勢力，以及由三大勢力形成的統治核心與統治階層。第三章從社會功能的角度，討論遼朝中央政治制度的形成，並分析中央決策模式，以襯托皇帝的權力及兩元政治體制的意義。第四章則以傳記資料建立統治階層的資料，以觀察中央權力結構的封閉性與開放性；並從史書的記載形塑官員遷轉模式，以明中央政府運作之一二。同時，分析權力結構及決策、遷轉模式與政治體制的關係。

王明蓀，《元代士人與政治》（臺北：臺灣學生書局，1992 年 3 月）第二章第三節，頁 92～113。

第二章　遼朝政權的社會基礎

　　在各種政治體制中，統治階級永遠都是全體人群中的少數。〔註1〕所以，統治者必須認眞思考，少數人如何可順利並長久地統治多數的人民全體。武力或許可威嚇人民於一時，但從歷史的經驗看，往往會招致更大的反叛。統治者可能以武力的手段建立政權，也可能受到人民的推舉取得統治權力，理論上至少應尋求被統治人民或其代表人物的接受甚或支持，否則其政權可能會面臨傾倒的危險。換言之，不論統治者獲取權力的方式是否得到人民的承認，都會適度地將社會領袖納入統治階級。〔註2〕緣此，任何政權的人民全體，都兼具被統治階級與政權基礎的雙重性格。

　　實際上，被統治者並非單一的全體，而是各種社會勢力（Social Forces）的結合。以職業來分，簡單地包括軍人及士、農、工、商等，從事各種職業人士的結合便慢慢形成一定的社會勢力。所以，探討權力要素的學者認為社會上有許多「價値」，〔註3〕此處的「價値」其實意指優勢，擁有較多優勢者可獲得較多的權力（Power）。〔註4〕簡單地說，得到較多「價値」或權力者為社會地位

〔註1〕　莫斯加（Gaetano Mosca）著，涂懷瑩譯，《統治階級論》（臺北：國立編譯館，1997年5月），頁103～104。

〔註2〕　羅素（Bertrand Russell）說引誘羊群上船時，當為首的羊被強行拖進舷門，其餘的羊也就自願跟了進去。氏著，靳建國譯，《權力論》（臺北：遠流出版公司，1989年5月），頁28。

〔註3〕　Harold D. Lasswell and Abraham Kaplan, *Power and Society: A Framework for Political Inquiry*,（New Haven: Yale University Press, 1950）, pp.55～73.

〔註4〕　莫斯加指權力有武勇、財富、宗教與教育等，前揭《統治階級論》，頁107～115。羅素則將權力的形式歸類為僧侶的權力、國王的權力、赤裸的權力、革命的權力及經濟的權力，見《權力論》，頁41～120。

較高的菁英，有較多的機會進入統治階級，反之便是被統治的人民大眾。

　　本章略就遼朝統治核心、漢族文化圈的漢人與渤海人以及與契丹鄰近的奚和室韋等北方部族三方面，綜合前輩學者的既有成果，考述上述三者所代表的社會勢力及其在遼朝建國前期所發揮的功能與歷史過程。

第一節　統治核心的形成

　　《遼史》載「遼之共國任事，耶律、蕭二族而已」，〔註 5〕其實《遼史》修撰者的真正用意是，以靜態的方式描述遼朝的統治核心在皇族和國舅族。然而遼代的契丹人不分貴族或平民，除了出於耶律之外，幾爲蕭氏之後。由此可知，欲從姓氏分野掌握皇族和國舅族的形成和發展無異緣木求魚。因此，遼朝的創建者迭剌部的世里氏族，如何從諸部貴族環伺的局面下建立其崇高的地位，乃是契丹國家統治核心形成的關鍵問題。

一、皇族橫帳的成立

　　從唐代松漠都督府的發展來看，契丹社會已有相當程度的權力分化。松漠府都督及其衙官的權力與地位，應該已高於其他部落酋長及貴族。《遼史》中出現的若干契丹系中央官名和官職，如于越、阿札割只、夷离畢等，或許即是松漠都督府的高級衙官。上述阿札割只等契丹系官職，在遼代是班列略低於樞密使、大丞相的高級「墩官」，〔註 6〕至於在唐代契丹部族的地位也極有可能高於八部酋長以外的其他部落貴族。回顧當時的政治形態，「若有徵發，諸部皆須議合不得獨舉，獵則別部，戰則同行」，〔註 7〕卻又顯示部落貴族的地位頗高，得以參與部族事務的決策。據此判斷，大賀、遙輦可汗與部落貴族之間的地位和權力，當不至於過份懸殊，尤其在非戰承平時期貴族之間應是維持基本的平權和均勢。因此本節擬透過部族組織的演變及部族的牧場，觀察遼代皇族與國舅族形成的輪廓。

〔註 5〕　《遼史》卷一百六〈卓行傳〉（臺北：臺灣商務印書館百衲本，1988.1 臺六版），頁 512 上。

〔註 6〕　遼代官員集會的排班圖有高墩、矮墩及方墩，所以墩官即遼代中央高級官員。見《遼史》卷一一六〈國語解〉，阿札割只條及高墩條，頁 543 下及 544 下。

〔註 7〕　《舊唐書》卷一九九下〈契丹傳〉（臺北：臺灣商務印書館百衲本，1981.1 臺五版），頁 1546 上。

（一）迭剌部的崛起

　　日本學者島田正郎認爲，遼代皇族所出的迭剌部是從弱小集團逐漸發展強大起來。〔註8〕契丹迭剌部酋長耶律阿保機，在五代時期拜爲于越「總知軍國事」，〔註9〕遙輦痕德堇可汗遺命繼爲可汗。據此可知，島田正郎所指的情形可能是契丹大賀氏及遙輦氏初期的情形，而遙輦氏八部聯盟末期迭剌部的勢力已經穩固地凌駕其他各部。

　　迭剌部崛起與強大的原因，島田正郎將之歸爲耶律阿保機的卓越軍事能力及政治操作。〔註10〕但是《遼史》記載，迭剌部在遙輦阻午可汗重整部落組織之後，已強大難制。對於島田氏見解與史書記載扞格處的解決，仍應回到文獻的記載，先釐清契丹部族基層組織的氏族發展。《遼史》記載「部落曰部，氏族曰族」，下列記載透露出若干契丹氏族的線索：

> 其氏族可知者，略具皇族、外戚二表。餘五院、六院、乙室部，止見益古、撒里本。涅剌、烏古（隗）部，止見撒里卜、涅勒。突呂不、突舉部，止見塔古里、航幹，皆兄弟也。奚王府部時瑟、哲理，則臣主也。品部有挈女，楮特部有注。其餘世繫（系）名字，皆漫無所考矣。〔註11〕

「氏族」（clan）指單系繼嗣的血親團體，通常同居共財實行外婚，氏族成員相信共有一個直系的始祖。〔註12〕由上述引文可知，契丹氏族可考者是五院、六院部以下九部祖先益古、撒里本等個別的後代子孫所組成，奚王府部的氏族則以時瑟、哲理的後代子孫組成。其中，五院、六院部以下九個部落，是遼太祖繼承遙輦阻午可汗舊部族而來。除了五院、六院二部爲耶律阿保機將迭剌部析分爲二以外，其餘完全承襲阻午可汗時代主體八部的舊名。

　　據稱阻午可汗重整唐武后契丹孫萬榮反叛失敗之後的餘部，〔註13〕延續曾經中絕的遙輦氏八部聯盟。唐代爲控制四夷，通常設立羈縻州安置歸附的外族，

〔註8〕　島田正郎認爲迭剌部在唐代開元以前都未列入契丹八部之一，顯見原係卑小集團。見氏著，何天明譯，《大契丹國——社會史研究》（呼和浩特：內蒙古人民出版社，2007年1月），頁7。

〔註9〕　《遼史》卷二〈太祖紀下〉，唐天復三年及天佑三年，頁17下。

〔註10〕島田正郎著，何天明譯，《大契丹國——遼代社會史研究》，頁8～11。

〔註11〕《遼史》卷三二〈營衛志中·部族上〉，頁154下～155上。

〔註12〕摩爾根（Lewis H. Morgan）著，楊東蓴等譯，《古代社會》（北京：商務印書館，1987年1月），上冊頁62。

〔註13〕《遼史》卷三二〈營衛志中·部族上〉，遙輦氏八部條，頁156上。

復命邊區都督監管之。前揭松漠都督府即唐代契丹羈縻州，復以營州都督監控。武后時期松漠都督李盡忠及別部契丹帥孫萬榮，不堪營州都督趙文翽的虐政侵侮，推萬榮爲帥起兵殺文翽反叛。武后命曹仁師等二十八將擊之，李盡忠不久敗死，孫萬榮收拾餘眾邊竄邊戰，震撼唐代邊區數州。〔註14〕亂平之後契丹餘眾歸附突厥，開元初年（714～716）李盡忠從父弟失活再度率部來歸，〔註15〕唐玄宗復置松漠都督府以居，仍命失活爲都督。此後，李失活家系之娑固、鬱于、咄于和邵固等皆承襲松漠都督的爵位。開元十八年（730），松漠都督府衙官可突于殺邵固立屈列爲新任契丹帥。開元二十二年（734）幽州節度使張守珪大破可突于，另一松漠府衙官過折殺可突于及屈列以歸。《遼史》稱「過折本契丹部長，爲松漠府衙官，斬可突于及屈列歸唐」，可突于餘黨泥禮殺過折立迪輦祖里。〔註16〕迪輦祖里帥眾降唐，拜松漠都督，唐賜姓名李懷秀，也就是阻午可汗。《遼史》又稱「蕭韓家奴有言，先世遙輦可汗洼之後，國祚中絕，自夷离菫雅里立阻午可汗大位始定」。〔註17〕據此則過折與其前、後任契丹帥屈列及李懷秀，隸屬不同部落。因此依《遼史》的比定，李邵固是大賀氏聯盟末代可汗，而遙輦洼可汗殆爲可突于所立之李屈列。

依前所述可知，阻午可汗實際上是重新組織可突于之亂離散的契丹族眾，而非前述指稱的孫萬榮餘部。主導這次部族組織重整的是遼始祖涅里，凡得部族二十，即爲《遼史》所載之阻午可汗二十部：

> 涅里相阻午可汗，分三耶律爲七，二審密爲五，并前八部爲二十部。三耶律，一曰大賀，二曰遙輦，三曰世里即皇族也。二審密，一曰乙室已，二曰拔里，即國舅也。其分部皆未詳，可知者曰迭剌、曰乙室、曰品、曰楮特、曰烏隗、曰突呂不、曰捏（涅）剌、曰突舉，又有右大部、左大部，凡十逸其二。大賀、遙輦析爲六而世里合爲

〔註14〕參看《遼史》卷六三〈世表〉，頁348下～349上；及兩《唐書》相關人物的列傳。關於李盡忠和孫萬榮反叛，在契丹族發展史上的意義，見愛宕松男著，邢復禮譯，《契丹古代史研究》（呼和浩特：內蒙古人民出版社，1988年11月），頁146～151。

〔註15〕李失活率契丹部落復歸唐朝，《遼史》及《新唐書》繫於開元二年，《舊唐書》則記開元三年，日本愛宕松男主張應以《資治通鑑》開元四年爲是。見愛宕松男著，邢復禮譯，《契丹古代史研究》，頁132，注2。

〔註16〕泥禮就是下段引文所稱的遼始祖涅里。泥禮，耶律儼《實錄》稱涅里，陳大任《遼史》稱雅里，見《遼史》卷六三〈世表〉，頁350上。

〔註17〕《遼史》卷六三〈世表〉，頁350上、下。

一，茲所以迭剌部，終遙輦之世彊不可制云。〔註18〕

按「分三耶律爲七、二審密爲五，并前八部爲二十部」的文意，應爲析分三耶律和乙室已及拔里二氏爲十二帳，加上洼可汗李屈列時代的契丹八部，爲阻午可汗二十部。〔註19〕《遼史》謂「部落曰部，氏族曰族」，前引涅里整編阻午可汗二十部數語，似乎將「氏族」錯當「部落」。首先，「三耶律」中的大賀、遙輦是指契丹八部聯盟的可汗家族，顯然是第一代大賀氏可汗與第一代遙輦氏可汗的後代子孫所組成，則「三耶律」應解讀爲「氏族」。其次，二審密國舅族的情形就更爲明顯，意指「可敦」（可汗之后）皆出於乙室已氏及拔里氏兩個氏族。依據前述簡略的分疏，《遼史》針對涅里重整部族組織的記載恐非事實。因爲若《遼史》所記無誤，阻午可汗二十部豈不由三耶律二審密析分的十二個「氏族」和遙輦洼可汗時代旦利皆、乙室活等八個「部落」所組成。將氏族與部落混一，不但不合部族編制的常理，而且也違背「諸部議合」勢力平衡的原則。

遼始祖涅里重整部族時，契丹歷經唐武后孫萬榮反叛，以及開元間可突于之亂兩次重大失敗的困境。阻午可汗所帥遭逢離散的契丹族眾，應該無法組成完整的「部落」。所以涅里重新整制部族組織時，似僅能依血緣原則劃定某些「氏族」領袖爲新「共同始祖」，嗣後新編「氏族」的族眾逐漸繁衍擴充爲「部落」。

綜合前兩段引文，元代修纂遼太祖二十部時，或許只能回溯到阻午可汗時代益古、撒里本兄弟分別爲迭剌、乙室二部的共同始祖及首任部落酋長；〔註20〕而撒里卜、涅勒爲涅剌與烏隗二部的共同祖先，塔古里、航斡兄弟爲突呂不與突舉二部的共同祖先，拏女、洼分別爲品部與楮特部的始祖。由此可證，《遼史》記載阻午可汗二十部中，所謂「前八部」並不確實。因爲從阻午可汗到遼太祖時代的二十部主體，都是迭剌部及乙室部以下的八部未曾改變，而非洼可汗時代的旦利皆、乙室活等八部。同時，洼可汗時代除了乙室活部之外，幾乎找不

〔註18〕《遼史》卷三二〈營衛志中·部族上〉，遙輦阻午可汗二十部條，頁156下。

〔註19〕所謂前八部就是《遼史》記載的遙輦氏八部，旦利皆、乙室活、實活、納尾、頻沒、納會雞、集解和奚嗢，見卷三二〈營衛志中·部族上〉，頁156上。如正文所述，李屈列爲洼可汗，李懷秀爲阻午可汗，則旦利皆等八部應爲李屈列和過折時代的契丹主體。見《遼史》卷六三〈世表〉，頁350上、下。

〔註20〕《遼史》：「涅里所統迭剌部自爲別部，不與其列」，顯然指涅里爲迭剌部部長，《遼史》記載自相矛盾又添一例。見卷三二〈營衛志中·部族上〉，遙輦氏八部條，頁156上。

到遙輦氏八部與阻午可汗主體八部有任何淵源關係。〔註21〕由此線索顯示，遭逢孫萬榮反叛與可突于亂政兩次重大挫敗的契丹族眾，無法組成完整的部落。這也為涅里僅能以具有明確系譜的若干「氏族」草編為阻午可汗二十部，提供間接證明。

前文簡略論述涅里整編契丹部族組織，以「氏族」為基礎繁衍擴充為「部落」。唐玄宗開元、天寶之間成立的迭剌部，〔註22〕當時僅是阻午可汗二十部中主體的八部之一。關鍵的問題在於，迭剌部如何從阻午可汗時代「諸部議合」的均勢中崛起。前段引文謂「大賀、遙輦析為六，而世里合為一，茲所以迭剌部，終遙輦之世彊不可制云」，顯然涅里乘著協助阻午可汗收拾離散族眾之便，透過整制部族組織的手段，將包括遼代皇族所出的世里氏等部族勢力整合為迭剌部。本文略微疏通遼太祖二十部在遼代的發展情形，觀察迭剌部的崛起：

> 五院部，其先曰益古，凡六營。阻午可汗時，與弟撒里本分領之，
> 曰迭剌部⋯⋯。石烈四：
>
> > 大蔑孤石烈
> >
> > 小蔑孤石烈
> >
> > 甌昆石烈，太宗會同二，年以烏古之地水草豐美，命居之。三
> > 年，益以海勒水之地為農田。
> >
> > 乙習本石烈，會同二年命以烏古之地。
>
> 六院部⋯⋯。石烈四：
>
> > 轄懶石烈
> >
> > 阿速石烈
> >
> > 幹納撥石烈
> >
> > 幹納阿剌石烈，會同二年，命居烏古，三年，益以海勒水地。
>
> 乙室部，其先曰撒里本，阻午可汗之世，與其兄益古分營而領之，
> 曰乙室部。⋯⋯。石烈二。〔註23〕

〔註21〕 遙輦氏八部的乙室活部與阻午可汗時代的乙室部，其契丹音譯漢字只差一個尾音，兩個部落是否有淵源關係無從考察。日本愛宕松男雖然考定大賀氏八部、阻午可汗八部、遙輦氏八部及太祖二十部之間的淵源關係，氏著，邢復禮譯，《契丹古代史研究》，頁181。然而愛宕松男依據蒙古語中古語音加以比定，推論成分太大，無法盡信。

〔註22〕 田村實造，〈唐代に於ける契丹族の研究〉，《滿蒙史論叢》第一（出版地不詳：日滿文化協會刊，1938年（昭和十三年）8月），頁42～52。

〔註23〕 《遼史》卷三三〈營衛志下・部族下〉，太祖二十部條，頁157上、下。

據此可知，由迭剌部析分的五院、六院二部各擁四石烈之眾，乙室部之眾則僅有二石烈。換言之，由益古、撒里本分營而組成迭剌、乙室兄弟部落，迭剌部和乙室部的實力竟有四倍的差距。《遼史》記載由於涅里的政治操作，造成阻午可汗以來迭剌部實力盛於各部，自也有幾分道理。

不過較少引起注意的是，前段所引遼太宗於會同二年（939）命五院部甌昆及六院部斡納阿剌二石烈族眾居水草豐美的烏古之地。考〈太宗紀〉，此事繫在十月丁未，兩院部共徙居三石烈部眾，至於是否永久遷居，史無明言不得而知。水草是草原重要的自然資源，從劉仁恭利用燒荒政策造成契丹馬飢死，逼迫遙輦痕德堇可汗交換牧場，〔註24〕足以見之。水草肥美有益於牲畜繁衍，自然可以生養更多人眾，部落亦能賴此壯大實力。乙室部與迭剌部具有兄弟部落的歷史淵源，乙室部之眾，卻不如迭剌部部眾幸運得到遼太宗的特意安排。所以，從氏族及部落所居的牧場來觀察，迭剌部與乙室部的實力何以有四倍的差距便不難理解，至於主體八部之其他部落的情形就更不待言。

部落聯盟可汗及其高級衙官是否有如遼太宗一樣的特權，端看涅里調整部族組織的作為，可知有其高度可能性。迭剌部崛起及其壯盛過程渺遠難解，據前所論加以推想，部落聯盟可汗及其重臣可能透過若干政治作為，提高其出身部落在部族中的勢力。綜合上述的討論，迭剌部崛起的可能原因是，一、利用部族組織整編的機會，弱化其他部落的勢力，二、將資源集中於迭剌部，如佔領豐茂的牧地。迭剌部崛起的關鍵人物涅里是很善於政治操作的人，他可能透過上述兩種作為，使迭剌部成為遙輦氏時代最強大之部。世里氏也可能因此得以世代掌控迭剌部，《遼史》形容太祖之父「世為契丹遙輦氏之夷离堇，執其政柄」。〔註25〕

迭剌部崛起的第三個原因是，遼太祖耶律阿保機優越的軍事與政治能力。遙輦痕德堇可汗時代，迭剌部酋長耶律阿保機以本部的力量為基礎向外擴張，征服室韋、于厥、奚等，又征伐河東、薊北等地，吸收鄰近部族甚至漢人的勢力，使其得以躋身權力中樞。北亞草原是一個成王敗寇的現實社會，時遷勢移，曾經雄霸北方的匈奴、柔然游牧帝國也盡沒入歷史之中。唐末五

〔註24〕《舊五代史》（臺北：臺灣商務印書館百衲本，1988.1臺六版）：「劉仁恭鎮幽
　　　　州，素知契丹軍情偽，……，霜降秋暮即燔塞下野草以困之，馬多飢死，即
　　　　以良馬賂仁恭，以市牧地」，見卷一三七〈契丹傳〉，頁912上。
〔註25〕《遼史》卷二〈太祖紀下〉，頁25下。

代時期適值突厥、回鶻式微衰亡之際，阿保機的崛起使契丹成爲北亞草原的新強權，因此唐末的若干割據勢力亦不得不爭相結交盟誓。阿保機一方面對朱全忠及李克用的梁晉相爭，保持中立。一方面採取遠交近攻之策，以幽薊爲首要目標，數度擊敗劉仁恭，伺機打通南進之路。〔註26〕這種情勢所顯示的實力，自然得到部民的推戴，受禪於痕德菫可汗成爲新任八部大人。

遼太祖即位爲新可汗，勢必引起新舊勢力的包圍和覬覦。耶律阿保機首先必須設法鞏固他在契丹內部的領導權，同時繼續擴張契丹在東亞世界的勢力，並且擴大唐末五代分裂的局面乘機南進中原。〔註27〕對此，阿保機採取擴大其社會基礎的手段，吸收鄰近部族與漢人力量，以牽制契丹內部的新舊勢力，本書擬於後續二節，就此再行研討。阿保機有計畫地提高皇族在契丹部族組織中的地位，則與鞏固可汗領導權爲一體之兩面，倒是值得稍加分析。

（二）皇族組織的獨立

遼太祖元年（907），下詔「皇族承遙輦九帳爲第十帳」，〔註28〕阿保機的用意即在將遙輦舊勢力撫以國族，用示尊崇。其次可能因襲部族聯盟的傳統，皇族和遙輦九帳都脫離契丹固有部族組織，編成獨立帳族。

回溯唐代契丹族，兩《唐書・地理志》曾一一記載大賀氏八部羈縻州的所在，「唐太宗置玄州，以契丹大帥據曲爲刺史，又置松漠都督府，以窟哥爲都督，分八部并玄州爲十州，則十部在其中矣」。〔註29〕據此記載分析，唐太宗應只是承認李窟哥契丹聯盟領袖的地位而任命爲都督。其次李窟哥及據曲所領的松漠府和玄州應獨立於八部之外，如此大賀氏八部加上玄州及松漠都督府，始能符

<hr />

〔註26〕王明蓀，〈契丹與中原本土之歷史關係〉，《宋遼金史論文稿》（臺北：明文書局，1981.12 初版），頁 8。

〔註27〕見王明蓀，〈契丹與中原本土之歷史關係〉，《宋遼金史論文稿》，頁 6。陶晉生更認爲鞏固領導權是所有征服王朝的統治者都必須面對的根本問題，他指出：「第一，怎樣提高部落中首長的權威，以集中人力和物力來從事征服工作；以及怎樣在完成征服工作以後鞏固新成立的政權」。參看《女眞史論》（臺北：稻香出版社，2003.11），頁 3。

〔註28〕遼太祖即位，「親衛缺然」，乃設立斡魯朵法。遙輦九帳可能依宮衛之制，即九世可汗後裔設立宮分。遙輦九世可汗即洼可汗、阻午可汗、胡剌可汗、蘇可汗、鮮質可汗、昭古可汗、耶瀾可汗、巴剌可汗以及痕德菫可汗，見《遼史》卷四五〈百官志一〉北面諸帳官條，頁 250 下。

〔註29〕參看《舊唐書》卷三九〈地理志二〉，頁 436 上～437 下，《新唐書》卷四三下〈地理志七下〉，頁 309 下，及《遼史》卷三二〈營衛志中・部族上〉，唐大賀氏八部條，頁 155 下。

合兩《唐書》記載之「十部在其中」。至於松漠都督府的治所，日本田村實造與愛宕松男雖曾有過一番考證與辯論，尚無法確定其位置。〔註30〕要之，可以解釋爲契丹八部聯盟領袖，被推爲可汗以後，便即脫離原屬部落自立族帳。〔註31〕若此，李窟哥氏族因其爲大賀氏八部可汗的尊貴地位，而獨立於八部之外，亦可謂合理。

遙輦阻午可汗時代的情況，與松漠都督府的記載亦相近。史稱「契丹因萬榮之敗，部落凋散，即故有族眾分爲八部，涅里所統迭剌部自爲別部，不與其列。并遙輦、迭剌亦十部也」。〔註32〕阻午可汗一如李窟哥之於大賀氏八部，涅里則爲阻午可汗佐相的特權氏族，遙輦迭剌亦獨立於遙輦氏八部之外。若以上的推求可信，遼太祖所下詔的命令表面是安撫遙輦舊勢力，實則向契丹諸部宣示皇族世里氏族的至尊地位。

遼太祖以其自身爲中心，上溯到祖父匀德實的後世子孫，稱爲「四帳皇族」，是第一圈的統治核心。其次以迭剌部爲中心，即以四世祖耨里思的後世子孫編成「二院皇族」，是爲護衛統治核心的宗族：

> 肅祖長子洽昚之族在五院司，叔子葛剌、季子洽禮及懿祖仲子帖剌、季子裏古直之族，皆在六院司。此五房者，謂之二院皇族。玄祖伯子麻魯無後，次子嚴木之後曰孟父房，叔子釋魯曰仲父房。季子爲德祖，德祖之元子是爲太祖天皇帝，謂之橫帳。次曰剌葛、曰迭剌、曰寅底石、曰安端、曰蘇，皆曰季父房。此一帳三房，謂之四帳皇族。二院治之以北、南二王，四帳治之以大內惕隱，皆統於大惕隱司。〔註33〕

遼俗東嚮尙左，遼太祖御帳面東，因此耶律阿保機直系後代房族謂之「橫帳」。阿保機二伯父、三伯父及其諸弟房族，分別是橫帳孟父房、橫帳仲父房與橫帳季父房，稱爲「橫帳三父房」。二院皇族共分五房，足以確定。洽昚之族是爲五院夷离堇房，葛剌之族謂之六院郎君房，帖剌之後稱爲六院夷离堇房，裏古直之族是爲六院舍利房，但不知何以獨缺洽禮的帳房名稱。〔註34〕于越

〔註30〕參看田村實造〈唐代に於ける契丹族の研究〉，《滿蒙史論叢》第一，頁1～85；及愛宕松男著，邢復禮譯，《契丹古代史研究》，頁127～141。

〔註31〕拙著，〈契丹建國前之社會結構〉（台中：中興大學歷史系碩士論文，1995.6），頁81。

〔註32〕《遼史》卷三二〈營衛志中・部族上〉，遙輦氏八部條，頁156上。契丹部族組織的沿革，非本書所欲討論，相關研究頗多，不詳列舉。

〔註33〕《遼史》卷四五〈百官志一〉北面皇族帳官條，頁249上。

〔註34〕除〈百官志一〉北面皇族帳官條的記載之外，卷六四〈皇子表〉記洽昚「房

耶律曷魯對遼太祖建國貢獻極大，位列「佐命功臣」之首，與阿保機又出於同曾祖兄弟，按照上引記載懿祖之後皆出身六院房族，耶律曷魯出身的房系，史所未載，亦足可怪也。〔註35〕

阿保機的用意，在於提升迭剌部的地位高於諸部之上，再從迭剌部中獨立出四帳皇族，建立皇室的權威和獨尊地位。所謂「皇族承遙輦九帳爲第十帳」，應指橫帳及三父房族，因爲「二院治之以南北二王，四帳治之以大內惕隱」。太祖二年（908），任命皇弟撒剌爲惕隱「典族屬」，遼朝百官之設自此始。〔註36〕除前引「四帳治之以大內惕隱」之外，《遼史》記載大惕隱司「掌皇族之政教」，大略可知惕隱掌管宗室皇族的戶籍、禮教。遼太祖建國一切政制草創，蓋皆任命單一官職，未有官署機構的設置。在政府組織初具雛形，逐漸官僚化之後，可能才有大惕隱司之設，〔註37〕將宗室納入制度性的管理。

根據文獻記載，又有四帳常袞司的設置，分別執掌太祖皇帝後九帳皇族、蜀國王巖木、隋國王釋魯和德祖皇帝三房族等四帳房族之事。〔註38〕大橫帳常袞司，由橫帳常袞主事，又稱橫帳敵穩，設橫帳太師、太保、司空、郎君及知事等官。遙輦帳與國舅帳亦設有常袞司，遙輦帳稱遙輦九帳大常袞司，國舅帳僅稱大國舅司，官職皆與大橫帳常袞司略同。〔註39〕《遼史·國語解》：「常袞，官名，掌遙輦部族戶籍等事，奚六部常袞掌奚之族屬」。〔註40〕由此看來，常袞司與大惕隱司執掌極有可能重疊。何以在大惕隱司之外，另立皇族四帳常袞司掌皇族之事，筆者頗疑常袞司實際組織的完備性。翻檢《遼史》

在五院司」，葛剌、洽禮、帖剌及裏古直「房在六院司」，足以證明二院皇族共分五房，見頁 351 下。但卷六六〈皇族表〉僅列舉五院夷离堇房洽春及六院郎君房葛剌系出肅祖昭烈皇帝，見頁 356 上，卻不見洽禮房族名稱。

〔註35〕 耶律曷魯「祖匣馬葛，簡憲（獻）皇帝（玄祖）兄，父偶思，遙輦時爲本部夷离堇」。仲父房隋國王耶律釋魯見阿保機與曷魯，曾說「興我家者，必二兒也」，可見曷魯族系之近貴，見《遼史》卷七三〈耶律曷魯傳〉，頁 419 上。

〔註36〕 《遼史》卷四五〈百官志一〉，大惕隱司條：「遼國設官之實於此，可見太祖有國，首設此官」，見頁 244 下。

〔註37〕 新校本《遼史》（北京：中華書局，1974.10 第 1 版）卷四五〈百官志一〉校勘記：「大內惕隱司，馮校，大內惕隱司即大惕隱司」，頁 721。

〔註38〕 《遼史》卷四五〈百官志一〉北面皇族帳官條，頁 249 上、下。

〔註39〕 《遼史》卷四五〈百官志一〉，北面諸帳官條，遙輦九帳大常袞司及大國舅司，頁 250 下及 251 上。與四帳常袞司職官不同的是，遙輦常袞司與大國舅司無郎君一職，增加太尉、司徒、敞史等，遙輦司更增加侍中一職。

〔註40〕 《遼史》卷一一六〈國語解〉常袞條，頁 541 上。

諸帳常袞司官員的敘任，僅得 5 例（表 2-1-1），皆爲聖宗年間，豈聖宗才有常袞司的常設，有待進一步研究。其中，北大王帳郎君曷葛只里舉發北大王蒲奴寧罪狀，聖宗下令橫帳太保鞫之，似乎透露郎君是受派任赴北大王府監管。常袞或許是派任至諸獨立族帳，執掌部族禮教風化甚至法律事務，如奚王府「太宗即位，置宰相、常袞各二員」。〔註41〕橫帳四房於國家最爲貴重之族，一言一行天下化之，特任常袞分別執行四帳皇族之事，受惕隱節制。〔註42〕然因缺乏充分的四帳常袞敘任事例，亦無從確知。

表 2-1-1：諸帳常袞司職官事例

年　代	事　　例	出　處
聖宗統和四年冬十月	北大王帳郎君曷葛只里言本府王蒲奴寧十七罪，詔橫帳太保覭國底鞫之。蒲奴寧伏其罪十一，笞二十釋之	11：62 上
聖宗統和四年夏四月	橫帳郎君老君奴率諸郎君巡徼居庸之北，將軍化哥統平州兵馬，橫帳郎君奴哥爲黃皮室都監，郎君謁里爲北府都監，各以步兵赴蔚州以助斜軫	11：60 上
聖宗統和四年冬十月	曷葛只里亦伏誣告六事，命詳酌罪之・知事勤德連坐，杖一百，免官	11：62 上
聖宗統和七年夏四月	乙卯，國舅太師蕭闥覽爲子排亞請尚皇女延壽公主，許之	12：66 上
聖宗太平八年十二月	辛酉朔，以遙輦太尉謝佛留爲天雲軍詳穩。	17：90 上

説明：1、本表以《遼史》記載的事例爲中心，綜合橫帳、遙輦九帳與國舅帳常袞司官員事例。資料出處僅記卷頁。例如卷一一頁六二上，記爲 11：62 上。

　　前述諸帳常袞司是否有完備的官署組織，以及常袞司運作的眞相，由於可資探討的資料太少，無法考見其全貌。但從諸帳常袞司只設在皇族與國舅，而不設在乙室部等其他七個部落來看，已足以反映出遼太祖耶律阿保機成功地建立宗室在契丹諸部中的權威地位。耶律義先拜惕隱時，說得最爲明白：

　　國家三父房最爲貴族，凡天下風化之所自出，不孝不義，雖小不可

　　爲。其妻晉國長公主之女，每見中表，必具禮服。義先以身率先，

〔註41〕《遼史》卷三三〈營衛志下・部族下〉，太祖二十部條，奚王府六部，頁 158
　　　下。

〔註42〕J. Holmgren, "Marriage, Kinship and succession under The Ch'i-tan Rulers of The Liao Dynasty（907～1125）", *T'oung-pao* 72（1986），pp.51.Holmgren 認爲惕隱授與宗室最核心人物權力，但從遼代惕隱的敘任事例來看並不全然如此。

國族化之。遼國設官之實，於此可見。太祖有國，首設此官，其後

百官擇人，必先宗姓。〔註43〕

端看「以身率先，國族化之」，可知惕隱的職任重大。同時後世遼帝繼續鞏固
宗室最尊貴的地位，「橫帳三父房不得與卑小帳族爲婚，凡嫁娶必奏而後行」。
〔註44〕至於「百官擇人，必先宗姓」，擬於第四章再行討論，便於全面性地觀
察和分析。

阿保機透過有計畫性的政治作爲，一面削弱其它部族的實力，固然建立
宗室尊貴地位，然而也破壞部族平等的政治傳統，無形中提供「變起肘腋」
的舞台。阿保機諸弟變亂事敗，〔註45〕策動變亂的叔父轄底說：「始臣不知天
子之貴，及陛下即位，衛從甚嚴，與凡庶不同。臣嘗奏事心動，始有窺覦之
意」。〔註46〕從叔父轄底的言談，可以推知橫帳宗室的權威已非大賀氏、遙輦
氏時代所可比擬。第一次諸弟亂平之後，阿保機與諸弟告天地爲誓而赦其罪，
「出剌葛爲迭剌部夷离堇」，〔註47〕此處所指是將剌葛從橫帳季父房除籍，適
足以證明橫帳的成立便是從迭剌部脫離，成爲獨立的族帳，以顯示其尊貴地
位。迨解決蕭牆之禍以後，遼太祖任命皇弟蘇爲南府宰相，並成爲定制，〔註
48〕支撐遼朝政權核心的雙柱完成其一。

二、后族國舅帳

耶律阿保機妻述律氏，可謂遼朝最有政治才能的皇后之一，加以其兄弟均
有輔助太祖佐命創業之功，因此其族後世子孫多享有位極人臣之權位。《遼史》
稱「任國舅以耦皇族」，〔註49〕是國舅爲遼朝政權核心雙柱之二。國舅族起源甚
早，遙輦阻午可汗以前便已存在，即前文所述涅里相阻午可汗析二審密乙室已、
拔里爲五之事。根據《遼史》的記載，拔里又分大父、少父二房，乙室已亦分

〔註43〕《遼史》卷四五〈百官志一〉，大惕隱司條，頁244下。

〔註44〕《遼史》卷一六〈聖宗紀七〉，開泰八年十月癸巳條，頁84下。

〔註45〕阿保機諸弟叛亂的過程，參看李漢陽，〈遼太祖諸弟之亂考〉，《史學會刊》第16
　　　期（臺北：臺灣師範大學歷史研究所，1976.6）、王民信，〈遼太祖諸弟叛逆探源〉，
　　　《遼金史論集》第5輯（臺北：文津出版社，1991年）及蔣武雄，〈耶律阿保機
　　　諸弟叛亂之始末〉，《空中大學人文學報》第3期（臺北：空中大學，1994.4）等。

〔註46〕《遼史》卷一一二〈轄底傳〉，頁524下。

〔註47〕《遼史》卷一〈太祖紀上〉，遼太祖五年五月條，18下。

〔註48〕《遼史》卷一〈太祖紀上〉，遼太祖神冊六年春正月丙午條，頁22下。

〔註49〕《遼史》卷四五〈百官志一〉，北面諸帳官條，頁250上。

二房稱大翁、小翁。遼朝建立以後，對國舅帳的成立有明確的記載始於天顯十年（936），遼太宗以淳欽太后父族及母前夫之族並爲國舅。〔註50〕其次則是世宗即位以後，尊母族刺只撒古魯爲國舅別部，並且設詳穩總管。〔註51〕

　　由於上述的記載相當簡略，因此就國舅組織而言，尤其是國舅人物的世系，歷來學者有不同的見解。以述律氏國舅帳爲中心，筆者試將學者的研究粗略歸納爲兩派。第一派將述律氏包含在二審密之內。陳述似乎傾向於認爲淳欽太后父族與母前夫之族就是拔里、乙室已族。〔註52〕日本橋口兼夫主張淳欽太后兄蕭敵魯與族弟蕭忽沒里後世即拔里大父房，而太后弟蕭阿古只系統爲拔里少父房。〔註53〕

　　第二派與此主張正好相反，視述律氏獨立於二審密之外。李符桐對國舅述律氏的分類與橋口氏略同，雖亦稱大父房、少父房，但不隸屬拔里氏二父房。同時他亦認爲述律氏的起源與二審密氏同樣古老，而二審密的先世也極有可能出於回鶻族。〔註54〕王民信分析《遼史》中有傳的后妃及外戚，認爲拔里大、少父房與述律氏應無關係，述律氏與世宗母族列入國舅帳是很晚的事。〔註55〕換言之，亦即主張述律氏應獨立於二審密之外。蔡美彪認爲遼太祖娶淳欽皇后，述律氏取代與迭剌、乙室二部世婚的二審密爲后族。遼太宗死後，在皇位爭奪中淳欽太后支持的李胡失敗，世宗即位，述律后族失去其顯貴地位。遼景宗娶睿智皇后即聖宗朝的承天太后，其先出於拔里少父房，代表審密氏的再興。遼季后妃案，則反映述律氏及拔里少父房在后位與皇權的鬥爭。〔註56〕

〔註50〕《遼史》卷三〈太宗紀上〉，天顯十年夏四月丙戌條，頁29下。

〔註51〕《遼史》卷五〈世宗紀〉，天祿元年八月壬午條，頁40上。

〔註52〕陳述，《契丹史論證稿》，見《遼史彙編》第七冊（臺北：鼎文書局，1973.10初版），第70種，頁10頁（原書頁34）。

〔註53〕橋口兼夫，〈遼代の國舅について〉，《史學雜誌》第50卷2、3號（出版地不詳：史學會，昭和14年），本文所引述見第50號第2卷，頁153～191。

〔註54〕李符桐分述律國舅大父、少父系統，見氏著，《回鶻與遼朝建國之關係》，《李符桐論著全集》二（臺北：臺灣學生書局，1992.4初版），頁286。二審密先世出於回鶻，見李符桐，〈遼朝國舅族拔里乙室已二部爲回鶻考〉，《李符桐論著全集》五的考述，頁113～176。

〔註55〕王民信，〈契丹外戚集團的形成〉，《契丹史論叢》（臺北：學海出版社，1973.6初版），頁79。

〔註56〕指興宗生母欽哀太后廢興宗養母齊天太后並迫令自盡，道宗懿德皇后被証賜死，以及天祚帝文妃母子被殺等三案。見蔡美彪，〈遼代的后族與遼季后妃三案〉，《歷史研究》（北京：歷史研究雜誌社，1994.4）1994年第2期，頁43～61。

以上學者對國舅族帳的爭議，並非本書所欲討論的重點，但有助於了解國舅帳的組成。鄙意認為就目前及見之文獻而言，對此爭點恐尚無法圓滿解決。本節的重點，在觀察國舅帳是否如宗室脫離出身的部族，成為獨立的橫帳。本文擬就遼代契丹人物的出身，對部族的組成試加以分疏，以期明瞭國舅帳與部族的關係。

就前所述，契丹承孫萬榮、李盡忠之敗，部落離散，世里氏始祖涅里析三耶律為七、二審密為五，并前八部為阻午可汗二十部。其中分大賀、遙輦為六，世里合為一。按此記載，阻午可汗聯盟主體除迭剌部之外，尚有六部同姓耶律，另有五部姓蕭。然而，對照遼代的實際情形並不符合。除去出身橫帳與國舅帳的宗室皇族與后族，本節將《遼史》有傳的契丹人物，就其出身部落的分佈情形，列為表 2-1-2。遼代上距遙輦阻午可汗，中歷胡刺可汗等七世，但其間只有太祖及聖宗兩次部族整編，而且這兩次部族整編只將新部族成員增置新部，[註57] 變動其實不大。其次，此表所收人物雖少，不過這是因為出身橫帳與國舅帳的貴族占多數，以及《遼史》的缺漏所致。因此，表 2-1-2 對阻午可汗時代耶律與蕭氏在各部的分佈情形，仍具有一定程度的參考價值。

表 2-1-2：契丹主要部落耶律氏和蕭氏分佈情形

部　族	人　　物
五院部	耶律八哥（80）蕭塔列葛（85）蕭迁魯（93）蕭素颯（95）耶律阿息保（101）耶律乙辛（110）
六院部	耶律斜涅赤（73）耶律覿烈（75）耶律鐸臻（75）耶律吼（77）耶律撻烈（77）耶律室魯（81）蕭塔剌葛（90）耶律世良（94）蕭兀納（98）耶律石柳（99）耶律谷欲（104）
乙室部	耶律撒合（85）蕭巖壽（99）
品部	耶律引吉（97）
楮特部	蕭德（96）蕭惟信（96）蕭圖古辭（111）
涅剌部	蕭韓家奴（103）
烏隗部	蕭阿魯帶（94）
突呂不部	耶律欲穩（73）耶律解里（76）蕭合卓（81）蕭速撒（99）蕭陶蘇斡（101）
突舉部	耶律諧理（85）

[註57] 即《遼史》所謂：「已上太祖以遙輦氏舊部族分置者凡十部，增置者八」，及「已上聖宗以舊部族置者十六，增置十八」，見卷三三〈營衛志下・部族下〉太祖二十部條與聖宗三十四部條，頁 159 下、161 上。

說明：1、本表以阻午可汗主要部落爲中心，宗室橫帳及國舅族不列入。又本表與愛
　　　　宕松男所製的表略同（《契丹古代史研究》，頁57。），愛宕氏根據自己的研
　　　　究予以比定，但不合理之處不予列入。

　　　2、括弧内爲《遼史》卷數。

　　從表 2-1-2 得以發現，由阻午可汗聯盟延續下來的主體部落中，突舉部和品部姓耶律，涅剌、烏隗與楮特等三部姓蕭。由迭剌部析出的五院、六院，以及乙室與突呂不等四部同時有耶律和蕭氏。另外，《遼史》曾追述太祖二十部中的主要部落在阻午可汗時代組編的情形。若將二者比較，有耐人尋味的發現：

　　　　五院部，其先曰益古，凡六營。阻午可汗時，與弟撒里本分領之，
　　　　曰迭剌部。傳至太祖，以夷离堇即位，天贊元年，以彊大難制，析
　　　　五石烈爲五院，六瓜爲六院，各置夷离堇。（略）

　　　　六院部（略）

　　　　乙室部，其先撒里本，阻午可汗之世與兄益古分營而領之，曰乙室
　　　　部。（略）

　　　　品部，其先曰拏女，阻午可汗以其營爲部。（略）

　　　　楮特部，其先曰洼，阻午可汗以其營爲部。（略）

　　　　烏隗部，其先曰撒里卜，與兄涅勒同營。阻午可汗析爲二：撒里卜
　　　　爲烏隗部，涅勒爲涅剌部。（略）

　　　　涅剌部，其先曰涅勒，阻午可汗分其營爲部。（略）

　　　　突呂不部，其先曰塔古里，領三營。阻午可汗命分其一與弟航斡爲
　　　　突舉部，塔古里得其二，更爲突呂不部。（略）

　　　　突舉部，其先曰航斡，阻午可汗分營置部。〔註58〕（略）

據上述記載，凡只由一營之眾置部者，在表 2-1-2 中可發現皆只有單姓部民。如，品部、楮特部「以其營置部」，品部姓耶律，而楮特部姓蕭。烏隗、涅剌部其先兄弟「同營」，阻午可汗析爲二置部，皆姓蕭。突舉部航斡分其兄一營置部，只有耶律氏部眾。相反地，阻午可汗以航斡兄塔古里二營人眾置突呂不部，則該部姓耶律、蕭二氏的部民皆有。由迭剌部析出的五院、六院與乙室部情形相同，益古、撒里本兄弟分領六營，也統有耶律及蕭氏的部民。

〔註58〕《遼史》卷三三〈營衛志下・部族下〉太祖二十部條，頁 157 上～158 下。

　　二審密國舅在阻午可汗以前，因爲與大賀氏及遙輦氏可汗氏族世代互婚的關係，所以可能獨立於大賀氏八部和遙輦氏八部之外。〔註59〕到了涅里整編部族時，因爲部落離散的關係，將三耶律與二審密打散，再依據前述的原則重組新部落。於是，二審密族的後世子孫便被安置在聯盟的主要部落中，而與耶律氏族眾混居。這就是表 2-1-2 中，五院、六院、乙室和突呂不等四部兼有耶律與蕭二姓部民，其他四部只有單姓部民的主要原因。只是，表 2-1-2 所收人物太少，尚無充分的資料證明本文前揭的推論。

　　根據若干線索顯示，述律氏國舅原應與契丹主要部落一齊生聚，其先世甚至可能附屬在迭剌部之內。〔註60〕淳欽太后弟蕭敵魯之母爲耶律阿保機父德祖撒剌的之妹，《遼史》記其先世「五世祖曰胡母里，遙輦氏時嘗使唐，唐留之幽州。一夕折關遁歸國，由是世爲決獄官」。〔註61〕淳欽太后父月椀「娶匀德恝王女，生后于契丹右大部」，先世回鶻糯思。〔註62〕匀德恝即阿保機祖父玄祖匀德實，淳欽太后先世糯思而敵魯先世胡母里，因此有學者認爲敵魯應是出於太后母前夫之族。〔註63〕又出身於六院舍利房裏古直之族的耶律老古，「其母淳欽皇后姊也」。〔註64〕綜合二例足見，不論淳欽太后與蕭敵魯是否爲同母異父姊弟，回鶻糯思述律之族與迭剌部耶律氏，互通婚姻至少已有二個世代以上。根據外婚制同一部落內不同氏族互婚的原則，淳欽太后父族及母前夫族應於迭剌部內與耶律氏混居。淳欽太后生於「契丹右大部」，右大部即儀坤州，淳欽太后於此建廣義縣「本回鶻部牧地」，〔註65〕既稱「回鶻部」，當可理解爲新附契丹的部落，但絕不可能是地位高於八部聯盟各部的獨立族帳。

　　以上僅就所見文獻，試加以分疏。所欲表明者，以目前及見之文獻，尚無法對國舅組織的紊亂與矛盾有圓滿之解決。國舅原應與宗室橫帳一樣，隨聯盟各部一齊生聚。迨遼太祖受禪，橫帳從迭剌部脫離成爲尊貴而獨立的族帳，國舅族亦隨之成爲獨立的族帳，以示后族外戚的貴顯。遼朝官制有掌皇

〔註59〕蔡美彪，〈遼代的后族與遼季后妃三案〉，《歷史研究》1994 年第 2 期，頁 43。
〔註60〕王民信，〈契丹外戚集團的形成〉，《契丹史論叢》，頁 81。
〔註61〕《遼史》卷七三〈蕭敵魯傳〉，頁 420 下。敵魯，〈太祖本紀〉稱「后兄」，見卷一〈太祖紀一〉，頁 18 上。
〔註62〕《遼史》卷七一〈后妃傳・太祖淳欽皇后述律氏〉，頁 410 下。
〔註63〕馮永謙，〈遼史外戚表補證〉，《社會科學輯刊》1979 年 3 期（瀋陽：社會科學輯刊編輯部，1979.5）。
〔註64〕參看《遼史》卷七三〈耶律斜涅赤傳〉及〈耶律老古傳〉，頁 421 上。
〔註65〕《遼史》卷三七〈地理志一〉儀坤州啓聖軍節度使條，頁 181 下。

族政教的大惕隱司，國舅族自然亦有其主管官署「大國舅司」和「國舅別部」。《遼史》載：

> 大國舅司，掌國舅乙室巳、拔里二帳之事。太宗天顯十年合皇太后
> 二帳爲國舅司，聖宗開泰三年又併乙室巳拔里二司爲一帳。

> 國舅別部，世宗置。官制未詳。〔註66〕

怪哉！「大國舅司」、「國舅別部」各有所掌，獨缺述律國舅帳，豈述律氏自古即屬於二審密之一，或許這即是陳述暗示淳欽太后父族與母前夫族構成二審密主體的重要根據。雖然《遼史》徒留下這段令人疑惑的續貂狗尾，不過已足以說明與皇族世代互婚的后族構成遼朝統治核心之半，因此國舅拔里乙室巳族和國舅別部與橫帳三父房族及遙輦九帳族成爲遼代地位最尊之「遼內四部族」。〔註67〕

　　綜合本節的討論，從唐代設置契丹羈縻州與松漠都督府的發展來看，契丹可能在大賀氏、遙輦氏時代，就已形成部落聯盟可汗脫離原屬部落，成立獨立族帳的傳統。本節同時也考述，遼朝統治核心的皇族與國舅族形成的歷史。遙輦阻午可汗承喪亂之餘，迭剌部始祖涅里收拾殘餘部族，以氏族爲基礎組織阻午可汗聯盟的主體部落。迭剌部略於同時逐漸強大，「大賀遙輦析爲六，世里合爲一。茲所以迭剌部終遙輦之世，彊不可制云」。除了透過政治安排之外，迭剌部亦可能憑藉居豐茂牧場的優勢，族眾與牲口壯盛。

　　涅里的八世孫耶律阿保機，恃其優越的軍事與政治才能，不僅擴張契丹在北亞草原的勢力，尚且突破唐末強藩燒荒政策對契丹的威脅。進而利用唐末地方割據勢力彼此爭奪地盤的矛盾，以及爭相交結契丹引爲外援的心理，助契丹獲取在東亞世界的利益，終以于越之職受禪遙輦痕德董可汗。阿保機繼位爲可汗後，將其祖直系子孫編成宗室橫帳，承遙輦九世可汗爲第十帳，建立宗室尊貴的地位以鞏固可汗領導權。國舅族的獨立過程，似乎與皇族宗室頗爲類似。對國舅族帳內部的組織，學者雖尚有所爭議，但無法否定國舅族具有獨立族帳的本質。一如宗室橫帳有專司皇族政教的「大惕隱司」，國舅族亦有專掌官署「大國舅司」與「國舅別部」。

〔註66〕《遼史》卷四五〈百官志一〉大國舅司條及國舅別部條，頁251上、下。
〔註67〕《遼史》卷三三〈營衛志下‧部族下〉，頁157上。蔡美彪認爲「遼內四部族」是記載聖宗時代的事實，而聖宗時述律國舅族已經中衰，所以只列二審密國舅和國舅別部。見蔡美彪，〈遼代的后族與遼季后妃三案〉，《歷史研究》1994年第2期，頁46。

　　本節從文獻記載分梳遼朝統治核心皇族與國舅族的形成，頗符合《遼史》對契丹部族型態的記述：

> 有族而部者，五院、六院之類是也。有部而族者，奚王、室韋之類是也。有部而不族者，特里特勉、稍瓦、曷朮之類是也。有族而不部者，遙輦九帳、皇族三父房是也。〔註68〕

「部而族者」與「部而不族者」，待第三節再予探討詮釋。所謂「族而部者」應即指涅里收拾殘餘氏族重整的部族，也就是阻午可汗時代主體八部的組織型態。「族而不部者」即謂聯盟領袖自原屬部落升爲可汗帳分，遙輦九世可汗族與皇族之類獨立的國之貴族。由此觀之，《遼史》的編修者只是平淡地記述橫帳三父房、述律氏父族和母前夫族、二審密國舅以及國舅別部的獨立組織。幸而透過文獻的排比整理，尙能粗略掌握遼朝統治核心自「族而部者」轉型爲「族而不部」的過程，以及皇族與后族崛起、強盛及獨立尊貴的輪廓。

第二節　漢文化圈族群的參與

　　契丹部族聯盟，依違於大唐與北亞強權突厥、回鶻之間。唐末五代之際，契丹乘勢崛起，河北漢人的動向頗值得玩味。《唐明宗實錄》曰：

> 莊宗未即位，盧文進王郁相繼入遼，皆驅率數州士女爲虜南藩，教其織絍工作，中國所爲虜中悉備，契丹所以強盛侵陵中國者，以得文進郁之故也。同光之世爲患尤深，文進在平州安帳，率奚勁騎倏來忽往，幽薊荊榛滿目寂無人煙。〔註69〕

此段記載的內容中，有一、唐末五代河北之社會，二、五代時期契丹統治下的漢人兩個問題，可繼續發掘申論。

　　如前節所述，耶律阿保機引用漢人勢力，以抗衡契丹舊貴族的包圍。遼初太祖、太宗任用不少藩邸漢人功臣，在部落聯盟轉型爲集權國家的過程中，建立政治制度、調和契丹與漢人的法制。另外，遼太祖滅渤海建立東丹國前後，有不少渤海人入遼。遼朝的統治者可能爲了避免渤海人反叛，將少數渤海世家納入統治階級，以渤海人制渤海。因此，漢文化圈之漢人與渤海人，

〔註68〕《遼史》卷三二〈營衛志中・部族上〉，頁154下。

〔註69〕厲鶚，《遼史拾遺》（臺北：藝文印書館，百部叢書集成，1964年），卷一〈太祖本紀上〉神冊六年冬十月條，頁11右。

不僅爲遼朝統治之人民，亦爲其政權基礎。

　　本節擬記述漢人與渤海入遼的背景，分析考述晉身遼代統治階級漢人的社會背景，及其在遼初建國的活動與作爲。其中，河北漢人世家在遼代的地位已有不少研究，因此本節視漢人爲一整體並不專論漢人世家。

一、漢人與渤海人入遼的背景

　　唐代的河北地區對唐室中央有一明顯的抗爭形勢，安史亂後（763）這種抗爭的情緒加劇演化爲對立甚至獨立地域的態勢。〔註70〕中古史前輩陳寅恪以民族與文化的觀點解釋這種對立，認爲這是因爲河北成爲胡族或胡化漢族鎮將主導的胡化藩鎮區所導致，〔註71〕其說頗得學界認同。〔註72〕近來尚有以地區認同和文化意涵的取徑申說，認爲這是唐代帝國大傳統下高低文化與上下階級間的對抗。〔註73〕

　　安史亂後，藩鎮割據互爭地盤，唐末五代政治變遷不脫地方割據的格局，史界盡知無庸贅論。一個半世紀左右，國家重心東移，從長安、洛陽兩都現象，演變爲五代時的多都，同時出現一批職業軍人集團。可見唐季五代政局往往受到集團人物的左右，已非個別人物所能影響。基於本章的主題「政權基礎」，筆者較爲注意影響五代政局的集團人物之社會勢力或背景。經過五代政權的延續與轉移，〔註74〕造成後周北宋河北的優勢。所以致之，一則由於契丹的崛起，河北成爲國防重心；一則河北職業軍人的比例超越其它地區，而且其成長的趨勢歷經五代政權轉移毫無減緩。〔註75〕然而史界論說的焦

〔註70〕吳光華，〈唐代幽州地域主義的形成〉，淡江大學中文系主編《晚唐的社會與文化》（臺北：臺灣學生書局，1990.9 初版），頁 201～238。

〔註71〕陳寅恪，〈統治階級之氏族及其升降〉，《唐代政治史述論稿》上篇（臺北：臺灣商務印書館，1994 年），頁 30～31。

〔註72〕例如王壽南，〈論唐代河北三鎮之獨立性在文化上的原因〉，《中山學術文化集刊》第 1 集（臺北：中山學術文化基金會，1968.3），頁 569～620 及毛漢光，〈論安史亂後河北地區之社會與文化——舉在籍大士族爲例〉，淡江大學中文系主編《晚唐的社會與文化》，頁 99～112 等皆以史例申論此說。

〔註73〕盧建榮，〈唐後期河北特區化過程中的抗爭文化邏輯——兼論唐廷與河北爲鬆從主義關係說〉，《中國民國史專題論文集·第五屆討論會》（臺北：國史館，2000.12 初版），頁 399～458。

〔註74〕參看蔣武雄，《遼與五代政權轉移關係始末》（臺北：新化圖書公司，1998 年初版）

〔註75〕毛漢光，〈五代之政治延續與政權轉移〉，《中國中古政治史論》（臺北：聯經

點，往往集中於藩鎮節帥，忽略此職業軍人的勢力及其性格。〔註76〕

藩鎮的職業軍人以會府牙軍爲主，牙軍是藩鎮的中央軍，鎮將則是藩鎮的地方軍。〔註77〕具有濃厚地緣意識的職業軍人集團，取代走向官僚化、中央化的大士族，成爲地方社會的新勢力。他們不斷吸收凶悍的游民及強壯的農民，其上下關係並不穩固，沒有堅定的國家觀念，對於民族或種族也沒有強烈的界限。這種職業軍人並非有志爲國獻身，視軍旅爲寄身之所，戰爭以利爲主。更重要的是，各藩鎮的職業軍校基於同等的性格，只想壟斷在各自地盤內的利益，彼此大概也有互不侵犯的默契。〔註78〕以魏博爲例，唐僖宗中和元年（881）魏博節鎮韓簡大敗黃巢部河陽諸葛爽，又移師攻克鄆州曹全晸，勢不可擋。可惜魏州職業軍校不樂居外久戰，韓簡勢盛而兵沮：

> 時魏博韓簡軍勢方盛。（略）時簡將引魏人入趨關輔，誅除巢孽，自有圖王之志，三軍屢諫不從，偏將樂彥禎因眾心搖說激之，牙軍奔歸魏州，爽軍乘之，簡鄉兵八萬大敗，奔騰亂死，清水爲之不流。
> 明年正月，簡爲牙軍所殺。〔註79〕

韓簡與節鉞魏博數十年的田氏家族的情形如出一轍。自田弘正（興）、布父子效忠唐室中央以來四出征戰，但魏州牙軍只想以軍旅爲安家之計。唐穆宗長慶元年（821）田布奉命出征鎮州不利，《舊唐書》曾記載一段田布與魏州軍士集議整軍復戰的對話，「會諸將復議興師，而將卒益倨，咸曰：尚書（田布）能行河朔舊事，則死生以之，若使復戰，皆不能也」，〔註80〕足見離鄉征戰實非職業軍人集團之志。

遼初降附契丹的漢族軍將，雖不見得有如上列魏博將卒固守地盤的心態，但是淺薄的國家意識、以利益爲中心的性格，應該是相差無幾的。前引《唐明宗實錄》的王郁是王處直的義子，他們在唐末梁晉相爭中，往往基於自身的利益或安危，叛服於兩強之間，甚至聯絡契丹以求利己。先是王處直逐其姪郜而

出版公司。1990.1 初版），頁 391～445。
〔註76〕毛漢光，《中國中古政治史論·緒論》，頁 20。本節關於漢族軍將降附契丹的政軍、社會背景，頗得毛先生職業軍人性格的啟發。
〔註77〕根據考述，會府牙軍中的主要牙校有都知兵馬使、左右相後院等兵馬使、虞侯、都虞侯、押衙、都押衙、教練使和都教練使等。嚴耕望，〈唐代方鎮使府僚佐考〉，《唐史研究叢稿》（香港：新亞研究所，1969 年），頁 211～236。
〔註78〕毛漢光，〈魏博二百年史〉，《中國中古政治史論》，頁 343～345。
〔註79〕《舊唐書》卷一八二〈諸葛爽傳〉，頁 1354 上。
〔註80〕《舊唐書》卷一四一〈田弘正傳附布傳〉，頁 1102 上。

爲定州留後，迨梁圍定州，王處直馬上絕晉事梁。後來王鎔爲梁兵所攻，求救於晉，王處直乃又向李克用表態願絕梁以效晉。觀乾寧二年（895）其兄處存卒，王處直任「後院中軍都知兵馬使」即前舉藩鎮職業軍校，〔註81〕其投機心態可想而知。張文禮殺王鎔，王處直想後唐莊宗必討張文禮，頗懼「鎮亡定不獨存」，於是暗中聯絡王郁「北招契丹入塞以牽晉兵」，並許郁爲嗣。王郁曾隨王郜奔晉，常恐處直不容，至此不安之慮得解，於是奉表送欵內附契丹，耶律阿保機收爲養子。據上所述，王郁的性格當頗受其義父影響。遼太祖崩，王郁與妻會葬，其妻泣訴淳欽皇后以求歸國，王郁卻奏「臣本唐主之婿，主已被弑，此行夫妻豈能相保，願常侍太后」，〔註82〕更足證前文的論述。

盧文進原爲劉守光騎將，唐莊宗攻范陽以「先降」得拜壽州刺史，情形與王郁略同，以自身的安全和利益爲中心，考慮叛降。李存勗以之屬其弟存矩，但盧文進對存矩心懷慊怨，與亂軍殺之，反攻新州不克，攻武州又不克，「遂奔于契丹，契丹使守平州，明宗即位，文進自平州率眾數萬歸」。〔註83〕盧文進的投機性格，較之王郁更爲明顯，奔契丹再歸後唐。王郁和盧文進之類職業軍人，是遼初漢人的第一種來源，他們與魏博職業軍人集團有類似的性格，基於自身的利益主動內附契丹，並非與遼師攻戰不利而降附。

其次唐末藩帥既汲汲於爭奪地盤擴張勢力，受害者自然爲治下之民。河北之民或怨於藩帥暴虐，或苦於契丹寇抄，漢人入遼的另一背景則爲逃亡。其中劉守光的幽州最爲典型，「是時劉守光暴虐，幽涿之人，多亡入契丹」。〔註84〕東京遼陽府東北隅有東丹人皇王宮城，外城爲漢城「河朔亡命，多籍于此」。〔註85〕

漢人入遼的第三個背景，爲遼初南進中原的政策。如前節所述耶律阿保機繼立爲八部可汗之後，繼續擴張契丹的勢力以便進軍關內。契丹南進中原，歷經遼初二帝南進征戰過程，降順的漢族將領和俘掠的州縣漢民，便是漢人入遼的第三個來源。

前節曾述及，遼太祖受禪可汗之初即有南向中原之志。值梁晉相攻中原內

〔註81〕有關王處直、王郁投機性格，《五代史記》（臺北：臺灣商務印書館百衲本，1988.1 臺六版）描寫得很傳神，見卷三九〈王處直傳〉，頁 213 下～214 下。

〔註82〕《遼史》卷七五〈王郁傳〉，頁 428 上。

〔註83〕《五代史記》卷四八〈盧文進傳〉，頁 275 上。

〔註84〕《五代史記》卷七二〈四夷附錄・契丹傳〉，頁 454 下。

〔註85〕《遼史》卷三八〈地理志二〉東京道條，頁 184 下。

耗的大好機會，阿保機卻保持中立採遠交進攻之策，主要是因爲以當時契丹的實力尚不足以對中原發動全面性的戰爭。其次，另一個關鍵原因是幽州爲最具實力的盧龍節度使劉仁恭父子所阻。幽州是控扼契丹進入河北的門戶，當無力發動全面征服戰爭時，又無法突破強藩所控的幽州，阿保機自然無法順利遂其南進中原的政策。太祖七年（913），李克用之子李存勗攻佔幽州，亦由於太祖諸弟叛亂而無力阻止。〔註86〕儘管遼太祖初期無法順利攻佔幽州，仍因幽州內訌以平盧城安置劉守奇之眾數千人。〔註87〕劉守奇後人劉承嗣、宇傑及日泳祖孫三人（見〈附錄〉編號216劉日泳），便以先人之蔭進入遼代統治階層。神冊元年（916），遼太祖第一次大規模南征，「攻蔚新武媯儒五州，（略），自代北至河曲踰陰山，盡有其地」，旋有盧文進之叛晉圍幽州百餘日。〔註88〕後雖因晉出精兵往援太祖乃退，但已盡占武州與媯州二州之地及其漢民。遼太祖繼於神冊六年（921），發動對中原第二次大規模戰爭，「分兵略檀、順、安遠、三河、良鄉、望都、潞、滿城、遂城等十餘城，俘其民徙內地」。〔註89〕此次南征因內附漢人降將復叛及大雪的雙重打擊無功而返，但已對中原造成極大震撼，所謂「俘其民徙內地」指遷檀、順二州漢民於東平、瀋州。

太宗德光繼位之初，盧文進等降將奔唐，國力並未盛於阿保機時代，所以德光初期南進政策仍然受挫。由此可以再次證明，五代時期盧文進等職業軍人集團，一切以利益爲尚的性格。德光之初南進受挫的原因，仍與阿保機時代一樣。如欲成功大舉入侵中原，就必須設法突破唐盧龍節度使趙德鈞所控之幽燕，或是打通河東之地。因此，遼太宗似乎頗欲結好趙德鈞，天顯六年（931）乘唐遣使來聘的機會以詔賜趙德鈞，次年七月趙德鈞遣人進時果回報。〔註90〕在遼太宗試圖與趙德鈞交好以前，已對河東發動零星的戰爭。天顯四年（929），德光命皇弟李胡興兵進趨雲中，「詔皇弟李胡帥師趣雲中，討郡縣之未附者」，結果拔寰州以回，〔註91〕顯見寰州之漢民亦爲李胡所掠。

遼太宗眞正的南征行動，起於石敬瑭與李從珂之爭天下。李從珂弒唐明宗

〔註86〕詳見王明蓀，〈契丹與中原本土之歷史關係〉，《宋遼金史論文稿》，頁7～8。
〔註87〕《遼史》卷一〈太祖紀上〉太祖元年夏四月丁未條，頁17下，秋七月乙酉條，頁18上。
〔註88〕《遼史》卷一〈太祖紀上〉神冊元年十一月條，頁21上。
〔註89〕《遼史》卷二〈太祖紀下〉神冊六年十一月丁未條，頁22下。
〔註90〕《遼史》卷三〈太宗紀上〉，天顯六年十二月丙辰條及七年秋七月壬寅條，頁28上、下。
〔註91〕《遼史》卷三〈太宗紀上〉，天顯四年冬十月甲子及五年正月庚午，頁27下。

三子從厚自立為帝，而石敬瑭允諾的條件甚為優厚，德光遂許兵援河東以討從珂。契丹南進的過程中，若干後唐將領戰敗被俘，或率眾降附者如趙德鈞父子。〔註92〕趙德鈞父子雖率眾降附，乃是與遼師戰不利而降，並非如前述王郁、盧文進是基於自身利益而主動內附。遼太宗立後晉石敬瑭，會同元年（938）正式獲燕雲十六州漢地，這大概是遼代漢人的最大來源。不論是漢人的逃亡或俘掠的大規模漢人人口流動，大概止於遼太宗退出中原北返。〔註93〕

渤海自唐中葉大祚榮建國至遼已二百餘年，其地漢化頗深，屬於漢文化圈，渤海人入遼的背景與漢人亦大致相同。遼太祖在第二次大規模南征失敗後，知唯有傾全國之力，南進政策始有成功之望，於是揮軍後方先解除後顧之憂。天贊四年（925）阿保機親征渤海，費時約半年即滅其國，改渤海為東丹以皇太子倍為人皇王治之。〔註94〕遼太宗曾進行一次遷東丹渤海民入遼實城的行動，「詔遣耶律羽之，遷東丹民以實東平，其民或亡入新羅女直，因詔困乏不能遷者，許上國富民給贍而隸屬之」，〔註95〕也就是將被征服渤海人遷徙入遼。另外有些遼國渤海人則是因被俘掠入遼，前文述李胡攻雲中拔寰州，太宗便曾以渤海俘戶賜之以嘉其戰功。移民實城，是遼朝政府管理俘戶及被征服民族最普遍的方式。上述移民實城的東丹民，自然也包括若干渤海世家，咸雍十年進士大公鼎「渤海人，先世籍遼陽率賓縣，統和間徙遼東豪右以實中京，因家于大定」。〔註96〕中京大定府本奚王牙帳地，聖宗時期多居漢戶，但其若干下轄州軍及縣則遷居渤海戶，如恩州懷德軍及其轄縣恩化縣，高州三韓縣居扶餘、新羅與高麗俘戶，扶餘本渤海國都，則三韓縣也有渤海戶居之。〔註97〕由此看來，遼朝政府遷率賓渤海大氏家於中京大定，應該是藉其協助管理上揭渤海俘戶。其次，將若干渤海人納入統治階層，應該也有防止渤海反叛的作用。渤海夏行美曾破壞大延琳謀反，因功加同政事門下平章事，「太平九年大延琳叛，時夏行美總渤海軍于保州，延琳使人說欲與俱叛，行美執送統軍使耶律蒲古，又誘賊黨百人殺之」。〔註98〕綜上所論，遼朝邊將賴

〔註92〕《遼史》卷七六〈趙延壽傳〉，頁429下。
〔註93〕王明蓀，〈略論遼代的漢人集團〉，《宋遼金史論文稿》，頁68。
〔註94〕《遼史》卷二〈太祖紀下〉，天贊四年十二月乙亥、天顯元年二月丙午，頁24上、下。
〔註95〕《遼史》卷三〈太宗紀上〉，天顯三年十二月甲寅，頁27上。
〔註96〕《遼史》卷一百五〈大公鼎傳〉，頁509上。
〔註97〕《遼史》卷三九〈地理志三〉，中京道，頁193上、下。
〔註98〕《遼史》卷八七〈夏行美傳〉，頁462上。

渤海軍將揭發族人謀反之貳志，遷渤海世家協助管理移民中京道之渤海人戶，可見渤海人不只為被統治階級，同時亦為遼朝政權之社會基礎。

根據前述漢人與渤海人入遼背景的敘述可知，遼代通常會遷移漢與渤海人戶實城。遼朝政府管理入遼各族移民的方式也是一樣，霫、新羅、高麗、甚至女真人戶等都是如此，只是以漢與渤海人最多。其實這種作法，早在遼太祖受禪為可汗時就已開始。例如，阿保機立為可汗久不受代，各部逼其傳旗鼓而受代，他便要求與漢人自為一部以治「漢城」。《五代史記》將「漢城」視為專稱，指「漢城在炭山東南灤河上」，〔註99〕「漢城」其實就漢人居住的城，並不特指灤河之城。文獻記載的漢城已有專門研究，〔註100〕但近來考古資料頗多可據以重行檢討。本文擬根據學者對遼代政區與移民築城的研究，〔註101〕進一步觀察漢人與渤海人入遼的背景。茲據既有研究，製為下表（表2-2-1）以便分析：

表2-2-1：遼代城市與遼初移民

	城數	移民總戶數	漢移民戶數	渤海移民戶數	遼初移民戶數
上京道	65	102400	15000	20300	80000
東京道	169	58804	3100	53204	58804
中京道	66	（40000）		5000	
南京道	49	25000	25000	0	25000
西京道	52	58800	58800	0	37800

說明：1、本表資料來源為王明蓀，〈遼代政區之建置與移民築城〉，《中古史研究》第
　　　　1期，頁247-279。

　　　2、《遼史・地理志》等相關文獻所記載遼代城市中，許多只有州、軍、城名，
　　　　缺載其建置來源、時間、戶數等資料。本表欄內空白表示文獻缺載，（ ）括
　　　　弧內數字表示作者推估。

〔註99〕 姚從吾，〈說阿保機時代的漢城〉，《東北史論叢》上，頁200。

〔註100〕 契丹俘掠漢人往往建「漢城」以居之，早期對漢城研究的中文論著有姚從吾，
　　　　〈說阿保機時代漢城〉，《東北史論叢》上（臺北：正中書局，1970年4月三
　　　　版），頁193～216。近期有韓茂莉，《遼金農業地理》（北京：社會科學文獻
　　　　出版社，1999年9月），第二章農業人口的遷入，頁13～34。

〔註101〕 遼代政區建置的研究，早期有數家如陳述、趙鐵寒，日本有田村實造等。最
　　　　完整的當屬王明蓀，〈遼代政區之建置與移民築城〉，《中國中古史研究》第1
　　　　期（臺北：蘭臺出版社，2002年），頁248～279。本文的寫作多參考是文。

遼代移民築城大概有兩波高峰，一為遼初太祖、太宗時期，二為遼中期聖宗、興宗二朝。首先表 2-2-1 的內容中，西京道遼初移民 37,800 戶是累積太祖至景宗的結果，單計遼太宗時期有 29,300 戶，〔註102〕因此遼初與中期移民略各佔一半。中京道不詳，由於中京大定府在遼聖宗建都，中期移民可能多於遼初移民。除去前揭二京道移民，遼代五京道移民大部分都在遼初就已完成，由此可知漢人與渤海人早在遼初就成為被統治者，同時也是遼代政權之社會基礎。第二，渤海移民戶數，上京道有 20,300 戶尚比漢移民多，東京遼陽府臨渤海，移民多集中於此，為數很多有 53,240 戶，中京道各城戶數多缺載，考前文率賓渤海大氏遷家中京大定，可知渤海移民應不只上表所記之 5,000 戶。總計遼朝境內渤海移民不在少數，依常理應有不小勢力，但渤海籍官員在遼代統治階層結構只佔 1.6%（見第四章中央政府官僚結構）頗不相稱。這應該是因為渤海與漢人同屬漢文化圈，漢籍官員已有不少，為避免渤海反叛，於是任用少數渤海世家子弟和軍人。第三，漢籍移民總戶為 101,900 戶，超過渤海籍總戶似乎不多，然而這是就移民總戶計算的結果。燕雲十六州人戶已隨同土地割讓入遼，因此若以遼朝治下的人民來看，漢籍人民應該仍佔最多數。遼代漢人與渤海之移民約各在 70 萬人之譜，大抵集中在遼初太祖、太宗與遼中葉聖、興兩波高段。初期為南進建國擴土得地時期，中期則由於澶淵之盟與渤海大延琳變亂，導致大批的移民潮。〔註103〕可見遼代政權的社會基礎，有相當一部為漢文化圈之民族，漢人多於渤海人。

二、入遼漢人的家世與社會背景

據本節前項所述，可歸納漢人入遼大概的幾種來源。第一，以利益為中心的職業軍人集團。第二，逃亡入遼的河北漢人，類別頗多包括宦者、翰林、織紉工匠，甚至儒士、僧尼道士皆有。第三，被俘或降順的將領、平民。第四，石敬瑭割地之後的燕雲十六州漢地居民。

以下進一步觀察，仕遼的漢族官僚背後所代表的社會勢力或階級。自古者言遼朝漢族官僚云「迄今燕之故老，談勳閥富盛照映前後者，必曰韓劉趙馬四大族焉，嗚呼盛哉」以來，〔註104〕一般探討漢族世家之論著已多，本節

〔註102〕王明蓀，〈遼代政區之建置與移民築城〉，《中國中古史研究》第 1 期，頁 276。
〔註103〕王明蓀，〈遼代政區之建置與移民築城〉，《中國中古史研究》第 1 期，頁 278。
〔註104〕王惲，〈題遼太師趙思溫族系後〉，《秋澗先生大全文集》（臺北：臺灣商務印

不擬再贅，而欲通觀遼朝漢族官僚之家世。表 2-2-3 便是根據傳記資料，建立的漢族官僚家世。筆者尤其認爲漢族官僚之先世與入遼前事蹟，最能反映出遼朝統治者借用何種社會力量協助其鞏固政權。換言之，就是分析遼代漢族官僚的社會背景。

表 2-2-3 收 36 家族，其中有 12 家族先世入遼前事蹟不詳，無從分析。另外，析津孫延應曾任涿州刺史，可惜不知確實年代是否在入遼以前，宛平康胤家，只得先世地望，亦無從分析，有先世與入遼前事蹟者得 22 家族。筆者將之分爲四類，第一類，先世或入遼前曾任中央官員或地方藩鎮大員，有五族。分別爲昌平劉氏、幽州趙氏、興中姚氏與開封王氏及高勳，另外磁州張礪「後唐書記、招討判官」、大名王晝從弟「戍雄州」等二族，可能是中央官員或地方大員。第二類，藩鎮牙軍或地方刺史，其先世地位略低於第一類。分別有玉田韓氏、安次韓氏、醫閭馬氏、盧龍趙氏、遼濱賈氏、薊州左氏以及康默記七家。河間張諫「從師泗北，授士關西」，可能屬第二類，但無法確定。第三類地位更低，屬縣丞之家，有涿州劉氏與李內貞（隴西？）及漁陽韓繼窋仕晉「領軍司馬」等三家。第四類，爲宗室之後或諸侯之後，或許先世貴顯，子孫在地方已無實力。分別是太原劉氏、劉存規、琅邪王氏與太原王氏，另外高勳亦兼有此類身份。爲分析方便，磁州張礪、大名王晝從弟、河間張諫暫列第五類，無法判斷。

依據上述分類列爲下表（表 2-2-2），以便觀察遼代漢族官僚的先世在入遼以前的社會背景，及其社會地位：

表 2-2-2：入遼漢人的社會背景

	家　數	百分比
第一類	5	22.8
第二類	7	31.8
第三類	3	13.6
第四類	4	18.2
第五類	3	13.6
合　計	22	100.0

據此結果來看，第二級的地方領袖在遼代漢族官僚中，尚稍多於第一級

書館，叢書集成初編縮本，1965 年 8 月）卷七三，頁 712 上。

的地方大員或中央官員。第一類與第二類合計，則第一、二級地方領袖的比例超過一半。以入遼漢人的先世觀之，可以說中、上層地方領袖較佔優勢，如果將第四類宗室之後列入，足見構成遼代政權的漢人部分以影響力較大的家族為主。其次，就其社會背景來看，一、二類合計超過半數，也同時表示出身藩鎮牙軍的職業軍人及藩鎮幕僚居多數，這與毛漢光對北周以來統治核心集團由胡漢融合集團轉變為唐末職業軍人集團的結論頗相符合。例如安次韓延徽曾任「幽都府文學、平州錄事參軍及幽州觀察度支使」之類的幕府。前文所引漢人世家韓、劉、趙、馬四姓五族或六族，應該理解為歷經遼金元三朝政權的變遷與轉移後，所形成族盛位顯的漢族閥閱。

表 2-2-3：遼代漢族官僚家世

家　系	入遼背景	人　物	先世與入遼前事蹟
玉田韓氏	俘掠	韓知古	知古父韓融薊州司馬。據韓匡嗣墓志，蓋之庸編，《內蒙古遼代石刻文研究》
安次韓氏	俘掠	韓延徽	父累官薊儒順三州刺史。延徽少任劉仁恭幕下，歷幽都府文學、平州錄事參軍、幽州觀察度支使
漁陽韓氏		韓繼窰	晉領軍司馬
昌平劉氏	割地入遼	劉景	四世祖怦即朱滔之甥，唐右僕射、盧龍軍節度使。父守敬，南京副留守。燕王趙延壽辟景為幽都府文學
涿州劉氏	俘掠	劉晞	父濟雍累為本郡諸邑令長。晞嘗為周德威從事。
太原劉氏		劉繼文	北漢世祖之孫劉贇之子
（彭城）劉氏		劉存規	河間王二十四代孫
營州馬氏		馬保忠	
醫閭馬氏	俘掠	馬胤卿	石晉青州刺史
幽州趙氏	降順	趙德鈞	事劉守文，再事守光為幽州軍校，後唐滄州節度使、幽州節度使
磁州張氏	降順	張礪	同光間進士第，仕後唐書記、招討判官，隨趙德鈞、延壽父子降遼
盧龍趙氏	俘掠	趙思溫	少隸燕帥劉仁恭幕，後隸後唐平州刺史，兼平營薊三州都指揮使
盧龍康氏	俘掠	康默記	少為薊州衙校

盧龍高氏	降順	高勳	晉北平王信韜之子，仕晉爲閤門使，與杜重威降遼
宛平康氏	割地入遼？	康胤	其先應州人，至胤始家於燕之宛平
南京室氏	割地入遼？	室昉	會同初，登進士第，爲盧龍巡捕官
應州邢氏	割地入遼？	邢簡	
興中姚氏	俘掠	姚漢英	後周左金吾衛大將軍
遼濱賈氏	俘掠	賈去疑	祖夢殷爲盧龍軍節度判官，父道紀爲營州刺史。去疑先仕後唐，奉使來貢，因留之
析津孫氏	割地入遼？	孫延應	涿州刺史
薊州左氏		左皓	後唐棣州刺史
中京竇氏	割地入遼？	竇振	
析津李氏	割地入遼？	李仲禧	
隴西？李氏	降順	李內貞	後唐莊宗時舉秀才，除授將仕郎，試秘書省校書郎，守雁門縣主簿，次授蔚州興唐縣主簿，授儒林郎、試大理寺丞，守嬀州懷來縣丞
琅邪王氏	割地入遼？	王經、王紹	其先太原瑯琊國□王太子之後也
太原王氏	割地入遼？	儒州刺史王氏	其先太原瑯琊國王之太子晉之後
熊岳王氏		王繼遠	
大名王氏	俘掠？	王晝	晝從弟景德中戍雄州
開封王氏	宋臣俘掠	王繼忠	宋鄆州刺史，殿前都虞侯
河間張氏		張諫	從師泗北，授士關西
潔陰張氏	割地入遼？	張簡	
歸義杜氏	割地入遼？	杜防	開泰五年，擢進士甲科
長春吳氏		吳匡嗣	
安次楊氏	割地入遼？	楊晳	太平十一年，擢進士乙科
范陽楊氏	割地入遼？	楊遵勖	重熙十九年登進士第
信都馮氏	宋臣降順	馮從順	

說明：1、本表僅根據羅繼祖〈遼代漢臣世系表〉〔收入《遼史彙編》四（臺北：鼎文書局，1973.10 初版）〕中列表家系，稍作補充製成，漢族官僚家族數仍有不足，不過應該仍能觀察仕遼漢人的社會力量。

2、各家族先世或入遼前事蹟不詳者，補以《遼史》、新舊《五代史》、《契丹國志》、《遼史拾遺》及《全遼文》等所收之碑銘傳記資料。

三、漢人在遼初的作爲

前文略述漢人及渤海人入遼的背景，與漢族官僚所代表的社會勢力。筆者曾在緒論稍敍，本書擬從「功能」的角度觀察制度的內涵與演變，以及遼朝政府運作所發揮的作用。以下亦擬就漢人的活動與作爲，探討其在遼初太祖、太宗「變家爲國」所發揮的「功能」。

（一）牽制諸部勢力

前節曾提到耶律阿保機即位爲新可汗，勢必引起新舊勢力的包圍和覬覦。首先，就是禍起蕭墻發生橫帳三父房與二院皇族的諸弟叛亂，這即是叔父轄底和于越耶律曷魯等人所說的「惟析迭剌部議未決，願亟行之」。阿保機以軍事力量，解決因爲宗室皇族獨立而尊貴所帶來的威脅，此處擬就其它舊勢力再行申論。

耶律阿保機鞏固領導權，首當其衝的即是舊可汗遙輦九帳。所謂「且遙輦九營蓁布，非無可立者」，〔註105〕尤其阿保機初立尚未完全掌握局勢，「初受命，屬籍比局萌覬覦，而遙輦故族尤觖望」，〔註106〕凡此皆可證明遙輦舊勢力的包圍，在當時是人盡皆知的。面對故可汗族的威脅，遼太祖所採取的手段，就是與可信任的遙輦舊族合作，以防患未然並謀控制。阿保機置「遙輦敞穩」試圖監控，並成立遙輦族帳軍「遙輦糺」，他選擇了與出身昭古可汗裔的耶律海里及鮮質可汗子耶律敵剌合作。〔註107〕

事實上，阿保機最不願意面對的是，契丹政治傳統「三年一代」。所以遼太祖試圖拉攏原本就與迭剌部關係較爲親近的乙室部、突呂不部，他任命出身突呂不部的耶律欲穩「典司近部，以遏諸族窺覦之想」。〔註108〕然而，這終究非長久之計，當遼太祖「久不受代」時，各部要求遵守部族政治傳統的聲浪，勢必一波一波迎面而來。遼太祖之所以能將契丹從部落聯盟，變爲契丹帝國雄霸北亞，在於有人君之智，他是契丹各部中最能吸收漢人力量的，「乘間入塞，攻陷城邑，俘其人民依唐州縣，置城以居」。不僅如此，他更進一步

〔註105〕《遼史》卷七三〈耶律曷魯傳〉，頁419下。前引析迭剌部之議，見同卷，頁420上。
〔註106〕《遼史》卷七三〈耶律海里傳〉，頁422上。
〔註107〕參看《遼史》卷七三〈耶律海里傳〉，頁422上及卷七四〈耶律敵剌傳〉，頁423上。
〔註108〕《遼史》卷七三〈耶律欲穩傳〉，頁421下～422上。

將漢人變成自己私屬的力量，「諸部以其久不代，共責誚之，阿保機不得以傳其旗鼓，而謂諸部曰：吾立九年，所得漢人多矣，吾欲自爲一部，以治漢城可乎，諸部許之」。〔註109〕

遼太祖就以漢城的經濟實力，打破契丹三年一代的政治傳統，建立遼朝。《五代史記》：

> 阿保機知眾可用，用其妻述律策，使人告諸部大人曰：我有鹽池，
> 諸部所食，然諸部知食鹽之利，而不知鹽有主人，可乎？當來犒我，
> 諸部以爲然，共以牛酒會鹽池，阿保機伏兵其旁，酒酣伏發，盡殺
> 諸部大人，遂立不復代。〔註110〕

可見遼太祖是結合迭剌部與漢人的經濟實力威制諸部，始能成功壓制部族分權合議的傳統，轉化可汗領導權的性質而爲專制王朝之帝王。

（二）優勢的經濟力

漢城在契丹具有農業生產力量與商業功能。漢人與渤海人居住的城市不少有農業生產的功能，燕雲十六州自不在話下，即在上京契丹龍興之地亦復如此。例如，上京臨潢府臨潢縣，「太祖天贊初南攻燕薊，以所俘戶散居潢水之北。縣臨潢水故以名，地宜種植」。〔註111〕又如定霸縣，「本扶餘府強師縣民，太祖下扶餘遷其人於京西，與漢人雜處，分地耕種」。〔註112〕石晉太后曾詣世宗，求於中京道建州旁漢城之側耕墾自贍。〔註113〕綜此可見，不論漢地或草原，凡臨河或可灌溉的漢城便可闢爲農田。遼代最大的經濟生產力，當然非石晉所割的燕雲十六漢地莫屬，史稱「別有戶部使司，以營州之地加幽冀之半，用是適足矣」，〔註114〕遼國財政來源以幽冀漢地支撐至爲明顯。

漢城另有礦業生產，中京澤州「俘蔚州民立寨居之，採煉陷河銀冶」。〔註115〕其次，世宗以定州俘戶置的宜州弘政縣，「民工織紝多技巧」。〔註116〕既然有礦產和織紝，若自給有餘則應該也有商業交易。遼代原契丹部落居地

〔註109〕有關阿保機經營漢城，看《五代史記》卷七二〈四夷附錄第一〉，頁454下。
〔註110〕《五代史記》卷七二〈四夷附錄第一〉，頁455上。
〔註111〕《遼史》卷三七〈地理志一〉，臨潢縣條，頁178上。
〔註112〕《遼史》卷三七〈地理志一〉，定霸縣條，頁178上。
〔註113〕《遼史》卷三九〈地理志三〉，建州保靜軍上節度條，頁196上。
〔註114〕《遼史》卷四七〈百官志三〉，南面官序言，頁270上。
〔註115〕《遼史》卷三九〈地理志三〉，澤州廣濟軍下刺史條，頁194上。
〔註116〕《遼史》卷三九〈地理志三〉，宜州弘政縣條，頁195下。

境內最大的商業中心，爲上京西樓的漢城，胡嶠《陷虜記》載：

> 上京西樓有邑屋市肆，交易無錢而用布，有綾錦諸工作、宦者、翰林、伎術、教坊、角觝、儒僧尼道士，中國人并汾幽薊爲多。〔註117〕

同在上京道的祖州天成軍漢城，其橫街四隅有樓對峙，下連「市肆」。東京遼陽府外的漢城也有商業中心，「外城爲之漢城，分南北市，中爲看樓，晨集南市，夕集北市」，〔註118〕而且還分晨市及夕市。由此可見，不但漢文化圈的東京遼陽府有商業貿易，北方草原的漢城也具有相當發達的商業功能。

（三）管理漢民與政治制度的建立

耶律阿保機在五代時期四出征戰擴土建國時，漢籍菁英對新附各族人民尤其是漢人的統治和制度的草創，給予極大的協助。同時也對遼代政治體制在太宗、世宗二朝的確立，奠定重要的基礎。康默記、韓延徽及韓知古三人，無疑是遼太祖「佐命二十一功臣」中政治方面的菁英，他們在安撫管理漢民、擬定禮制、疏通折衷二元法制與官僚制度的建立有不可抹滅的表現。

韓延徽樹城郭分市里以居漢人，定配偶教墾藝以生養之，是以漢人「逃亡者少」。〔註119〕《遼史》載康默記在遼初的主要表現，「時諸部新附，文法未備，默記推析律意，論決輕重不差毫釐」。〔註120〕太祖征戰俘掠各族人民，法理複雜互相扞格在所難免，有賴康默記折衷疏通，以利於統治多元族群的人民。禮制方面，契丹以部族建國，禮制如同前述法制一樣尚未粲然大備，韓知古出力甚多，「時儀法疏闊，知古援據故典，參酌國俗與漢儀雜就之，使國人易知而行」。〔註121〕太宗、世宗二朝冊立石晉新帝，則是由韓延徽所擬制。

官僚與行政制度方面，世宗朝遷南府宰相建政事省，延徽「設張理具」居功厥偉，《遼史》稱許韓延徽爲「盡力吏」。遼代行政統治上較爲重要的是遼太祖命韓知古「總知漢兒司事」以漢治漢，可視爲早期的兩元政治。兩元政治的成熟時期，大概在燕雲十六州大批漢民成爲遼帝國之民時。從長段時

〔註117〕《遼史》卷三七〈地理志一〉，引胡嶠《陷虜記》，頁179上。
〔註118〕《遼史》卷三八〈地理志二〉，東京遼陽府條，頁184上。
〔註119〕《遼史》卷七四〈韓延徽傳〉，頁423下。本文對韓延徽在遼初政治作爲的記述，皆出於同卷同傳，不另註出處。
〔註120〕《遼史》卷七四〈康默記傳〉，頁423上。本文關於康默記的其它表現，亦出於同卷同傳，不另註出處。
〔註121〕《遼史》卷七四〈韓知古傳〉，頁424下。本文它處所記知古之表現，出於同卷同傳，不另註出處。

間來看，漢制滲入遼代政治制度的歷史過程，不見得如太祖時期平順，尚需視遼朝皇帝對漢族菁英的信任程度。遼太宗興兵滅晉時，蕭翰、耶律郎五及麻答等肆殺掠。張礪因而建議「今大遼始得中國，宜以中國人治之，不可專用國人及左右近習，苟政令乖失則人心不服，雖得之亦將失之」，〔註122〕然而太宗並未接受。太宗車駕北返崩於欒城，蕭翰欲圍殺張礪，責詰曰：「汝何故於先帝言，國人不可為節度使，我以國舅之親有征伐功，先帝留我守汴，以為宣武節度使，汝獨以為不可」，張礪抗聲曰「此國家大體，安危所繫」。從遼代的政治發展來看，並未如金初元初貴族據地方坐大，演成封建勢力以抗中央之局。遼代君權強化順利形成中央集權體制（見第三章中央權力官署），或因張礪輩之漢臣堅持行政原則有以致之。

漢人在遼代的作為固然有其軍事表現，但整體而言仍不如契丹人突出。前揭康默記等三人，雖以安撫漢人建立制度列名太祖佐命功臣，但仍不乏軍事表現。阿保機攻党項室韋「延徽之籌居多」，除了軍事參謀之外也實際參與攻戰。天贊四年（925）太祖親征渤海，康默記三人皆從征有功，康默記、韓延徽攻下長嶺府。由於遼初第一代、第二代漢人的軍事表現，遼代漢人世家多由軍人家族形成，似尚未得見由文職出身發展為世家者。例如，康默記孫延壽嘗謂「大丈夫為將，當效節邊垂馬革裹屍」，〔註123〕漢人在軍途發展最好的要屬韓知古之子韓匡嗣，曾歷任上京留守、燕京留守。〔註124〕遼中期以後，若干漢族軍人世家逐漸轉型為文職，甚至參加科舉以科第功名入仕，其中昌平劉氏劉六符三兄弟及醫巫閭馬氏馬人望較為著名。

第三節　契丹與鄰近族屬的統治關係

鄰近契丹人活動區域，有許多部族（或民族）與契丹存在統治關係，其生活方式、社會組織以及政治傳統與契丹頗同，蓋皆屬於北亞文化圈。這些部族包括奚、室韋、烏古、敵烈、突厥、回鶻、党項及女真等等，也是構成遼朝政權的一股勢力，遼代的官僚結構也反應這一事實，其中以奚族的勢力最大。本節擬透過契丹與這些部族的統治關係，考述遼朝政權的基礎，因此

〔註122〕《遼史》卷七六〈張礪傳〉，頁 432 上。蕭翰與張礪的爭執，亦見同頁記載。

〔註123〕《遼史》卷七四〈康默記傳附孫延壽傳〉，頁 423 下。

〔註124〕《遼史》卷七四〈韓匡嗣傳〉，頁 424 下。

略以奚與室韋爲中心，而不以全部的部族爲檢討的對象。

一、奚與室韋

奚原稱庫莫奚，與契丹「異種同類」，〔註125〕其族活動區域與契丹相鄰，自古即分五部，好與契丹鬥。〔註126〕遙輦鮮質可汗戰敗之，「俘其拒敵者七百戶，摭其降者。以時瑟鄰睦之故，止俘部曲之半，餘悉留焉。奚勢由是衰矣」。〔註127〕大約唐天祐初（904）至太祖建國前（906），分東西奚。〔註128〕遼太祖五年（911），征西部奚、討東部奚，皆克，「於是盡有奚、霫之地」，〔註129〕即可證之。

太祖降奚後，立奚王府六部五帳分。奚原本只有五部，遙里、伯德、奧里、梅只及楚里，天贊二年（923）滅東扒里厮的胡損，收合流散，置墮瑰部，「遂號六部奚，命勃魯恩主之，仍號奚王」。〔註130〕這個奚王府也被記於《遼史・百官志》：

> 奚六部。在朝曰奚王府，有二常袞，有二宰相，又有吐里太尉，有奚六部漢軍詳穩，有奚拽剌詳穩，有先離撻覽官。〔註131〕

此奚王府六部記於北面部族官條下，與五院部、六院部及乙室部同列，〈百官志〉並稱「已上四大王府爲大部族」。至此，奚王府六部五帳分的地位已經很清楚，原來它是被納入契丹部族制度裡，與太祖二十部或聖宗三十四部的其餘部落同受皇族的統治。奚六部與五院、六院及乙室部皆立「王府」以治之，顯示奚王府六部與「二院皇族」及乙室部的地位，較一般部落爲高，所以稱爲「大部族」。

由奚王府六部在契丹部族的地位來看，遼太祖如何統治與契丹「相寇抄」的奚族這個問題，因此可得迎刃而解。太祖阿保機是把四處征戰中或降或俘

〔註125〕《魏書》（臺北：臺灣商務印書館百衲本，1988.1臺六版）卷一百〈契丹傳〉，頁1332上。

〔註126〕參看李符桐，〈奚部族及其與遼朝關係之探討〉，《李符桐論著全集》五，奚之五部及奚與遼分合始末，頁16～18及43～49。

〔註127〕《遼史》卷三三〈營衛志下・部族下〉，奚王府六部五帳分條，頁158下。

〔註128〕李符桐，〈奚部族及其與遼朝關係之探討〉，《李符桐論著全集》五，東西奚之分，頁21。

〔註129〕《遼史》卷一〈太祖紀上〉，太祖五年春正月丙申，頁18下。

〔註130〕《遼史》卷三三〈營衛志下・部族下〉，奚王府六部五帳分條，頁158下。

〔註131〕《遼史》卷四六〈百官志二〉北面部族官，頁255上。

的奚戶，納入其二十部中統治。迭剌迭達部，原為鮮質可汗所俘奚七百戶，太祖將其編制為十四石烈組成。神冊六年（921）太祖以其所俘奚戶成立乙室奧隗部，繼之以同樣的方式將其他奚戶編為楮特奧隗部。〔註132〕歸納上述三個部落的命名原則，蓋將契丹本體八部的部名冠於新編奚族部落之前，其義或象徵在契丹統治下的奚族部落。

據前所引，奚六部首任奚王為勃魯恩，其人是否為奚人尚無法確知。《北廷雜記》稱：「太祖一舉并吞奚國，仍立奚人依舊為王，命契丹監督兵甲」，〔註133〕由此來看奚王府仍由奚人選其首長。按之其它文獻並不盡如此，太祖就曾以「弟迭剌哥圖為奚王」；〔註134〕乾亨元年（979），景宗曾命權奚王抹只與燕王韓匡嗣、南府宰相耶律沙、惕隱休哥、南院大王斜軫等各率所部兵南伐。〔註135〕太祖弟迭剌是橫帳季父房，抹只是仲父房，皆為契丹皇族。只是，僅以數例仍無從釐清遼朝統治奚族的方式，究竟是以奚人治奚或任命契丹人實行直接統治。

遼聖宗時期奚王府的地位較為清楚，也就是遼朝中央政府的權力已可能直接統治奚王府的六部。〔註136〕《遼史》的〈聖宗紀〉載統和二十五年（1007）「建中京」，中京大定府為故奚王牙帳地。《遼史》載「咸通以後契丹始大，奚族不敢復抗，太祖建國，舉族臣屬。聖宗嘗過七金山土河之濱……，統和二十四年，五帳院進故奚王牙帳地。二十五年城之，實以漢戶，號曰中京，府曰大定」。〔註137〕或太祖降奚立王府，奚以「臣屬」納入契丹部族組織之中，實則奚王仍有相當自主的權力治其六部，〔註138〕到了聖宗時代遼朝中央政府已可直接控制奚六部，因此五帳院只好無奈「進故奚王牙帳地」。

前舉奚六部原本都隸屬於奚王府，經過整編之後皆列入聖宗三十四部，「奧里部。統和十二年，以與梅只墮瑰三部民籍數寡，合為一部，并上三部本屬奚王府，聖宗分置」，〔註139〕奧里部與遙里、伯德及楚里三部「本屬奚王

〔註132〕《遼史》卷三三〈營衛志下〉，部族下太祖二十部，頁159上。
〔註133〕楊復吉輯，《遼史拾遺補》（北京：中華書局，叢書集成初編，1985年）卷一〈太祖紀上〉唐天祐雲中之會引趙志忠《北廷雜記》，頁1。
〔註134〕《遼史》卷一〈太祖紀上〉，太祖七年三月癸丑，頁19上。
〔註135〕《遼史》卷九〈景宗紀二〉，乾亨元年九月己卯，頁52上。
〔註136〕楊若薇，《契丹王朝政治軍事制度研究》（臺北：文津初版社，1992年7月），頁164。
〔註137〕《遼史》卷三九〈地理志三〉，中京大定府，頁193上。
〔註138〕李符桐，〈奚部族及其與遼朝關係之探討〉，《李符桐論著全集》五，頁50。
〔註139〕《遼史》卷三三〈營衛志下・部族下〉聖宗三十四部，頁160上。

府，聖宗分置」，意謂此四部從奚王府析出，歸入聖宗三十四部，其理甚明。

> 太宗即位，置宰相常袞各二員，聖宗合奧里、梅只、墮瑰三部爲一；
> 特置二剋部以足六部之數，奚王和朔奴討兀惹，敗績，籍六部隸北
> 府。〔註140〕

奚王和朔奴的敗績，或許只是遼朝中央政府欲將其權力直接伸入奚六部的藉
口而已，眞正的目的是籍六部納入契丹部族制度直接統治。

　　遼朝統治室韋的方式與奚如出一轍，也將室韋納入契丹的部族制度中。太
祖爲撻馬狘沙里時，以計降大小二黃皮室韋，置爲突呂不室韋部，涅剌拏古部
的情形亦復如此。〔註141〕這兩個室韋部的命名原則與奚族部落完全相同，在新
編室韋部落前，同樣冠上契丹本體八部的部名突呂不與涅剌。所不同的是，遼
代並沒有爲室韋部落建立王府，這牽涉到下文要探討的部族統治政策。

　　本章第一節曾引錄遼代部族型態，有「部而族者，奚王室韋之類是也」
〔註142〕未及論之。據上述的討論可知其義，原本「奚王五部」應爲一「奚
國」，有如契丹八部聯盟。自遼太祖立奚王府六部治之，則又如契丹宗室橫
帳及國舅帳一樣，成爲獨立的帳分，因此〈營衛志〉稱「奚王府六部五帳分」。
然而太祖和聖宗在其二十部及三十四之內，並未建立室韋王府，而是在其「屬
國」部中才有「室韋王府」之設（見下文部族統治政策）。將「屬國」部的
室韋王府與「二十部」或「三十四部」的奚王府並立爲「部而族者」，是《遼
史》修撰者的不察。

　　本文欲進一步探討，遼代將鄰近族屬納入契丹部族組織的目的，換言之
即是奚、室韋在遼代政權所發揮的功能。遼太祖爲迭剌部夷离菫開始向外擴
張，戰皆捷，奚族恃險以抗，曾命于越曷魯往諭奚長尤里：

> （曷魯）迺說奚曰：契丹與奚言語相通，實一國也。我夷离菫於奚，
> 豈有較軼之心哉？漢人殺我祖奚首，夷离菫怨次骨，日夜思報漢人。
> 顧力單弱，使我以求援於奚，傳矢以示信耳。〔註143〕

顯然阿保機是欲拉攏奚族以抗衡唐末河北、山西的割據政權。據前節所論可
知，耶律阿保機利用漢人的經濟優勢制衡契丹強大的各部傳統勢力，終以其

〔註140〕《遼史》卷三三〈營衛志下・部族下〉奚王府六部五帳分，頁 158 下。

〔註141〕《遼史》卷三三〈營衛志下・部族下〉，頁 159 上。

〔註142〕《遼史》卷三二〈營衛志中・部族上〉，頁 154 下。

〔註143〕《遼史》卷七三〈耶律曷魯傳〉，頁 419 上、下。

妻策誘各部長劫殺之，成功壓制契丹諸部。吾人觀察歷史，非止見遼太祖長於兵馬攻戰，需透視其更長於利用各股勢力互相牽制，以弱其向外擴張的阻力。曷魯弟東丹右次相耶律羽之，曾表奏太宗遷渤海返故地，對此戰略說得更爲透徹：

> 彼（渤海）得故鄉，又獲木鐵鹽魚之饒，必安居樂業。然後選徒以
> 翼吾左，突厥、党項、室韋夾輔吾右，可以坐制南邦，混一天下，
> 成聖祖未集之功，貽後世無疆之福。〔註144〕

綜合上述二則記載可知，遼代將奚、室韋二部納入契丹部族組織以治的目的，顯然是遼太祖欲引奚以抗漢的策略，同時這種聯合北族抗漢的策略並未終於太祖之世，太宗時代仍可能繼續執行其策。

前舉乾亨元年，景宗命權奚王抹只與韓匡嗣、南府宰相沙、惕隱休哥及南院大王斜軫等將兵南征伐宋，抹只所率之師應該即爲奚兵。統和四年（986），聖宗命耶律休哥等禦宋將曹彬、米信等來侵。當宋軍取岐溝關、涿州旋於固安置屯時，「時南北院奚兵未至，休哥力寡，不敢出戰」，〔註145〕顯見奚兵在遼軍的地位。除了與宋朝的征戰之外，遼朝征討其它屬部屬國時，也常常看到奚兵的蹤跡，類此記載頗多不爲備舉。〔註146〕遼道宗清寧間，西北招討使耶律何魯掃古處置不當，造成北阻卜反叛，「遣都監張九討之，不克，二室韋與六院部、特滿群牧、宮分等軍，俱陷于敵」，〔註147〕可見室韋部也是時常出兵助遼軍征伐。遼太祖立王府以治奚族後，反叛已非常少見，然而最著名的一次，爲遼末天祚帝時立耶律淳爲帝，耶律淳死後自立爲帝。〔註148〕室韋反叛之例頗多，散見於《遼史》各帝〈本紀〉。綜此，奚族與室韋部時常出兵助戰但又時而反叛，所以既爲遼代契丹之被統治者，又是其政權基礎。

二、遼代的部族統治政策

（一）部族與屬國

根據前述契丹對奚與室韋統治的認識，太祖二十部及聖宗三十四部以其

〔註144〕《遼史》卷七五〈耶律羽之傳〉，頁426下。
〔註145〕《遼史》卷八三〈耶律休哥傳〉，頁449下。
〔註146〕參看李符桐，〈奚部族及其與遼朝關係之探討〉，《李符桐論著全集》五，頁77～88。
〔註147〕《遼史》卷九四〈耶律何魯掃古〉，頁480下。
〔註148〕詳見，〈奚部族及其與遼朝關係之探討〉，《李符桐論著全集》五，頁88～91。

它各族「戶」置部，應該也是基於相同的原則。即以各族「俘戶」或「降戶」納入契丹部族組織統治，如達魯虢、烏古、稍瓦、曷朮、突厥、女眞、唐古（党項）回鶻及鼻骨德等皆是。〔註149〕〈營衛志〉記載聖宗三十四部之後，列舉「遼國外十部」，其文謂「右十部不能成國，附庸於遼，時叛時服，各有職貢，猶唐人之有羈縻州也」，〔註150〕顯示「時叛時服」者未便納入契丹部族制度中，大者爲「屬國」，小者爲「屬部」。

由此可知，遼朝的部族統治政策大致有二。一、納入契丹部族制度，已於前文略述；無法有效控制時叛時服的部族，則以羈縻方式待之，大者爲屬國，小者爲屬部等，此其二。例如，前舉室韋在聖宗三十四部中有室韋部，屬西北路招討司，應該即是降、俘的室韋戶；而「北面屬國官」另有室韋國王府，則是無法兼併、降俘的室韋部族。〔註151〕又如，降、俘的女眞戶置奧衍女直部及乙典女直部，納入聖宗三十四部中；〔註152〕女眞國置女直國順化王府列「北面屬國官」，而生女眞則列入「屬部」生女直部。〔註153〕

不論大者的屬國或小者的屬部，也時常出兵助遼軍征伐，在遼朝政治與國防所發揮的角色與前文所論的奚及室韋如出一轍。最爲著名的有兩次。天贊四年（925），遼太祖親征渤海，未半年便完全底定。天顯元年（926）二月，「以奚部長勃魯恩、王郁自回鶻、新羅、土蕃、党項、室韋、沙陀、烏古等從征有功，優加賞賚」。〔註154〕第二次爲耶律淳死後，耶律大石西走，借兵於西邊諸部酋：

> 西至可敦城，駐北庭都護府，會威武、崇德、會蕃、新、大林、紫河、駝等七州及大黃室韋、敵剌、王紀剌、茶赤剌、也喜、鼻古德、尼剌、達剌乖、達密里、密兒紀、合主、烏古里、阻卜、普速完、唐古、忽母思、奚的、紇而畢十八部王，諭曰：我祖宗艱難創業，歷世九主，歷年二百。金以臣屬，逼我國家，殘我黎庶，屠翦我州邑，使我天祚皇帝蒙塵于外，日夜痛心疾首。我今仗義而西，欲借力諸蕃，翦我仇

〔註149〕參看《遼史》卷三三〈營衛志下・部族下〉太祖二十部及聖宗三十四部，頁159上～161上。

〔註150〕《遼史》卷三三〈營衛志下・部族下〉遼國外十部，頁161上、下。

〔註151〕參看《遼史》卷三三〈營衛志下・部族下〉聖宗三十四部，頁160下及卷四六〈百官志二〉北面屬國官・室韋國王府，頁266下。

〔註152〕《遼史》卷三三〈營衛志下・部族下〉聖宗三十四部，頁160下。

〔註153〕《遼史》卷四六〈百官志二〉北面屬國官，頁265下及268上。

〔註154〕《遼史》卷二〈太祖紀下〉，天顯元年二月甲午，頁24下。

敵，復我疆宇。惟爾眾亦有軫我國家，憂我社稷，思共救君父，濟生

民於難者乎？遂得精兵萬餘，置官吏，立排甲，具器仗。〔註155〕

上引耶律大石借兵復國的部族中，屬於前述所謂的屬國、屬部者，有大黃室
韋、阻卜、鼻古德、唐古等。以上諸契丹族屬雖然時叛時服，大體仍會出兵
助遼軍征戰，有時征討契丹邊部，有時助遼朝與敵國相戰，如北宋、高麗、
西夏以及遼末的女眞。尤其，終遼之世契丹等於聯合北方游牧部族，與宋朝
北南對峙。據此足見，這些與契丹、奚及室韋同屬北亞游牧文化圈的部族，
也可視爲構成遼代政權的社會基礎之一。

（二）諸路邊防

遼朝國境處四戰之區，東與高麗接壤，南與五代及宋朝爲勁敵，東北面
逆向至西南面爲女眞、阻卜、回鶻、吐谷渾、党項、西夏等族所包圍，因此
尤重邊防。從制度面而言，略以五京爲戰略中心，劃分爲上京路諸司控制諸
奚，〔註156〕南京諸司並隸元帥府備禦宋國，西京諸司控制西夏，另置遼陽路
諸司控扼高麗，長春路諸司控制東北諸國，西北路諸司控制諸國。〔註157〕上
述諸路邊防的兵源，來自遼朝境內的各部族軍，即「眾部族分隸南北府，守
衛四邊，各有司存」是也。〔註158〕所謂「各有司存」，則指遼國境內眾部族軍
分屬東北路招討司、東北路統軍司、西北路招討司、西南路招討司、黃龍府
都部署司、烏古敵烈統軍司、東北路女直兵馬司及東京都部署司等。

單就制度面看，尚無法釐清本節探討契丹與鄰近族屬關係之旨，亦無從
瞭解契丹統治者對其鄰近族屬重視至何種程度。因此，本文檢閱文獻較爲豐
富的西北與西南招討使敘任事蹟製爲下表（表2-3-1），一方面從史實觀察契丹
及其鄰近族屬間的統治與叛服關係；另一方面亦可藉由統治核心氏族所佔二
使人選中的比例，觀察契丹統治者的重視程度。

〔註155〕《遼史》卷三十〈天祚帝紀四〉，耶律大石，頁145下～146上。

〔註156〕上京路諸司控制諸奚，疑爲中京路諸司之誤，可參看本節奚、室韋一節及本
論文第三章第三節五京建置背景的探討。

〔註157〕以上遼朝邊防的部署，見《遼史》卷四六〈百官志二〉，北面邊防官，頁260
下～263下。

〔註158〕《遼史》卷三五〈兵衛志中〉，眾部族軍，頁168上～169下。遼朝境內的眾
部族，有所謂太祖二十部及聖宗三十四部，實際上不只此數。據北面部族官
制，其實有四大部族與四十九小部族，見《遼史》卷四六〈百官志二〉，北面
部族官，頁254上～256上。

表 2-3-1：西北招討使與西南招討使敘任事例

編號	時 間	西北招討使	事 蹟	族屬／出處／附註
1-1	保寧三年七月	耶律賢適	辛丑，以北院樞密使賢適爲西北路招討使。	橫帳仲父房。8：景宗上
1-2	保寧三年	耶律賢適	（保寧）三年爲西北路兵馬都部署	79：賢適傳
2	統和中	蕭撻凜	統和中，坐兄國留事，流西北部。會蕭撻凜爲西北路招討使，愛之，奏免其役，禮致門下。欲召用，以疾辭。	國舅忽沒里家族。104：耶律昭傳
3-1	統和二十五年九月	蕭圖玉	西北路招討使蕭圖玉討阻卜，破之。	外戚戚屬不知世次。14：聖宗五。據 93：圖玉傳稱統和十九年總領西北路軍事，圖玉或任職招討使時間最長。
3-2	統和二十八年五月	蕭圖玉	乙巳，西北路招討使蕭圖玉奏伐甘州回鶻，破肅州，盡俘其民。	15：聖宗六、70：屬國表
3-3	統和二十八年	蕭圖玉 都監：蕭孝穆	統和二十八年，累遷西北路招討都監。	87：孝穆傳
3-4	統和二十九年六月	蕭圖玉	丁巳，詔西北路招討使、駙馬都尉蕭圖玉安撫西鄙。置阻卜諸部節度使。	15：聖宗六
3-5	開泰元年十一月	蕭圖玉	甲辰，西北招討使蕭圖玉奏七部太師阿里底因其部民之怨，殺本部節度使霸暗並屠其家以叛。阻卜執阿里底以獻，而沿邊諸部皆叛。	15：聖宗六
4	開泰二年十二月	蕭孝穆	（甲子），以蕭孝穆爲西北路招討使。	國舅阿古只家族。15：聖宗六
5	開泰間	蕭惠	（開泰二年）……朝議以遼東重地，非勳戚不能鎮撫，乃命惠知東京留守事。改西北路招討使，封魏國公。	國舅阿古只家族。93：惠傳
6	太平年間	蕭慈氏奴	（太平初）以戚屬補祗候郎君。……西邊有警，授西北路招討都監，領保大軍節度使。政濟恩威，諸部悅附。	國舅阿古只家族。93：惠子慈氏奴傳。67：外戚表，稱西北招討使。

7	太平六年三月	蕭惠	是月，阻卜來侵，西北路招討使蕭惠破之。	17：聖宗八、70：屬國表。第二任
8	重熙初	耶律滌魯	（重熙初）歷北院宣徽使、右林牙、副點檢，拜惕隱，改西北路招討使，請減軍籍三千二百八十人。	韓匡嗣曾孫，漢族。82：德威孫滌魯傳
9	重熙元年	蕭孝友	重熙元年累遷西北路招討使，封蘭陵郡王。	國舅阿古只家族。87：孝友傳
10	重熙十二年八月	蕭塔烈（列）葛	戊午，以前西北路招討使蕭塔烈葛爲右夷离畢。	國舅別部。19：興宗二，82：蕭塔列葛傳稱「仕開泰間，累遷西南面招討使」，官職互異，以〈本紀〉爲準
11	重熙十五年六月	耶律敵魯古	甲戌，西北路招討使耶律敵魯古坐贓免官。	族屬不詳。19：興宗二
12-1	重熙二十一年四月	蕭阿剌	癸未，以國舅詳穩蕭阿剌爲西北路招討使，封西平郡王。	國舅阿古只家族。20：興宗三、90：阿剌傳
12-2	重熙二十四年八月（八月辛丑改元清寧）	蕭阿剌	戊戌，以遺詔，命西北路招討使西平郡王蕭阿剌爲北府宰相，仍權知南院樞密使事	21：道宗一、90：阿剌傳
13-1	重熙末	蕭撒八	重熙末，出爲西北路招討使、武寧郡王。	國舅阿古只家族。87：孝穆子撒八傳
13-2		蕭無曲（撒八）	故西北路招討使、駙馬都尉、齊王諱無曲，則叔也。	〈蕭德溫墓誌〉，向南編《遼代石刻文編》道宗編下。向南考：孝穆長子知足即阿剌，次子無曲即撒八，見〈秦王發願紀事碑〉，《遼代石刻文編》興宗編
14	清寧初	蕭撒抹	清寧初，歷西南面、西北路招討使，加同中書門下平章事，卒。	遙輦洼可汗宮人。92：奪剌傳
15	清寧初	蕭尤哲	清寧初，爲國舅詳穩、西北路招討使，私取官粟三百斛，及代，留畜產，令主者鬻之以償。	國舅阿古只家族。91：尤哲傳
16	清寧中	蕭胡覩	清寧中，歷北、南樞密副使，代族兄尤哲爲西北路招討使。	國舅阿古只家族。114：胡覩傳

17	清寧間？	蕭奪剌	後爲烏古敵烈統軍使，克敵有功，加龍虎衛上將軍，授西北路招討使。	遙輦洼可汗宮人。92：奪剌傳
18-1	清寧九年	蕭尤哲	上以尤哲先爲招討，威行諸部，復爲西北路招討使。	91：尤哲傳。第二任
18-2	咸雍二年七月	蕭尤者（哲）	癸丑朔，以西北路招討使蕭尤者爲北府宰相	22：道宗二。按〈尤哲傳〉稱「令主者鬻之以償」，知尤者、尤哲、主者爲同一人。
19-1	咸雍五年三月	耶律仁先	阻卜叛，以晉王仁先爲西北路招討使，領禁軍討之。	橫帳孟父房。22：道宗二，中華點校本《遼史》作春正月
19-2		耶律仁先	阻卜塔里干叛命，仁先爲西北路招討使，賜鷹紐印及劍。	96：仁先傳
20-1	大康二年六月	蕭余里也	（丁未，冊皇后蕭氏），叔西北路招討使余里也遼西郡王	國舅阿古只家族。23：道宗三
20-2		蕭德良（余里也）	公（蕭德溫）有弟四人：今同中書門下平章事、西北路招討使、駙馬都尉，諱德良，尚故齊國長公主	〈蕭德溫墓誌〉，向南編《遼代石刻文編》道宗編下。向南考：德良即余里也。
20-3	大康三年五月	蕭余里也	丙子，以西北路招討使遼西郡王蕭余里也爲北府宰相，兼知契丹行宮都部署事	23：道宗三
21	大康中	耶律趙三	（季父趙三）大康中，西北諸部擾邊，議欲往討，帝以爲非趙三不可，遂拜西北路招討使，兼行軍都統，平之，以功復爲北院大王。	六院蒲古只家族。94：那也傳
22-1	大康五年六月	蕭余里也	丁巳，以北府宰相遼西郡王蕭余里也爲西北路招討使	24：道宗四。第二任
22-2	大康五年	蕭余里也	帝出乙辛知南院大王事，坐與乙辛黨，以天平軍節度使歸第。尋拜西北路招討使。	111：余里也傳
23		蕭敵祿	自蕭敵祿爲招討之後，朝廷務姑息，多擇柔愿者用之，諸部漸至跋扈。撻不也含容尤甚，邊防益廢，尋改西南面招討使。	96：撻不也傳
24	大康六年	耶律撻不也	授西北路招討使，率諸部酋長入朝，加兼侍中。	橫帳孟父房。96：仁先子撻不也傳
25			蕭朽哥	族屬不詳。25：道宗五

26	大安四年十月	耶律敵烈	癸巳，以乙室大王耶律敵烈知西北路招討使事，權知西北路招討使事蕭朴哥知乙室大王事。	六院蒲古只家族。25：道宗五
27-1	大安八年	耶律阿魯掃古	八年，知西北路招討使事。時邊部耶都刮等來侵，何（阿）魯掃古誘北阻卜酋豪磨古斯攻之，俘獲甚重，以功加左僕射。	橫帳孟父房。94：何魯掃古傳。據〈紀〉、〈表〉皆作阿魯掃古
27-2	大安九年三月	耶律阿魯掃古	西北路招討使耶律阿魯掃古追磨古斯還，都監蕭張九遇賊，與戰不利。	25：道宗五
28	大安九年十月	耶律撻不也	庚戌，有司奏磨古斯詣西北路招討使耶律撻不也偽降，既而乘虛來襲，撻不也死之。阻卜烏古札叛，達里底、拔思母併購倒塌嶺。	25：道宗五、70：屬國表。第二任
29	壽昌元年	蕭阿魯帶	第功，加同中書門下平章事，進爵郡公，改西北路招討使。	烏隗部人。94：阿魯帶傳
30-1	壽昌元年十一月	耶律斡特剌	己亥，以都統斡特剌為西北路招討使，封漆水郡王。	橫帳季父房。26：道宗六
30-2		耶律斡特剌	北阻卜酋長磨古斯叛，斡特剌率兵進討。會天大雪，敗磨古斯四別部，斬首千餘級，拜西北路招討使，封漆水郡王，加賜宣力守正功臣。	97：斡特剌傳
30-3	壽昌三年十月	耶律斡特剌	庚戌，以西北路招討使斡特剌為南府宰相。	26：道宗六
31-1	壽昌五年五月	耶律斡特剌	戊辰，以南府宰相斡特剌兼西北路招討使、禁軍都統	26：道宗六。第二任
31-2	壽昌五年	耶律斡特剌	五年，復為西北路招討使，討耶覿刮部，俘斬甚眾，獲馬、駝、牛、羊各數萬。	97：斡特剌傳
32	乾統元年	蕭奪剌	以久練邊事，復為西北路招討使。	92：奪剌傳。第二任
33-1	乾統三年	蕭得里底	乾統三年，蕭得里底為西北路招討使，以后族慢侮僚吏。棠古不屈，乃罷之。	國舅阿古只家族。100：耶律棠古傳
33-2	乾統四年七月	蕭得里底	癸未，以西北路招討使蕭得里底、北院樞密副使耶律慎思，並知北院樞密使事。	27：天祚帝一

34	乾統八年六月	蕭敵里	壬辰，西北路招討使蕭敵里率諸蕃來朝。	族屬不詳。27：天祚帝一、70：屬國表
35-1	天慶元年	耶律塔不也	天慶元年，出為西北路招討使，以疾卒。	橫帳仲父房不知世次。111：塔不也傳
35-2		塔不也		66：皇族表。
36	天慶四年十一月	耶律斡里朵	辛丑，以西北路招討使耶律斡里朵為行軍都統，副點檢蕭乙薛同知南院樞密使事，耶律章奴副之。	族屬不詳。27：天祚帝一
37	保大三年	蕭糺里	（雅里遂即位，改元神曆，命士庶上便宜），敵烈劾西北路招討使蕭糺里熒惑眾心，志有不臣，與其子麻涅並誅之。	族屬不詳。30：天祚帝四，耶律雅里

編號	時間	西南招討使	事　蹟	族屬／出處／附註
1	會同五年	信恩		族屬不詳。4：太宗下
2	會同五年二月	隁恩	（壬辰）遂詔以明王隁恩代于越信恩為西南路招討使以討之（吐谷渾）	族屬不詳。4：太宗下
3	應曆十四年二月	耶律撻烈	壬子，詔西南面招討使撻烈進兵援漢。	六院裏古直家族。7：穆宗二
4	保寧八年六月	耶律斜軫	以西南面招討使耶律斜軫為北院大王。	六院蒲古只家族。8：景宗一
5-1	保寧九年六月	耶律喜隱	丙辰，以宋王喜隱為西南面招討使。	橫帳。9：景宗二
5-2		耶律喜隱	授西南面招討使，命之河東索吐蕃戶，稍見進用。	72：章肅皇帝李胡子喜隱傳。吐蕃應為吐谷渾。
5-3	乾亨二年三月	耶律喜隱	丁亥，西南面招討副使耶律王六、太尉化哥遣人獻党項俘。	9：景宗二
5-4	乾亨二年六月	耶律喜隱	己亥，喜隱復謀反，囚于祖州。	9：景宗二
6-1	乾亨三年三月	韓匡嗣	（辛酉）以秦王韓匡嗣為西南面招討使。	漢族。9：景宗二
6-2		韓匡嗣	乾亨二年改西南面招討使，卒。	74：匡嗣傳。據〈景宗紀〉乾亨二年應改為乾亨三年。
6-3	乾亨四年十二月	韓匡嗣	辛未，西南面招討使秦王韓匡嗣薨。	10：聖宗一

7-1	乾亨末	韓德威	乾亨末，丁父喪，彊起復職，權西南招討使。統和初，党項寇邊，一戰卻之。賜劍許便宜行事，領突呂不、迭剌二紇軍。以討平稍古葛功，眞授招討使。	匡嗣子，漢族。82：德威傳。百衲本《遼史》曰「乾亨初」，中華點校本考〈本紀〉韓匡嗣卒於乾亨四年，故以「乾亨末」爲是。
7-2	統和元年正月	韓德威	甲申，西南面招討使韓德威奏党項十五部侵邊，以兵擊破之。	10：聖宗一
8-1	統和元年四月	大漢	（辛丑）復詔賜西南路招討使大漢劍，不用命者得專殺。	族屬不詳。10：聖宗一
8-2	統和元年五月	大漢	壬戌，西南路招討請益兵討西突厥諸部，詔北王府耶律蒲奴寧以敵畢、迭烈二部兵赴之。	10：聖宗一
9-1	統和四年四月	韓德威	庚子，惕隱瑤昇、西南面招討使韓德威以捷報（征宋）。	11：聖宗二。第二任
9-2	統和六年七月	韓德威	己亥，遣（西）南面招討使韓德威討河、湟諸蕃違命者。	12：聖宗三、69：部族表
10	統和中	韓德凝	開泰（統和）中，累遷護衛太保、都宮使、崇義軍節度使。移鎮廣德，秩滿，部民請留，從之。改西南面招討使，党項隆益答叛，平之。	匡嗣子，漢族。74：德凝傳。〈聖宗紀一〉載：統和三年夏四月以彰武軍節度使韓德凝爲崇義軍節度使，知開泰中應爲統和中。
11	統和二十一年十月	耶律隆祐	戊辰，以楚國王隆祐爲西南面招討使。	橫帳。14：聖宗五
12	開泰二年	蕭排押	開泰二年，以宰相知西南面招討使。	國舅少父房族。88：排押傳
13	開泰八年六月	蕭解里	己丑，以左夷离畢蕭解里爲西南面招討使，御史大夫蕭要只爲夷离畢。	族屬不詳。16：聖宗七
14	開泰間	耶律歐里思	遷右皮室詳穩，將本部兵，從東平王蕭排押伐高麗，至茶、陀二河，戰不利。歐里斯獨全軍還，帝嘉賞。終西南面招討使。	六院部人。81：室魯子歐里思傳。開泰七年，蕭排押征高麗。
15	重熙初年	蕭惠	興宗即位，知興中府，歷順義軍節度使、東京留守、西南面招討使，加開府儀同三司、檢校太師，兼侍中，封鄭王，賜推誠協謀竭節功臣。	國舅阿古只家族。93：惠傳

16	重熙六年五月	耶律信寧	丙辰，以耶律信寧爲西南路招討使。	18：興宗一
17-1	重熙十三年四月	蕭普達　都監：羅漢奴	丙辰，西南面招討都監羅漢奴、詳穩斡魯母等奏，山西部族節度使屈烈以五部叛入西夏，起南、北府兵援送實威塞州戶。詔富者遣行，餘留屯田天德軍。	族屬不詳。19：興宗二、69：部族表
17-2	重熙十三年五月	蕭普達　都監：羅漢奴	壬戌朔，羅漢奴奏所發部兵與党項戰不利，招討使蕭普達、四捷軍詳穩張佛奴歿于陣。	19：興宗二
17-3		蕭普達	歷西南面招討使，党項叛入西夏，普達討之，中流矢，歿于陣。	92：普達傳
18	重熙十五年	蕭蒲奴	十五年，爲西南面招討使，西征夏國。	奚王楚不寧之後。87：蒲奴傳
19	重熙十八年	耶律僕里篤	十八年，伐夏，攝西南面招討使。	六院蒲古只家族。91：僕里篤傳
20	重熙十九年三月	蕭蒲奴	戊戌，殿前都點檢蕭迭里得與夏戰于三角川，敗之。癸卯，命西南招討使蕭蒲奴、北院大王宜新、林牙蕭撒抹等帥師伐夏，以行宮都部署別古得監戰。	20：興宗三。第二任
21	重熙十九年	蕭迭里得	（重熙）十九年，夏人來侵金肅軍，上遣迭里得率輕兵督戰，至河南三角川，斬候者八人，擒觀察使，以功命知漢人行宮都部署事，出爲西南面招討使。	國舅少父房族。114：迭里得傳
22	清寧初	耶律撒剌	清寧初，累遷西南面招討使，以治稱。	六院蒲古只家族。99：撒剌傳
23	咸雍二年	蕭韓家奴	咸雍二年，遷西南面招討使。	奚長勃魯恩之後。96：韓家奴傳
24	咸雍四年	耶律趙三	（那也）季父趙三始爲宿直官，累遷至北面林牙。咸雍四年，拜北院大王，改西南面招討使。	94：那也傳
25	咸雍四年	蕭韓家奴	四年，復爲西南面招討使。	96：韓家奴傳。第二任
26	咸雍七年七月	拾得奴	甲申朔，以東北路詳穩合里只爲南院大王，西南面招討使拾得奴爲奚六部大王。	族屬不詳。22：道宗二

27	大康初	耶律鐸魯斡	大康初，改西南面招討使，爲北面林牙，遷左夷离畢。	橫帳季父房。105：鐸魯斡傳
28	大康中	蕭得裏特	遷西南招討使，歷順義軍節度使，轉國舅詳穩。	遙輦洼可汗宮人。111：蕭得裏特傳
29	大康中	耶律撻不也	撻不也含容尤甚，邊防益廢，尋改西南面招討使。	橫帳孟父房。96：撻不也傳
30	大康九年	蕭陶隗	九年，西圍不寧，阿思奏曰：「邊隅事大，可擇重臣鎮撫」上曰：「陶隗何如？」阿思曰：「誠如聖旨」。遂拜西南面招討使。	宰相轄特六世孫，族屬不詳。90：陶隗傳
31	乾統初	耶律大悲奴	乾統初，歷上京留守、惕隱，復爲都點檢，改西南面招討使。	王子班矗里古之後，族屬不詳。95：大悲奴傳
32	天慶三年十一月	蕭樂古	甲午，以三司使虞融知南院樞密使事，西南面招討使蕭樂古爲南府宰相。	族屬不詳。27：天祚帝一
33-1	天慶五年九月	蕭得里底	己巳，知北院樞密使蕭得里底出爲西南面招討使。	國舅阿古只家族。28：天祚帝二
33-2		蕭得里底	女直初起，廷臣多欲乘其未備，舉兵往討；得里底獨沮之，以至敗衂。天祚以得里底不合人望，出爲西南面招討使。	100：得里底傳
33-3	天慶八年四月	蕭得里底	辛酉，以西南面招討使蕭得里底爲北院樞密使。	29：天祚帝三
34	保大二年四月	耶律佛頂	辛卯，西南面招討使耶律佛頂降金，雲內、寧邊、東勝等州皆降。	族屬不詳。29：天祚帝三
35	保大二年	蕭乙薛	保大二年，金兵大至，乙薛軍潰，左遷西南面招討使。以部民流散，不赴。	國舅少父房之後。101：乙薛傳
36	保大五年正月	小斛祿	（党項小斛祿遣人請臨其境）居數日，嘉其忠，遙授以節度使，遂趨党項。以小斛祿爲西南面招討使，總知軍事，仍賜其子及諸校爵賞有差。	族屬不詳。30：天祚帝四
	開泰二年七月	斜軫	乙未，西南招討使、政事令斜軫奏，党項諸部叛者皆遁黃河	15：聖宗六

			北模㪍山，其不叛者曷黨、烏迷兩部因據其地，今復西遷，詰之則曰逐水草。不早圖之，後恐爲患。	

說明：1、本表編號例，以西北招討使蕭圖玉爲例說明。西北招討使編號3-1，表示《遼史》與相關文獻所見第三任西北招討使蕭圖玉任內第一項事蹟，是統和二十五年九月討伐阻卜；至於任內第二項事蹟統和二十八年五月討甘州回鶻，則爲編號3-2。餘此類推。

　　2、《遼史》載開泰二年秋七月西南招討使斜軫奏黨項事，據〈聖宗紀〉知耶律斜軫死於統和十七年。不知所繫年代錯誤或另有一斜軫爲西南招討使，姑記表末存考。

　　西南路招討司的建置，據《遼史》記載「西南面都招討司，太祖神冊元年置，亦曰西南路招討司。西南面招討使。」西北路招討司則未言建置年代，僅稱「西北路招討使司，有知西（北）路招討事（使）有監軍」。〔註159〕就此寥寥數語，尚難瞭解二招討使具體的角色功能。其次，由表 2-3-1 可知耶律賢適的官職在〈景宗紀〉載爲西北路招討使，賢適本傳則記爲西北路兵馬都部署。（西北招討使編號 1-1、1-2）〈外戚表〉記蕭慈氏奴擔任西北招討使，而本傳則稱授西北路招討都監（西北招討使編號 6）。綜合上述官職名稱言之，恐使遼代邊防制度與二招討使角色更加混淆。依〈百官志〉的記載，西北路招討使與西北路兵馬都部署是不同官職。〔註160〕另據表 2-3-1（西南招討使編號 17-1 至 17-3），重熙十三年（1044）夏四月西南面招討都監羅漢奴奏山西部族節度使屈烈叛入西夏，同年五月羅漢奴再奏與黨項戰不利，招討使蕭普達與四捷軍詳穩張佛奴陣亡。顯然可知，西南招討使與招討都監亦爲不同官職。

　　據上述重熙十三年山西部族叛入西夏與黨項戰役的事實，可略知二招討

〔註159〕《遼史》卷四六〈百官志二‧北面邊防官〉，西南面都招討司條及西北路招討使司條，頁 262 下及頁 263 上。依西南面招討司的記載，知西路招討事疑應爲知西北路招討使。

〔註160〕前揭《遼史》卷四六〈百官志二‧北面邊防官〉，西北路招討使司條及西北路兵馬都部署條，頁 263 上、下。正史〈本紀〉依據〈起居注〉與〈時政記〉所修的《實錄》爲基礎，〈列傳〉雖可綜合公私著述編纂，然而對官員的任職與派遣通常仍以有官方檔案爲基礎的〈本紀〉較爲正確。筆者目前未見第三種記載可資辨別，今以〈景宗紀〉的記載爲準，暫定耶律賢適爲西北招討使。

使的職責。當遼代鄰近屬國、屬部反叛或侵邊時，招討使負責討伐鎮邊。因此，戰時招討都監行監軍之職，並負責將前線戰情回報朝廷以利中央決策，故〈百官志〉載西北路招討司有知西北路招討使、有監軍。上表西北招討使編號 3-3 據蕭孝穆本傳稱，統和二十八年（1010）孝穆累遷西北路招討都監，依前述通則判斷孝穆當即於該年五月受命隨蕭圖玉軍出討甘州回鶻。至於每次征討是否皆派出招討都監以及是否為常置官職，由表 2-3-1 所列事蹟中很少見到招討都監的蹤跡來看尚難斷定，但可以確定遼代西面鄰近族屬的綏撫與征討靖邊重務，確實落在西北、西南二招討使身上。承平時期招討使的職責，或許才真正決定契丹與鄰近族屬關係的良窳。重熙元年（1032），蕭孝友遷西北路招討使，《遼史》對當時契丹與西北邊屬關係的記載頗為關鍵：

> 先是，蕭惠為招討使，專以威制西羌，諸夷多叛。孝友下車，厚加綏撫，每入貢，輒增其賜物，羌人以安。久之，寖成姑息，諸夷桀驁之風遂熾，議者譏其過中。〔註161〕

相同的情形，道宗以後遼代西北邊防受招討使態度影響至鉅，史稱「自蕭敵祿為招討之後，朝廷務姑息，多擇柔愿者用之，諸部漸至跋扈。撻不也含容尤甚，邊防益廢」。〔註162〕綜上所論，招討使平時的職責在綏撫邊部，招討使以威制為務多造成契丹族屬之叛，反之姑息則諸部漸至跋扈。最好的方法仍在恩威並濟，蕭惠子慈氏奴「政濟恩威」以致「諸部悅附」。〔註163〕表 2-3-1 所列二招討使的事蹟，半數以上記載二使的人事派任。歸納二招討使實際執行的綏靖與鎮撫事務，可知西北路招討司主要負責阻卜、回鶻的綏撫與鎮叛，西南路招討司負責西夏、党項與吐谷渾的監管。

　　由前文討論已知，二招討使安撫邊部的策略、手段得宜，諸部悅服來附，自然可減少族屬反叛間接鞏固政權。同時也提高遼朝與敵國對峙的實力，尤

〔註161〕《遼史》卷八七〈蕭孝友傳〉，頁 461 上。

〔註162〕見表 2-3-1 西北招討使編號 23 蕭敵祿，《遼史》卷九六〈耶律撻不也傳〉，頁 485 上。

〔註163〕《遼史》卷九三〈蕭慈氏奴傳〉，頁 477 上。慈氏奴傳稱「西邊有警，授西北路招討都監，領保大軍節度使。政濟恩威，諸部悅附」。保大軍節度使《遼史‧地理志》未載，康默記孫延壽以功「遙授」保大軍節度使，見《遼史》卷七四，頁 423 下。據此，保大軍節度使大概是虛銜，不太可能「政濟恩威」。同時「政濟恩威」亦與招討都監的職責「監軍」相違，相對於與蕭惠、蕭孝友及蕭敵祿的姑息態度而言，可視為招討使處理邊部的不同手段，關係反而較為密切，今從〈外戚表〉暫定慈氏奴為西北招討使。

其是對北宋威脅的籌碼。因此，契丹鄰近族屬固得視爲遼朝政權的基礎。本
文擬進一步由西北、西南二招討使的選任，觀察遼廷對契丹與鄰近族屬重視
的程度。依表 2-3-1 所列二使敘任，據以製爲下表：〔註164〕

表 2-3-2：西北招討使與西南招討使權力結構

西北招討使	百分比	總數	西南招討使	百分比	總數
橫帳及二院皇族	25.8	8	橫帳及二院皇族	27.3	9
國舅及戚屬不知世次	41.9	13	國舅及戚屬不知世次	15.1	5
詳族屬世系之契丹人	9.7	3	詳族屬世系之契丹人	6.1	2
漢人	3.2	1	奚族	6.1	2
不詳	19.4	6	漢人	9.1	3
			不詳	36.3	12
合計	100.0	31	合計	100.0	33

　　上表是據文獻所見二招討使敘任統計的結果，顯然西北與西南二招討
使的派任是要遼廷中央足以信任的人選。所以皇族與國舅族擔任二使佔極
高的優勢，尤其西北招討使有 2／3 以上是從統治核心家族中選派。西北招
討使中世系不詳者，由其姓氏來看似乎全爲契丹人，則契丹人幾乎獨佔西
北招討使的職務。西北招討使中的漢人耶律滌魯，系出玉田韓氏爲韓德威
之孫。玉田韓氏自韓匡嗣始就是遼代漢籍軍人世家，匡嗣子德讓賜名耶律
隆運後韓氏家族便納入橫帳，可見遼代中央藉由邊使的選任控制國防重
務。西南招討使中世系不詳者較多，扣除不明其世系族屬者，西南招討使
的權力其實仍由統治核心牢牢控制。漢人擔任西南招討使，同樣出自玉田
韓匡嗣父子三人。值得注意的是，奚族蕭蒲奴與蕭韓家奴皆兩任西南邊員
大吏。奚族是遼朝鄰近族屬中勢力較大者，契丹統治者亦置奚王府將奚族
納入其部族制度中。西南招討使有四任選派奚王之後，顯示遼廷仍須將其
內部勢力反映在官僚結構上。緣是之故，本文主張契丹鄰近族屬爲遼朝政
權基礎之一，應足徵信。

〔註164〕筆者考西北招討使事蹟有蕭惠、蕭兀哲、蕭余里也、耶律撻不也、耶律斡特
　　　　剌及蕭奪剌兩任邊使，計 37 任 31 人；西南路有韓德咸、蕭蒲奴與蕭韓家奴
　　　　兩任邊事，計 36 任 33 人。

本章小結

　　略察本章的討論，遼代政權由契丹部族、漢文化圈及奚、室韋等北亞文化圈三大勢力所構成。隨著遼代歷史的演變，發展出三大勢力的代表族群。橫帳皇族及遙輦九帳代表宗室，宗室又和代表后族的國舅帳構成遼朝統治核心。迭剌部貴族發展出二院皇族，契丹其它部落貴族與平民代表非皇族契丹人，漢人世家與進士代表漢人，渤海世家代表渤海人，以奚六部可汗子孫為中心的奚部貴族代表其它北亞文化圈勢力。代表此三大勢力的族群，構成遼代統治階層。

　　遼太祖耶律阿保機建國以前，皇室所出的迭剌部可能於水草豐美的牧地營生，復因其先世或掌握整編部族的權力，使迭剌部終遙輦之世「彊不可制」。回鶻人糯思族後裔與迭剌部耶律氏世通婚姻，成為迭剌部在契丹建立聲望的一股強大助力。唐末之世，迭剌部耶律阿保機為夷离堇、撻馬狘沙里向外擴張，一方面征服鄰近族屬，另一方面由於幽燕地區漢人割據政權暴虐，阿保機適時吸納流亡及被俘的漢人勢力，因此契丹迅速成為北亞草原世界的強權。

　　耶律阿保機不僅是長於攻戰的傑出草原領袖，同時也是具有政治天賦的謀略家。藉用皇室權力矛盾諸弟叛亂之際，運用漢人的經濟優勢及其傑出的軍事才能，成功壓制契丹傳統的各部權貴勢力，逐步建立皇室在游牧社會中崇高地位。在這個背景下，宗室與后族從契丹部族脫離成為獨立的族帳，即橫帳與國舅帳，而這只是其政治天賦表現的一部分而已。《遼史》有一段記載，傳神地描述遼太祖老於謀略的政治表現：

　　　　任國舅以耦皇族，崇乙室以抗奚王，列二院以制遙輦是已。〔註165〕

《遼史》的撰修者深刻反映耶律阿保機將構成遼朝政權基礎的勢力，互相牽制達到平衡，而他政治天賦的表現就在成功地將這些勢力統攝在其統治之下，奠定穩固的契丹征服國家。

〔註165〕《遼史》卷四五〈百官志一‧北面諸帳官〉序，頁 250 上。

第三章　中央政治體制的形成

　　觀察《遼史‧百官志》的記載，日本島田正郎指出管理皇族帳、國舅帳及遙輦帳等特殊家系的「諸帳官」，在遼代北面中央政府中與樞密院等純政府機關並立，而佔據極大的比重，是北面中央官制最顯著的特色。〔註1〕皇族帳與國舅帳係協助耶律氏興起的功臣家系，而遙輦帳則是契丹舊勢力家族。此等諸帳官之能與純政府機關並立，他解釋這是由於遼代仍然存在各種「遼室君主權」所無法控制的特權集團。〔註2〕所以，自阿保機建元神冊開始，遼代表面上已成為中國式中央集權的專制國家，實際上其北面中央官制卻遺留北方民族固有的部族制「陳跡」。島田正郎曲折地推演他心中自以為的遼朝北面中央官制特色，要之皆為了證明不得視遼國為中國王朝而應為北亞民族興亡史一環的觀點。這裡有兩個論題值得深探，一、「諸帳官」的意義是否被誇大了，畢竟真正執行契丹皇室統治權力的是島田論述裡所謂的純政府機關，而非管理特殊家系的「諸帳官」。二、遼代採取許多漢人制度，難道尚無法動搖北方民族固有的部族制陳跡。

〔註1〕　島田正郎，〈遼朝北面中央官制的特色〉，《大陸雜誌》29 卷 12 期（臺北：大陸雜誌社，1964 年 12 月），頁 446。所謂「諸帳官」是大內惕隱司、大橫帳常袞司等皇族帳官及遙輦九帳常袞司與大國舅司等諸帳官。島田所認知的純政府機關是指，樞密院、宣徽院、大于越府、夷离畢院、大林牙院、敵烈麻都司、文班司以及阿札割只。《遼史》卷四五〈百官志一〉，頁 249 上～251 下及頁 241 下～245 上。

〔註2〕　島田正郎，〈遼朝北面中央官制的特色〉，《大陸雜誌》29 卷 12 期，頁 450。

第一節　中央權力官署

　　島田正郎為了證明其觀點的正確性，他以契丹世選制度強化其「遼室君主權無法控制」的特權家族說法。因此，他不再重複討論趙翼、陳述及姚從吾等人所指「於子孫內，量才授之」的功能性觀點（為免重複，見下章第二節的討論），轉而探討宰相、節度使等「世官之家」的重要性，並且批評才能是抽象的選擇標準。他認為遼代任官宰相與節度使的世官之家，就是「遼室君主權無法控制」的舊勢力家族。世選制度是耶律氏君主權尚未十分鞏固時，為爭取大姓的協助，妥協的結果。〔註3〕

　　為釐清核心問題，鄙見以為有必要與島田正郎的邏輯再行深入對話。第一，他認為耶律氏皇族為了爭取大姓協助，授與大姓世選的特權。太祖淳欽皇后弟蕭敵魯五世祖胡母里，在遙輦氏時「世為決獄官」，〔註4〕當時已傳襲數世的遙輦氏可汗，豈君主權亦尚未鞏固耶？第二，阿保機在池鹽之會已誘殺各部酋長，諸弟叛亂時乘機再度予各部的舊勢力沈重打擊，《遼史》稱「有司上諸帳族與謀逆者，三百餘人，罪狀皆棄世」。〔註5〕在「府之名族，皆罹其禍」的情況下，〔註6〕何以還要爭取大姓的協助？綜此，島田主觀認知的歷史脈絡，顯然不堪邏輯與史實的檢驗。推究島田正郎之所以忽略其脈絡中史料及史實的矛盾，鄙意以為緣於他試圖透過歷史遺留的「陳跡」演繹遼朝制度演變的歷程。

　　以上為遼代君權強化以前，〔註7〕島田正郎對遼代政治發展過程的演繹，以及筆者對島田氏見解的商榷。本書對遼代政治發展方向的觀點，與島田正郎的見解其實是一致的，契丹皇帝成為遼代中央集權政府的最終裁決者。《遼史》謂「官分南北」的官制結構，反映遼朝的統治者建立政治體制時，必須考慮其治下北亞游牧與漢地農業兩個生活方式差異巨大的分立社

〔註3〕　島田正郎，〈遼朝北面中央官制的特色〉，《大陸雜誌》29卷12期，頁451。
〔註4〕　《遼史》卷七三〈蕭敵魯傳〉，頁420下。
〔註5〕　《遼史》卷一〈太祖紀上〉，太祖七年秋七月丙申朔，頁20下。
〔註6〕　《遼史》卷一〈太祖紀上〉，神冊六年春正月丙午，頁22下。
〔註7〕　島田正郎認為，契丹皇帝君權的真正強化，約在聖宗開泰年間。他以為「降至遼室君主權伸展後，皇族、國舅及遙輦的諸帳，不復與遼治下的部族有所差異，另一方面隸屬諸宮官的斡魯朵亦定型化。……，大約係在聖宗開泰年間之事。」島田正郎，〈遼朝北面中央官制的特色〉，《大陸雜誌》29卷12期，頁450。

會。契丹皇帝愈向漢人採借豐富的政治經驗來統治這個「複合國家」，權力就愈朝其本身集中。要之，本章的所有的論證與內容，皆爲證明這一觀點。

此外筆者還要提醒，一個初創之君除了要整合一切力量征伐四方建立國家，尚須盡其餘力和智慧擘劃制度，在歷史上恐怕是很少見的。考慮耶律阿保機是否具有兼備內外的條件和能力，此爲下文探討中央權力官署形成的一小脈絡。

本書自馬凌諾夫斯基的理論中，提煉「功能」與「遺俗」兩個概念，只是想初步檢視遼朝官制在分立的社會中產生何種作用，同時這也可能是過去制度史研究較少聚焦的部分。其次，契丹若干官職在遼太祖建國後，可能失去原有作用，檢討「遺俗」是否有其新的意義和功能，或許有助於探討遼代制度的發展方向。爲了集中討論遼代官職所發揮的功能，本節暫時打破《遼史》以北南面官劃分的兩元架構，而針對遼朝權力官署和官職，分析其在中央政府決策的影響力，例如北南樞密院、北南宰相、北南院大王等。雖則如此，北南面官制的特色或許因而難以彰顯，卻有助於掌握契丹皇帝如何透過制度運作而充分發揮並鞏固皇權。

一、部族首長與遼代君主

就游牧社會中「事簡職專」的政治傳統而言，部落首長「夷离堇」和部族聯盟可汗「八部大人」所能發揮的功能，在本質上具有相同的意義。至於遼代皇帝，則是契丹從部族聯盟發展到中央集權王朝的必然結果。探討遼代官制的形成、特色甚至功能，有必要將夷离堇、可汗與皇帝三者合而觀之。

（一）夷离堇、可汗與遼帝

遼太祖耶律阿保機是草原之雄，連破奚、室韋、于厥、烏古甚至女眞等族，尚能高度威脅唐末五代割據藩鎮。以阿保機對外之雄強，卻須聯合部分遙輦舊族、迭剌部近族乙室、突呂不部以及漢人勢力，始得壓制內部不滿的舊勢力。要合理解釋這個表面的矛盾，可能必須先從回答契丹部族的舊勢力何以能頑強抵抗阿保機著手。首先就部族首長在游牧社會的職責與權力來看。

從史書的零碎內容以及游牧社會的生活考慮，部族長的職責很明顯是保障部民生產方式的穩定。漢人若干記載頗能指出契丹可汗選舉的關鍵條件：

> 凡立王，則眾部酋長皆集會議，其有德行功業者立之。或災害不生，

群牧孳盛，人民安堵，則王更不替代；苟不然，其諸酋會眾部別選
一名爲王；故王以蕃法，亦甘心退焉，不爲眾所害。〔註8〕

從游牧社會的角度來說，災害不生、畜牧孳盛，人民生活自然得到保障，也
就是最大的「功業」。《契丹國志》記載一則契丹主晝里昏呵的傳說，與此可
以相互發明。晝里昏呵養羊二十，部人日食十九，次日僅剩的一口羊又生十
九如前日之數，週而復始。傳說中的契丹主保障了「群牧孳盛，人民安堵」，
所以葉隆禮描述晝里昏呵「有治國之能名」。〔註9〕

契丹大賀氏、遙輦氏聯盟乃是由各部落組成，聯盟可汗的職責既是保障畜
牧興盛、災害不生，各部部長夷离菫的職責其實也無不同，只是統治的範圍大
小不同罷了。夷离菫，太祖時改稱令穩，聖宗統和十四年（996）又改稱節度使。
〔註10〕遼太宗會同元年（938），升北、南二院及乙室部爲王府，北、南院、乙
室部夷离菫升爲大王。〔註11〕遼代部族長的官稱，歷經幾度更易，保障部民生
活的安全與延續都是重要的職責。出身六院部夷离菫蒲古只之後的耶律曷魯，
在迭剌部歷經太祖諸弟叛亂的重創下繼任爲夷离菫。部民生活的凋蔽與不安，
應是耶律曷魯最大的挑戰，「時民更兵焚剽，日以抗敵，曷魯撫輯有方，畜牧益
滋，民用富庶。乃討烏古部，破之」。〔註12〕所謂「畜牧益滋，民用富庶」，與
趙志忠所列部酋選舉八部可汗考慮的條件「災害不生，群牧孳盛」是完全相同。
尤其畜牧孳盛才是草原戰力的保證，迭剌部不但迅速恢復，還討破烏古，《遼史·
國語解》稱夷离菫「統軍馬大官」，〔註13〕也是自然之理。

《遼史》謂「部落曰部，氏族曰族，契丹故俗分地而居，合族而處」，因
此在游牧的部族結構之中，畜牧、漁獵要合族眾的集體力量圈牧和圍獵。據
此可知在草原社會要保障游牧生活的安定與延續，就要保護牧場的安全。所
以身爲部族長，難免要率由牧民轉化而成的軍隊，保護甚至爭奪水草豐美的

〔註8〕 司馬光，《資治通鑑》（臺北：世界書局，1974 年 3 月六版）卷二六六，後
梁太祖開平元年五月條〈考異〉引趙志忠，《虜廷雜記》，頁 8677～8678。
〔註9〕 葉隆禮，《契丹國志》（臺北：廣文書局，1992 年 6 月再版）卷首〈初興本末〉，
頁 2。
〔註10〕 《遼史》云：「太祖更諸部夷离菫爲令穩，統和中又改節度使」，卷三三〈營
衛志下·部族下〉品部條，頁 157 下。卷一三〈聖宗紀四〉：「是月……，改
諸部令穩爲節度使」，見統和十四年夏四月條，頁 71 上。
〔註11〕 《遼史》卷四〈太宗紀下〉會同元年十一月條，頁 32 下。
〔註12〕 《遼史》卷七三〈耶律曷魯傳〉，頁 420 上。
〔註13〕 《遼史》卷一一六〈國語解〉，夷离菫條，頁 539 下。

牧地。乾亨初，宋復北侵，景宗命南府宰相耶律沙與冀王敵烈將兵白馬嶺援之，可惜發生指揮權矛盾，敵烈等不待援軍至，先渡澗擊宋，結果兵潰大敗，敵烈及其子蛙哥、沙之子德里、令穩都敏、詳穩唐筈等五將俱沒。〔註14〕應曆十八年九月戊戌偵知宋欲襲河東，穆宗諭西南面都統、南院大王撻烈豫為之備。〔註15〕乾亨元年，景宗詔北院大王奚底、乙室王撒合等以兵戍燕，次年命突呂不部節度使蕭幹及四捷軍詳穩耶律痕德與宋交戰，卻之。〔註16〕聖宗時，楮特部節度使盧補古、都監耶律昐與宋戰于泰州，不利。〔註17〕類此記載散見於《遼史》的〈本紀〉和〈列傳〉，皆證明契丹部族長有「統軍馬」的職責。同時，根據上述的討論，此與保障部民生活都是基於維持游牧社會的穩定與延續而發生的職責。

從草原游牧生活的角度來看，部族長的職責和八部可汗是相同的。既然如此，太祖阿保機與聖宗還要兩度改易部族長的職稱，「形式」的改變可能顯示部族組織的實質內涵已有所不同。筆者頗懷疑，隨著戰爭俘掠的移民遷徙與部民生活的多元化，甚至貿易的頻繁，傳統以血緣關係為基礎的部族結構，或許尚不致於被打破但已愈趨複雜。同時階級的分化也更形劇烈，夷离堇顯然已無法代表新時代部族長應盡的職責。遼太祖和聖宗可能思考，賦予有濃厚軍事與地方色彩的令穩及節度使負擔統治漸趨複雜的部族。如果夷离堇已無法符合複雜化之後的部族結構，原始的夷离堇是否便盡退於歷史之外？《遼史》有一則記載或許提供可能的答案，「命乳媼之兄為阿速石烈夷离堇」，〔註18〕阿速石烈隸屬六院部，顯示穆宗時代夷离堇成為部落下層組織的首長。筆者懷疑石烈或即部落下層的氏族組織，這個懷疑如果沒錯，顯示令穩和節度使成為新的部長職稱之後，夷离堇轉化為具有濃厚血緣色彩的氏族首長。前揭夷离堇的轉化仍保留「分地而居，合族而處」的傳統社會意義，可惜《遼史》對石烈的記載零碎而隱晦，目前尚無法確證其為氏族組織。

茲以《遼史》對遼朝中期以後部族的記載，觀察部族內社會階層的分化及其多元的生活方式：

〔註14〕《遼史》卷八四〈耶律沙傳〉，頁452上。
〔註15〕《遼史》卷七〈穆宗紀二〉，應曆十八年九月戊戌條，頁46下。
〔註16〕《遼史》卷九〈景宗紀二〉，乾亨元年三月丙戌條，頁51下；乾亨二年十一月庚子條，頁52下。
〔註17〕《遼史》卷一一〈聖宗紀二〉，統和四年十一月癸巳條，頁62下。
〔註18〕《遼史》卷六〈穆宗紀一〉，應曆二年六月丁未條，頁42上。

表 3-1-1：遼代部族內涵的多元化

年　　代	事　　蹟	出　　處
統和四年十月戊午	以南院大王留寧言，復南院部民今年租賦	11：62 上
統和六年閏五月甲寅	烏隈于厥部以歲貢貂鼠、青鼠皮非土產，皆於他處貿易以獻，乞改貢。詔自今止進牛馬	12：64 下
統和八年夏四月庚午	以歲旱，諸部艱食，振之	13：68 上
統和十二年二月甲午	免諸部歲輸羊及關征	13：69 下
統和十三年五月乙亥	北、南、乙室三府請括富民馬以備軍需	13：70 下
統和十五年二月戊戌	勸品部富民出錢以贍貧民，丁巳詔品部曠地令民耕種	13：71 下
太平八年六月癸巳	權北院大王耶律鄭留奏，今歲十一月皇太子納妃，諸族備會親之帳。詔以豪盛者三十戶給其費	17：90 上
統和間	北院大王耶律室魯以本部羊多闕，部人空乏，請以羸老之羊及皮毛，歲易南中絹，彼此利之	81：444 上

說明：1、本表據《遼史》有關部族事蹟的記載編成

2、出處，冒號前為卷數，後為頁數

　　據表 3-1-1 顯示，遼代部族結構確實趨於多元化，除游牧以外已增加貿易、農耕等生活方式，例如統和六年烏隈于厥部以牛馬交易貂鼠、青鼠皮，以及統和十五年以品部曠地「令民耕種」為典型。品部和北、南、乙室三部都有富民，統和四年復南院部人租賦，顯示聖宗時期契丹部族或許已有戶籍制度，凡此皆是聖宗以節度使來統治多元化部族的可能原因。日本島田正郎綜合部族統治行政機關與中央政府的獄訟裁決權及於各部，說明遼代中央政府的權力已可直接控制各部。聖宗改令穩為節度使，顯示中央政權具有直接任免各部官吏的權力。換言之，以血緣氏族為基礎的部族結構形同崩潰，部族雖還殘存氏族時代的外表，實際上已轉變為單純的行政與軍事機關。〔註19〕

　　對此筆者不能苟同，因為當畜牧仍是部族的主要生活方式，牲畜是部族最重要的財產時，僅任命節度使是無法證明部族成為單純的行政機關。〈耶律室魯傳〉證實北院部人仍以畜牧為主要生活方式，「本部羊多缺，部人空乏」，當作為最重要財產的羊匱乏時，才以貿易彌補畜牧的不足。況且，根據遼代人物傳記，顯示中央政府仍然承認各部部長世選的產生方式。統和五年，耶

────────

〔註19〕島田正郎著，何天明譯，《大契丹國》，頁 13。

律諧里從耶律斜軫兩度擊敗宋軍,「以功詔世預節度使選」。〔註20〕耶律諧里突舉部人,根據《遼史》的記載突舉部屬於小部族,〔註21〕小部族維持部族長世選顯示遼朝的皇帝並不以控制部族爲鞏固統治權的手段,顯然島田氏的思考方向是偏離史實的。

　　本書以爲,儘管隨著客觀形勢的演變遼朝部族結構已有所不同,部族長的職銜也幾度改易,但其原始職責仍是重要的部分。《遼史》一則資料說,耶律撻烈應曆初升南院大王,「均賦役,勸耕稼,部人化之,戶口豐殖」,〔註22〕顯示部族農耕並不始於聖宗時期。「部人化之」值得加以推敲,耶律曷魯是代表部人化之以前畜牧孳盛的傳統部族長形象,撻烈則是「均賦役,勸耕稼」的新時代部長代表。質言之,保障部人生活「戶口豐殖」卻是一致的。

　　從這個角度來說,部族長權力的獲得是基於維持游牧社會的延續與保障部人生活的安定。從部族長職責的本質精神來說,其權力的獲取是基於部民族眾的賦予。所以在部族長產生的形式及實際上,部族可汗與遼帝都要經過「部酋會議」或所謂「選汗大會」中諸部長的推舉。儘管,有學者懷疑契丹諸部長是否有三年一次的集會並推舉可汗,進而主張新任可汗只要憑其家世和前任可汗的遺命便可取得代立的正當性。〔註23〕但是從清寧四年(1058)農曆十月二十三日,遼道宗啓程至永興甸行柴冊禮的過程,可證「選汗大會」並非漢地失實的傳言。遼道宗自啓程至農曆十一月五日,於卻來靴甸受宋朝來使禮,前後歷十三二日。柴冊禮整個典儀自十一月一日起,實際只進行三日,茲選錄其過程如下:

十一月一日:

　　先到小禁圍宿泊

十一月二日:

　　先于契丹官內,揀選九人與戎主身材一般大小者,各賜戎主所著衣
　　服一套,令結束,九人假作戎主,不許別人知覺。于當夜子時,與

〔註20〕《遼史》卷八五〈耶律諧里傳〉,頁455上。

〔註21〕《遼史》卷四六〈百官志二〉,北面部族官條,五院、六院、乙室和奚六部爲大部族,品部以下及室韋、烏古、突厥、女眞、唐古等屬部爲小部族,頁255上～256上。

〔註22〕《遼史》卷七七〈耶律撻烈傳〉,頁436上。

〔註23〕楊志玖,〈阿保機即位考辨〉,《中央研究院歷史與研究所集刊》第17本(北平:中央研究院歷史語言研究所,1948年),頁215。

> 戎主共十人相離出小禁圍入大禁圍內，分頭各入一帳，……

十一月三日：

> 辰時，每帳前有契丹大人一員，各自入帳列何骨臕漢語捉認天時……
> 當日宋國大王戎主親弟于第八帳內捉認得戎主。番儀須得言道：「我
> 不是的皇帝」，其宋國大王卻言道：「你的是皇帝」，如此往來番語三
> 遍，戎主方始言道。「是便是」。出帳來，……〔註24〕

據十一月二日引文，著遼道宗衣服的假皇帝就是具有被推舉為可汗或皇帝資
格的契丹貴族，而十一月三日負責捉認遼道宗的十員契丹大人，則是代表部
族政治傳統中參加「選汗大會」的各部酋長了。相較而言，《遼史‧禮志》所
記載的柴冊儀是經過編纂者的修潤，但也頗能表現契丹部族政治的傳統精
神。柴冊儀進行中，群臣先對遼帝表示願盡心之衷，皇帝令曰：「必從汝等所
願，我將信明賞罰。爾有功，陟而任之；爾有罪，黜而棄之。若聽朕命，則
當謨之」。〔註25〕所謂「從汝等所願」，應該理解為從趙志忠所記的「災害不
生，群牧孳盛，人民安堵」轉化為「信明賞罰」。換句話說，從聯盟可汗到遼
朝皇帝，其職責已有所不同，但都是從游牧社會結構中發展而來的。難怪學
者論曰，「柴冊儀為大汗推選之遺跡」，「官吏世選為推選大汗之縮影」。〔註26〕

　　經學者的分析歸納，被選立的可汗或遼帝必須具備三項條件：一、需有
參與世選資格，即必須是有實力的夷离堇，二、需有幹略與優越的武力，三、
需經過前任可汗的指定或同意。〔註27〕根據契丹的習慣，只有可汗（或皇帝）
與夷离堇有權舉行柴冊儀，〔註28〕由此來看部族長應該也需經過某種部內的
共識，始得出任。

　　綜合上述的討論，從部族首長必須負擔的職責的觀點來看，不論是夷离
堇或可汗皆要保障游牧社會的延續和部人生活的安定。就這層意義而言，其
權力來源可視為部人的賦予，因此首長的產生方式由部酋集議的「選汗大會」

〔註24〕 王易，重編《燕北錄》，《說郛》（臺北：臺灣商務印書館，涵芬樓明鈔本，1972
　　　　 年12月）卷三八，頁2579～2581。

〔註25〕《遼史》卷四九〈禮志一〉，柴冊儀條，頁292下。

〔註26〕陳述，〈論契丹之選汗大會與帝位繼承〉，《遼史彙編》第八冊（臺北：鼎文書
　　　　 局，1973年10月初版，原刊《史學集刊》第5期），頁420～423。

〔註27〕姚從吾，〈契丹君位繼承問題的分析〉，《臺大文史哲學報》第2期（臺北：臺
　　　　 灣大學文學院，1953.2初版），頁85。

〔註28〕〈耶律轄底傳〉：「故事，為夷离堇得行柴冊儀」，見《遼史》卷一一二，頁524
　　　　 上。

推舉，也是自然而合理的。尤其如果瞭解「合族而處，分地而居」在游牧社會中的深層意義，部酋的推選正是代表部人的集體意志。經由推舉產生的夷离堇與可汗，也自然有權力舉行柴冊儀，宣示其權力的取得是獲得各部部長和部人的共識。走筆至此，已能確定部族首長的權力、部酋推選會議與柴冊儀構成游牧社會結構中最重要而且緊密的三角支柱。首長的權力代表對部人的承諾與責任，部酋會議或選汗大會代表部族的集體意志，柴冊儀則將前述二者的意義以儀式的進行表現出來。這無非就是馬凌諾夫斯基「結構功能論」的精華概念，在契丹的歷史中最具體的闡釋。換言之，只要部族首長的權力來自部族集體的賦予，部酋會議與世選制度就有其不可取代的價值。

遼代前期皇位繼承的波折，反映了契丹各部推選汗位的延續和各部共識形成的困難與衝突。﹝註29﹞對於遼中期以前皇位繼承波折的意義，可能不宜擴大解讀。大體至遼代中期聖宗以後確立了長子繼承，﹝註30﹞柴冊儀失去推舉可汗時期的意義，同時也不再是夷离堇、可汗及皇帝的專利而成為「遺俗」。統和二年，遼聖宗召國舅蕭常哥為北府宰相，以柴冊儀加兼侍中，﹝註31﹞雖然《遼史》對此沒有多言解釋，從上面的分析略知，柴冊儀由部族首長對部人的責任和承諾，並反映部族集體意志的雙重意義，轉化為尊崇之意。

（二）北南大王院

迭剌部自先祖涅里協助遙輦阻午可汗重整部族，「大賀、遙輦析為六，而世里合為一」以後，迭剌部「彊不可制」。因此遼太祖耶律阿保機，屢經于越曷魯和叔父轄底之勸，於天贊元年（922）分迭剌部為五院、六院部。﹝註32﹞所以究其實，北大王院與南大王院原本只是契丹諸部落之一，充其量是最強大的部落。

但是如葉隆禮所說，遼太祖「變家為國」，將祖父簡獻皇帝勻德實的子孫列為橫帳三父房，又將玄祖昭烈皇帝之後列為二院皇族。與耶律阿保機血緣最近密的親族上升為獨立橫帳，成為遼朝統治核心，原本的五院、六院二部也隨之上升為遼朝中央政府機關。太宗會同元年（938），將北南二院夷离堇

﹝註29﹞ 參看陳述，〈論契丹之選汗大會與帝位繼承〉，《遼史彙編》第八冊，頁 423～436 及姚從吾，〈契丹君位繼承問題的分析〉，《臺大文史哲學報》第 2 期，頁 90～101。

﹝註30﹞ 姚從吾，〈契丹君位繼承問題的分析〉，《臺大文史哲學報》第 2 期，頁 105～108。

﹝註31﹞ 《遼史》卷八二〈蕭常哥傳〉，頁 448 上。

﹝註32﹞ 《遼史》卷二〈太祖紀二〉，天贊元年冬十月甲子條，頁 23 上。

升為大王，應該就是反映這樣的事實。北南院二大王既然具有部族首長和中央高階官員的雙重性質，因此《遼史・百官志》一方面將北南二大王院列為北面部族官，一方面又將其列在樞密院及宰相府之後，為北面中央官署。「五院部，有知五院事，在朝曰北大王院。六院部，有知六院事，在朝曰南大王院」。〔註33〕所謂「在朝」其意甚顯，即表明二大王具有部族首長與中央官的雙重身份。查《遼史》知五院事和知六院事，只出現在〈百官志〉北面部族官條一處，未見任何敘官事例，所以筆者頗懷疑此處記載可能是畫蛇添足。

根據〈遼史〉的記載，北南二大王院的職掌是「部族軍民之政」。前文表3-1-1 應該可以充分證明，身為部族首長的二大王應盡部族民政之責。在〈百官志〉中二大王院組織頗為龐大，二大王的僚屬有知二院大王事、二院太師、太保、司徒、司空以及郎君，轄有二院都統軍司與二院詳穩司分掌二院「從軍之政令」與「部族軍馬之政令」。〔註34〕二大王院僚屬與下轄機關執掌，尚待進一步詳細研究，但已可顯示二院大王兼具部族首長與北面中央軍事首長的角色。聖宗即位，承天太后即刻召群臣議軍國事，會後命六院部耶律勃古哲兼領山西路諸州事。統和四年（986）宋將曹彬侵燕，出兵制曹彬的正是當時本職南院大王的勃古哲。〔註35〕乾亨元年（979），景宗命韓匡嗣、耶律沙伐宋，韓匡嗣誤信宋軍偽降誘敵之計，而不聽從征的耶律休哥嚴兵備敵之誡。宋師突至，匡嗣倉促未備大敗，幸賴耶律休哥之力，宋軍始退，詔「總南面戍兵，為北院大王」。〔註36〕由勃古哲「兼領山西路諸州事」及耶律休哥「總南面戍兵」二例來看，所帥不可能只有部族軍馬，足證北南院大王作為中央高級軍事官員的角色。

二、行政中樞：于越與北南樞密院

于越在《遼史》記述中是地位高無實權的尊官，「非有大功德者不授，遼國尊官，猶南面之有三公」。〔註37〕但是在〈太祖本紀〉裡，阿保機又以于越「總知軍國事」。〔註38〕這個表面的矛盾引起學界的討論，〔註39〕其中較值得注意的

〔註33〕《遼史》卷四六〈百官志二〉，北面部族官條，頁255上。
〔註34〕《遼史》卷四五〈百官志一〉，北大王院條、南大王院條，頁243上～244上。
〔註35〕《遼史》卷八二〈耶律勃古哲傳〉，頁447下。
〔註36〕《遼史》卷八三〈耶律休哥傳〉，頁449上。
〔註37〕《遼史》卷四五〈百官志一〉，大于越府條，頁244上。
〔註38〕《遼史》卷一〈太祖紀一〉，唐天復三年十月，頁17下。

是日本島田正郎和大陸唐統天，筆者亦曾撰文辨論二者的觀點，茲略述其要。

　　學界大致同意，于越在遙輦可汗時代是執掌軍政實權的大官，如太祖阿保機及其伯父釋魯（字述瀾）。問題的關鍵在於太祖以後的于越是否具有實權，所以島田正郎費力蒐檢遼代各朝于越的敘任例，可惜他注意的卻是于越的出身房系、當時的官職，以及是否具有特殊的「治績」或「功德」。其實，島田研究意旨僅在以于越事例檢驗〈遼志〉的內容，對遼初中央政樞的瞭解並無太大幫助。

　　本文的論證欲考述，于越失去實權後短暫由群臣議政填補權力眞空，很快在太宗、世宗二朝便由北南樞密院取代于越而爲遼朝政治中樞。相較而言，唐統天頗能切中問題核心，如其所言只有從探究于越行使的實際職權著手，才能解決太祖以後于越究竟是「尊號」或「官職」的眞相。他歸納諸于越事例，發現遼代的于越的實際職務都是其它官職，最明確的例證是乾亨二年（980）耶律休哥拜于越仍兼北院大王。〔註40〕綜合《遼史》所見的實例，證明于越在遼代是榮譽的虛職。他解釋于越在遼代建國前後短短的時間內，從「秉國政」的大官變爲榮譽虛職，其原因在於首任、次任于越竟是反對派的刺葛和轄底，阿保機當然不會把實權交給他們，于越就不得不變成虛職。〔註41〕

　　唐統天雖嚴謹地綜合于越實例，但其歷史解釋卻犯了邏輯與事實上的誤解。就邏輯來說，這是倒果爲因的解釋，正因爲阿保機即位後所任的于越有實權，轄底和刺葛才有實力反叛。根據當時的調查「有司上諸帳族與謀逆者三百餘人罪狀，皆棄市」，〔註42〕轄底若非有實權的于越，何能號召各帳族參

〔註39〕 島田正郎，〈遼朝于越考〉，《大陸雜誌》第 35 卷 10〜12 期（臺北：大陸雜誌，1967.11〜12 初版）。唐統天，〈契丹于越考——兼與島田正郎及威特夫先生商榷〉，《宋遼金元史》1988 年第 3 期（北京：人民大學書報中心，1988 年，原刊《東北地方史研究》1988 年第 1 期），頁 54〜60。何天明，〈大于越府與大惕隱司〉，《遼代政權機構史稿》（呼和浩特：內蒙古大學出版社，2004 年 9 月第 1 版）第八章。

〔註40〕 唐統天，〈契丹于越考——兼與島田正郎及威特夫先生商榷〉，《宋遼金元史》1988 年第 3 期，頁 58。

〔註41〕 唐統天，〈契丹于越考——兼與島田正郎及威特夫先生商榷〉，《宋遼金元史》1988 年第 3 期，頁 58。根據《遼史·耶律轄底傳》的記載，太祖阿保機受禪爲可汗後所任命的第一任于越應該是轄底，看廖啓照，〈從部落聯盟到契丹王朝——以遼代中央政樞之官僚化爲中心〉，《興大歷史學報》第 11 期（臺中：興大歷史系，2000 年 12 月），頁 159。

〔註42〕 《遼史》卷一〈太祖紀上〉，太祖八年秋七月丙申朔條，頁 20 下。

與反逆？其次，遙輦時代的于越釋魯和阿保機都出身迭剌部世里氏，對遙輦可汗來說都是非宗室的外族，猶能掌握軍政實權。若說阿保機連出身皇族迭剌部的于越都不能信任，就情理而言必須有堅強的證據顯示轄底和剌葛早蓄異志，然而根據《遼史》的記述並沒有這麼強烈的證據。就事實而言，固然耶律曷魯在神冊元年（916）受命為于越時仍是迭剌部夷离堇。然而，轄底任于越時並無其它實際官職，卻能要脅「不從者殺之」，可見阿保機初期任命的于越仍具有實權。不料掌軍政大權的于越卻聯合諸弟反叛，於是阿保機遂利用亂平之際大行屠戮各部逆黨，藉以削弱反對的舊勢力。〔註43〕

由於阿保機在神冊元年以前所任命的于越都是反叛的舊勢力，〔註44〕因此在曷魯死後（神冊三年，918），太祖似消極地不再任命于越，《遼史》再也找不到太祖時代其它于越的形跡。天贊三年（924）六月阿保機曾「召皇后、皇太子、大元帥及二宰相、諸部頭」，〔註45〕宣布西討吐渾、党項、阻卜及東征渤海並預告三年之後歲次丙戌歸天。這次召集已經包含當時的權力核心，就是獨缺「秉國政」的于越，足見最遲在天贊三年于越已經失去作為遼國行政中樞的地位。從此以後，于越就如同柴冊儀一樣成為契丹的「遺俗」，亦如島田正郎詮釋的〈百官志〉那樣，被後朝皇帝當成表彰大臣「功德」的尊銜。

透過前述的辨論，本書主張于越是遼太祖即位之初執掌軍國重務的國政中樞。阿保機血腥屠殺附和諸弟叛亂的逆黨，原本具有部族政治歷練的部落舊貴幾乎為之一空，執掌軍國重務的于越也逐漸大權旁落。能夠填補國初內部權力衝突留下的權力真空，可能即是前述皇后、皇太子、大元帥及二宰相和各部部長等群議國政。尤其二府宰相，所謂「南府宰相，自諸弟構亂，府之名族多罹其禍，故其位久虛」，〔註46〕阿保機旋即任命皇弟蘇填補位懸已久的南府宰相。

隨著遼太宗入承大統又奄有幽燕漢地，遼國成為幅員橫跨「勁風多寒」游

〔註43〕 前述于越權力在阿保機諸弟叛亂前後之轉變的論證，參看拙著，〈從部落聯盟到契丹王朝——以遼代中央政樞之官僚化為中心〉，《興大歷史學報》第 11 期，頁 158～161。
〔註44〕 島田正郎搜檢的于越事例，在耶律曷魯以前，除了轄底以外，有「于越率懶」及「前于越赫底里」，這三人正好或鼓吹或參與諸弟叛亂，見〈遼朝于越考〉，《大陸雜誌》35 卷 10 期，頁 300～301。唐統天認為率懶就是剌葛，〈契丹于越考——兼與島田正郎及威特夫先生商榷〉，《宋遼金元史》1988 年第 3 期，頁 58。
〔註45〕 《遼史》卷二〈太祖紀下〉，天贊三年六月乙酉，頁 23 下。
〔註46〕 《遼史》卷二〈太祖紀下〉，神冊六年春正月丙午，頁 22 下。

牧區和「多雨多暑」農耕區，族群複雜而多元的新國家。傳統的部族體制已無法有效統治新得漢人漢地的國家，遼太宗耶律德光顯然必須認眞思考採取漢人制度的必要性。「既得燕代十有六州，乃用唐制。（略）誠有志帝王之盛制，亦以招徠中國之人也」，〔註47〕顯示既欲建立能有效統治的「帝王之盛制」，又思以此誘漢人來歸。所以會同元年（938）正式取得幽燕圖籍之後，耶律德光除升大部族長爲大王之外，同時將若干基層部族官改用漢式官稱，〔註48〕只是根據目前的資料尙難深刻評估此次改稱的作用。

　　漢制眞正影響遼國中央政府制度，應該要到滅晉以後才算初步有成。大同元年（947）正月遼軍入汴，遼太宗依例任命張礪爲平章事，李崧爲樞密使等幕府顧問及三公，二月升鎭州爲中京，以趙延壽爲大丞相兼政事令、樞密使、中京留守。〔註49〕雖然太宗旋死於北返之途，但因爲世宗參加了此次入汴升朝，所以即位以後仍延續太宗的政治安排，同年八月命耶律安摶爲北院樞密使，次月授高勳爲南院樞密使。〔註50〕一般認爲太宗、世宗朝建立的南北二樞密院，塡補于越失勢留下的空虛，成爲遼朝的中央政樞機構。〔註51〕契丹的統治者之所以如此應非偶然，因爲他們想採借漢制以有效統治國家時，原本體制嚴謹的三省制度卻已逐漸崩解，襲用盛行於中原的樞密院制，〔註52〕可能是唯一的選擇了。

　　《遼史・百官志》記載樞密院，列契丹北樞密院、契丹南樞密院及漢人樞密院。三院各有執掌，契丹北樞密院掌「兵機、武銓、群牧之政，凡契丹軍馬皆屬焉（略），元好問所謂北衙不理民是也」，又有契丹南樞密院掌「文銓、部族、丁賦之政，凡契丹人民皆屬焉（略）。元好問所謂南衙不主兵是也」；〔註53〕漢人樞密院「本兵部之職（略），太宗入汴，因晉置樞密院，掌漢人兵

〔註47〕《遼史》卷四七〈百官志三〉，南面朝官序，頁 270 下。
〔註48〕二部梯里巳爲司徒，達剌干爲副使，麻都不爲縣令。見《遼史》卷三〈太宗紀下〉會同元年十一月條，頁 32 下。
〔註49〕《遼史》卷四〈太宗紀下〉，大同元年春正月癸巳及二月丁巳，頁 38 下～39 上。
〔註50〕《遼史》卷五〈世宗紀〉，天祿元年八月癸未及九月壬子，頁 40 上、下。
〔註51〕島田正郎，〈遼朝北面中央官制的特色〉，《大陸雜誌》第 29 卷 12 期，頁 447。津田左右吉，〈遼の制度の二重體系〉，《津田左右吉全集》（東京：岩波書店，1987 年 8 月第二刷）第 12 卷，頁 348。
〔註52〕楊若薇，《契丹王朝政治軍事制度研究》（臺北：文津初版社，1992 年 7 月初版），頁 122。
〔註53〕《遼史》卷四五〈百官志一〉，契丹北樞密院條及契丹南樞密院條，頁 241 下

馬之政，初兼尙書省」。〔註54〕根據史文理解，契丹部族統治是軍民分立，所以要分北南樞密院，另外漢人樞密院掌漢人兵馬。《遼史》又說「宰相、樞密、宣徽、林牙，下至郎君、護衛，皆分北南，其實所治皆北面之事」，〔註55〕似乎暗示北南樞密二院是北面朝官最高機構，漢人樞密院是南面朝官最高機構。

此事經歷來學者，或遍檢史料加以解釋，或比對遼、宋二方文獻，綜合各人論點要皆主張契丹南樞密院即漢人樞密院，頗獲學界多數贊同。〔註56〕不過有人並不認爲《遼史》的編修者會犯如此重大的錯誤，主張探討遼代官制必須掌握宰相樞密下至郎君護衛，所治皆北面這一原則。繼而主張漢人樞密院隨世宗調整政權機構而消失，契丹南樞密院的記載也於同時期出現史冊。〔註57〕要解決這個問題，同樣必須注意南院樞密使所行使的實際職務。在文獻所顯示的南院樞密使職責，如同北院樞密使一樣，邊防、兵機、獄訟、銓敘、賦役等包含國家一切政務。其中幾則資料值得注意，道宗時期劉伸因爲在戶部使任內表現傑出，被拔擢爲南院樞密使。〔註58〕聖宗名臣張儉在南院樞密使任內，與參知政事吳叔達「不相能」，聖宗怒而出吳叔達爲康州刺史，〔註59〕如果張儉不是預聞州縣之政，爲何與吳叔達不協。天祚帝時期，人民苦於勞役，南院樞密使馬人望「使民出錢，官自募役」，頗獲好評。〔註60〕以上數例，足證南樞密院就是南面最高機關，而非執掌文銓部族丁賦的契丹南樞密院。

前段重申，前輩學者漢人樞密院就是〈百官志〉「契丹南樞密院」確證無誤。北樞密院是北面官最高機構，掌部族軍民政務，南樞密院是南面官最高機構，掌州縣漢民政務。在《遼史‧百官志》的記述中，北樞密院和南樞密院的組織頗爲龐大，而南樞密院組織的眞正內容應該記錄在漢人樞密院條下，「契丹南樞密院」的組織只是抄錄北樞密院的內容，並非執掌南面州縣政務的眞正組織。茲綜合整理〈百官志一〉與〈百官志三〉的記載，簡列二院

及 242 上。

〔註54〕《遼史》卷四七〈百官志三〉，漢人樞密院條，頁 270 下～271 上。

〔註55〕《遼史》卷四五〈百官志一〉總序，頁 241 上。

〔註56〕張亮采，〈遼代漢人樞密院之研究〉，《遼史彙編》第九冊（原刊《東北集刊》第一期），頁 217～226。

〔註57〕何天明，《遼代政權機構史稿》，漢人樞密院，頁 16～27。

〔註58〕《遼史》卷六十〈食貨志下〉，頁 339 上。

〔註59〕《遼史》卷八十〈張儉傳〉，頁 411 上。

〔註60〕《遼史》卷一百五〈馬人望傳〉，頁 510 下。

組織如次：除北南院樞密使之外，帶使相職務的尚有知北南院樞密使事、知北南樞密院事、北南樞密院副使、同知樞密院事等。二院的下級幕僚及承辦則列爲表 3-1-2，並盡量搜檢各職官員及其敘任時間與出處於次。

表 3-1-2：北南樞密院僚屬敘任

北樞密院：宮帳部族屬國之政。	
北院都承旨	
北院副承旨	
北院承旨	**蕭高八（開泰初，96，蕭惟信父見惟信傳）耶律庶成（重熙 7，18）蕭素颯（重熙間，95）**
北院林牙	耶律突呂不（太祖太宗會同間，75）耶律化哥（乾亨初，94）蕭素颯（咸雍間，95）
知北院貼黃	
給事北院知聖旨頭子事	
掌北院頭子	
北樞密院敞史	
北院郎君	耶律世良（統和 29，15）
北樞密院通事	
北院掾史	
點檢北樞密院中丞司事	
總知中丞司事	
北院左中丞	蕭惟信（重熙間，96）蕭圖古辭（重熙中，111）
北院右中丞	耶律章奴（乾統 1，100）蕭合卓（統和 18，81）
同知中丞司事	蕭得里底（大康中，100）
北院侍御	耶律引吉（清寧間，97）
南樞密院即漢人樞密院：漢人州縣租賦軍馬之事。	
樞密直學士	鄭頲（統和 2，10）郭頲（統和 2，47）牛藏用（統和 3，10）劉恕（統和 12，13）高正（統和 29，15）張儉（統和間，遼文 6 墓志）呂德推（開泰 2，15）趙其（太平 3，16）韓紹芳（太平 4，16）耶律庶成（重熙初，89）劉四端（興宗，86）張孝傑（咸雍 3，22）杜公謂（大安 1，24）呂嗣立（大安 3，25）耶律儼（大安 4，25）……

樞密都承旨	韓紹芳（開泰 9，47）楊晳（重熙 12，89）劉伸（重熙間，98）王惟吉（興宗，115）
樞密副承旨	楊遵勗（重熙中，47）
南院承旨	蕭普達（統和初，92）蕭朴（開泰初，80）
樞密院侍御	耶律八哥（統和間，80）蕭陶蘇斡（咸雍初，101）耶律阿息保（天慶初，101）
吏房承旨	時立愛（大康 10，金史 78）
兵刑房承旨	梁援（墓志）
戶房主事	寧鑒（墓志）
廳房主事即工部	

說明：1、根據《遼史》紀、傳及金石傳記資料尋檢，製成本表。未列在《遼史・百官志》二樞密院組織中的官職，以灰色網底標明。

2、括弧內逗號前爲抵任時間，逗號之後爲出處。出自《遼史》只標明卷數

　　先就北樞密院而言，據表 3-1-2 顯示有官員敘任事例者爲北院林牙、北院郎君、總知中丞司事的下屬各職，以及北、南院承旨，其餘各職皆未檢出官員出任事例。另外，有若干官職未列在《遼史・百官志》二樞密院的官職組織中。其中，蕭高八、耶律庶成、蕭素颯三人爲北院承旨。蕭普達、蕭朴二人爲南院承旨。耶律八哥、蕭陶蘇斡及耶律阿息保三人爲樞密院侍御。依《遼史》記載都承旨及副承旨的史例，隸屬北樞密院者載爲「北院都承旨」、「北院副承旨」，隸屬南樞密院者記爲「樞密都承旨」、「樞密副承旨」，因此表 3-1-2 將耶律八哥等三人列於南樞密院。由此可知，《遼史》紀、傳出現的許多官職被《遼史・百官志》的編者漏列，此處爲《遼史》略補之。另耶律突呂不任職略在太祖至太宗會同間，目前無法確定其精確時間，其時北南樞密院尚未創立，不知屬於哪一機構。

　　次以南樞密院而論，大體而言〈百官志三〉所列各職皆非虛構，因爲除廳房主事之外，其餘各職都有官員仕歷，因此可以推想廳房主事亦非虛構，只是未尋得敘任例而已。敘任資料最豐富爲樞密直學士一職，鄭勍、郭勍不知是否爲同一人。表 3-1-2 顯示，除耶律庶成一人之外，任樞密直學士者皆爲漢人，又其中高正、張儉、劉四端、張孝傑等人出身進士，或則遼聖宗以後樞密直學士一職以進士選任爲通則。〔註61〕

〔註61〕楊若薇，《契丹王朝政治軍事制度研究》，頁 127。

　　綜觀表 3-1-2 之二樞密院僚屬各職的履任時間，耶律突呂不不計，只有耶律化哥在景宗朝任職，其餘各職皆在聖宗統和以後。二樞密院雖在太宗、世宗朝創立，從文獻及其它傳記資料卻無法尋得樞密院僚屬在太宗、世宗二朝敘任的證據，天祿元年世宗命北南院樞密使，北南樞密院的組織是否完備值得商榷。綜合上述的討論，遼代樞密院的組織可能因應歷朝實際運作的需要才逐步充實，其組織的建構較為明確當在景宗朝，直到聖宗朝穩固成為定制。《遼史·百官志》對北南樞密院組織的記述，當以聖宗朝的實際狀況為底本。

　　前文對北南樞密院就是北南面最高權力中樞，作了一番論述，並且考論北南二樞密院的官僚組織化。此處擬再就遼朝的統治者，如何運用漢人制度進一步申論。漢人制度中尚書省的若干職掌，納入遼代北南二樞密院。前文舉《遼志》漢人樞密院條的記載，謂「太宗入汴，因晉置樞密院，掌漢人兵馬之政，初兼尚書省」。尚書省的哪些職掌納入了樞密院，如表 3-1-2 所示，有吏房承旨、兵刑房承旨、戶房主事及廳房主事（工部）。以目前得見的相關文獻記載，尚無法大膽斷言遼代尚書省的全部職權都納入了樞密院之中。由於未見廳房主事的敘任事例，因此原工部尚書的職掌是否為廳房主事所取代，亦需更多資料考察，但至少已卻知樞密院有吏部、兵刑部和戶部的職權。既然尚書省的職掌納入了樞密院，則遼代尚書省在遼朝官制中的地位為何？〈馮從順墓誌銘〉載從順的散階，「散官自國子祭酒、工部尚書至司空、太傅、太尉」，〔註 62〕明白顯示工部尚書成為無職掌的散官。有學者因此認為，遼代的尚書省整個都成為無職掌的散官，〔註 63〕是否如此筆者未敢確定，尚待詳細的比對研究。

　　「中丞」與「侍御」二職，為漢制御史台下屬。〔註 64〕遼太宗引用漢制入遼時，設置御史台職司南面官監察職權。然而，北面官員卻未受風憲之糾正，因此遼聖宗將御史台之中丞引入北樞密院，創置北樞密院總知中丞司事。〔註 65〕這就是北樞密院中丞各職的官員敘任事例，皆發生在統和年間之後的原因。興宗時期似有意將北南監察職權統一，命皇子洪基總領中丞司事，後

〔註 62〕宋復圭，〈馮從順墓誌銘〉，陳述輯，《全遼文》（北京：中華書局，1982 年）卷六，頁 124。

〔註 63〕唐統天，〈遼代尚書省研究〉，《北方文物》1989 年第 1 期（哈爾濱：北方文物雜誌社，1989 年 2 月），頁 64～70。

〔註 64〕《遼史》卷四七〈百官志三〉，御史台條，頁 273 上、下。

〔註 65〕島田正郎，〈遼朝監察官考〉，《大陸雜誌》30 卷 7 期（臺北：大陸雜誌社，1965 年 4 月），頁 213～222。

又將監察職權改隸承旨職掌,「罷中丞記錄職官過犯,令承旨總之」。〔註66〕

由樞密院將部分尚書省職掌取代,更可確定樞密院爲遼代政治中樞。更爲重要,契丹皇帝對漢人制度的規範並不熟悉,也不會受到漢制規範的限制,所以可因其統治的需要,將尚書省的職權納入樞密院中。其次,聖宗、興宗二朝以後樞密院更行使監察職權。準此,遼代北南二樞密院併入了尚書省與御史台的職權,有遼一代大部分政治權力都集中在樞密院,契丹皇帝再以任命樞密使的方式控制權力。換言之,如筆者在本章前言所提述的,契丹皇帝愈採取漢人制度,就愈能將統治權力集中於自身。島田正郎謂在太祖、太宗時期中央集權政府的外在皮相下,仍有其君主權不能控制的特權家族,並不正確。

三、佐理軍國之宰輔:北南宰相府

遼代中央北面官中,位在北院樞密院之下的是北南府宰相。根據《遼史》的記述,北南二宰相府的組織比二樞密院單純得多,除了二府長官北南府宰相,第二級以下的職官分別是北南府左宰相、北南府右宰相、總知軍國事及知國事。北南府二宰相的職權是,「掌佐理軍國大政」。〔註67〕本節主要探討二宰相府在遼代中央政府的地位,及其在政治上所發揮的功能,至於二府宰相的人選,因爲牽涉中央政府的權力結構,本書的第四章再予詳細分析。

經歷來學者的廣泛討論遼代政治制度的源流及沿革,可知北南府宰相是在古老的契丹部族時代就出現的官職。例如,蕭塔列葛的八世祖只魯,「遙輦氏時,嘗爲虞人。唐安祿山來攻,只魯戰于黑山之陽,敗之。以功爲北府宰相,世預其選」,〔註68〕明白顯示遙輦氏時代已有北府宰相。太祖阿保機受禪爲可汗,「北宰相蕭轄剌,南宰相耶律歐里思,率群臣上尊號」,〔註69〕從史文前後關係來看,二宰相應是遙輦痕德菫可汗的北南宰相。前章曾提到,阿保機的直系先祖涅里承大賀氏喪亂「相」阻午可汗,「大賀氏中衰,僅存五部,有耶律雅里者,分五部爲八,立二府以總之」。〔註70〕耶律雅里就是涅里,從此處來看「相」和「二府」在大賀末遙輦初就存在了,則太祖即位爲可汗時的北南宰相,也應該是北南府宰相。

〔註66〕《遼史》卷二十〈興宗紀三〉,重熙二十年十一月丁卯,頁104下。
〔註67〕《遼史》卷四五〈百官志一〉,242下~243上。
〔註68〕《遼史》卷八五〈蕭塔列葛傳〉,頁456上。
〔註69〕《遼史》卷一〈太祖紀上〉,太祖元年正月庚寅,頁17下。
〔註70〕《遼史》卷三四〈兵衛志上〉,頁162上。

　　既然學者都同意「相職」在契丹部族出現的時間很早，彼此的論點差異只在於其源流。大陸有學者認爲，漢制宰相就像匈奴、突厥等官稱一樣，直接留在契丹古老的社會，日本則有人傾向主張是契丹社會自行發展出來，而與漢制宰相一樣輔助人主的契丹官。〔註71〕儘管對遼代宰相的起源意見不同，大體的共同意見是在遙輦時代已有二府宰相，位在可汗之下或各部夷离堇之下，協助管理部族事務的大臣。

　　因此論北南府宰相沿革，其實與北南院大王從大部族夷离堇，變爲國之重臣的情形一樣。在部族時代「事簡職專」，部族事務就是部族國家的軍國大政。遼太祖「變家爲國」，原本輔助綜理部族大事的北南府宰相，也搖身一變爲中央北面官中的宰輔大臣，掌「佐理軍國大政」的演變軌跡甚爲明顯。本文嘗試從北南府宰相實際行使的職務，整理北南府宰相在遼代中央政府所發揮的功能，試尋檢《遼史》相關記錄製爲表 3-1-3：

表 3-1-3：北南府宰相職務總表

序	時　間	事　蹟	出　處
01	統和二十年	三月甲寅，遣北府宰相蕭繼遠等南伐	14 聖宗 5
02	統和二十八年	秋八月丁卯，自將伐高麗，遣使報宋。以皇弟楚國王隆祐留守京師，北府宰相、駙馬都尉蕭排押爲都統，北面林牙僧奴爲都監。	15 聖宗 6
03	開泰四年	五月辛巳，命北府宰相劉晟爲都統，樞密使耶律世良爲副，殿前都點檢蕭屈烈爲都監以伐高麗	15 聖宗 6
04	保大元年	（謀立晉王）余覩在軍中，聞之大懼，即率千餘騎叛入金。上遣知奚王府事蕭遐買、北府宰相蕭德恭、太常袞耶律諦里姑、歸州觀察使蕭和尙奴、四軍太師蕭幹將所部兵追之	29 天祚 3
05	太祖七年	歲癸酉，下詔曰：「朕自北征以來，四方獄訟，積滯頗多。今休戰息民，群臣其副朕意，詳決之，無或冤枉」。乃命北府宰相蕭敵魯等分道疏決	61 刑法上

〔註71〕李錫厚認爲契丹建國前與中原王朝早有接觸，而且接受唐朝官爵、封號，因此直接使用漢語官名並不奇怪。見氏著，〈遼代宰相制度的演變〉，《宋遼金元史》1987 年 5 期（北京：人民大學書報中心，1987，原刊《民族研究》1987 年 4 期），頁 57。島田正郎認爲這是可譯爲漢語「宰相」的契丹官，並不是中國官制宰相的翻版，氏著，〈遼朝宰相考〉，《大陸雜誌》40 卷第 3 期（臺北：大陸雜誌社，1970 年 2 月出版），頁 72。

06	神冊三年	神冊初元，討西南夷有功；徇山西諸郡縣，又下之，敗周德威軍。三年，以功拜北府宰相，世其職。	73 蕭阿古只
07	統和四年	拜北府宰相。自是出師，繼先必將本府兵先從。拔狼山石壘，從破宋軍應州，上南征取通利軍，戰稱捷力。	78 蕭繼先
08	統和四年	與北府宰相室昉共執國政	82 耶律隆運
09	統和四年	磨魯古以創不能戰，與北府宰相蕭繼先巡邏境上。	82 耶律磨魯古
10	穆宗	初烏古、室韋二部叛，休哥從北府宰相蕭幹討之	83 耶律休哥
11	穆宗	復以伐烏古功，遷北府宰相，改突呂不部節度使	84 蕭幹
12		由膳部員外郎累遷至北府宰相、監修國史。時上多即宴飲行誅賞，慎行諫曰：「以喜怒加威福，恐未當」帝悟，諭政府「自今宴飲有刑賞事，翌日稟行	86 劉六符
13	開泰元年	阻卜結五群牧長查剌、阿覩等，謀中外相應，孝穆悉誅之，乃嚴備禦以待，餘黨遂潰。以功遷九水諸部安撫使。尋拜北府宰相	87 蕭孝穆
14	統和間	後蕭撻凜卒，專任南面事。宋和議成，為北府宰相	88 蕭排押
15	道宗	道宗即位，多被顧問，為北府宰相	96 姚景行
16	天慶七年	討劇賊董龐兒，戰易水西，大破之。以功為北府宰相	101 蕭乙薛
17	咸雍八年	上以孝傑勤幹，數問以事，為北府宰相，漢人貴幸無比	110 張孝傑
18	天贊三年	九月丙午，南府宰相蘇、南院夷離董迭里略地西南	2 太祖下
19	天顯元年	春正月皇太子、大元帥堯骨、南府宰相蘇、北院夷離董斜涅赤，南院夷離董迭里是夜圍忽汗城	2 太祖下
20	保寧八年	九月壬午，漢為宋人所侵，遣使求援，命南府宰相耶律沙、冀王敵烈赴之	8 景宗上
21	乾亨元年	九月己卯，燕王韓匡嗣為都統，南府宰相耶律沙為監軍，惕隱休哥、南院大王斜軫、權奚王抹只等各率所部兵南伐	9 景宗下
22	開泰三年	九月丁酉，八部敵烈殺其詳穩稍瓦，皆叛，詔南府宰相耶律吾剌葛招撫之	15 聖宗 6
23	重熙二十一年	秋七月甲辰朔，召北府宰相蕭塔烈葛、南府宰相漢王貼不、南院樞密使蕭革、知北院樞密使事仁先等，賜坐，論古今治道	20 興宗 3

24	清寧九年	（皇太叔重元叛）時南院樞密使許王仁先、知北樞密院事趙王耶律乙辛、南府宰相蕭唐古、北院宣徽使蕭韓家奴、北院樞密副使蕭惟信、敦睦宮使耶律良等率宿衛士卒數千人禦之	22 道宗 2
25	大安二年	九月辛巳，召南府宰相議國政	24 道宗 4
26	乾統六年	拜南府宰相，首議制兩府禮儀	30 天祚 4 耶律淳
27	大康初	參知政事，徙知樞密院事，兼門下侍郎、平章事，拜南府宰相。耶律乙辛誣皇太子，詔遵勖與燕哥按其事，遵勖不敢正言，時議短之。尋拜北府宰相	105 楊遵勖

說明：島田正郎檢出北府宰相 52 例，南府宰相 57 例，見島田正郎，〈遼朝宰相考〉，《大陸雜誌》40 卷第 3 期，頁 81。但並《遼史》〈紀〉、〈傳〉所載很多只有仕履而無事蹟。

　　尋檢史料的原則，除了在北南府宰相的任上，行使的實際職務當然列表之外，因為行使職務有功或政治表現受遼帝賞識而拜二宰相者也列入，因為這符合觀察北南府宰相在北面官制中的性質及作用的原則。需要進一步說明的是，攻伐和禦邊指對宋、高麗等外國，與國防相關屬軍國重務，所以將二者事例合計。議政，執政政策形成需要討論及顧問，所以都包含在議政之內。編號 4、24 及 27，備宿衛、按察耶律乙辛誣害太子都牽涉中央權力鬥爭，所以列在討叛，治安指決獄及討賊。

　　依據表 3-1-3 內容的性質不同，分類、紀錄為表 3-1-4，以便觀察北南府宰相在中央制度中的性質和功能：

表 3-1-4：北南府宰相職務分類

	件　　數	百分比
攻伐與禦邊	11	40.8
議　政	7	25.9
鎮撫部族	4	14.8
討　叛	3	11.1
治　安	2	7.4
合　計	27	100.0

　　耶律阿保機先祖涅里立二府總部落，北南府宰相原本是協助可汗管理部族事務。據表 3-1-4 的統計，攻伐與禦邊之類關於國防的軍國之政，佔四成餘，

符合「變家爲國」的描述。議政在北南府宰相的職務中居第二位，顯示北南府宰相確實能參預機務，也符合軍國大政的標準。攻伐與禦邊、議政及討叛三項合計有 77.8%而近八成，顯示遼國建立以後軍國大政的性質，從部族事務轉變爲國防戰略的部署、預聞決策，以及中央權力的分配與鬥爭。

議政類檢得 7 條事例，編號 8 北府宰相室昉雖與耶律隆運（韓德讓）共執國政，但從全部事例上看不出北南府宰相有與北南樞密院一樣「秉國政」的權力。如果以唐代三省爲對照，中書掌詔命決策，門下掌封駁政令，尚書負責實際政務執行，〔註 72〕遼代北府宰相的權力大概是參議決策與勸諫皇帝，沒有執行政務的權力，大體就是《遼史》記述的「佐理軍國之政」。前文所述北南宰相府的組織比北南樞密院單純得多，只有下級相職而沒有任何僚屬，大概就是這個原因。這正好顯示，北南宰相府在遼代中央北面朝官發生的功能，就是參預機務、佐理國政。

雖然北南宰相府掌軍國之政的性質在建國之後已經轉變，但不表示原本輔助管理部族事務的重要性每況愈下，如表面所見退居至第三位只佔不到二成（表 3-1-4 所示）。編號 7 透露出線索，蕭繼先拜北府宰相之後，每戰「必將本府兵先從」，顯見即使負責征戰攻伐，二府宰相還是有權押帥部族軍出戰。由此足見，二宰相府管理部族的功能，在建國之後以攻伐禦邊或討叛等形式表現出來。可是因爲二宰相府沒有負責辦事的僚屬，筆者研判即便受命攻戰征討，二府宰相只能協調各部部族長出兵，逐漸喪失直接指揮部族的權力。太祖二十部和聖宗三十四部，各部分別隸屬北南二府，學者歸納〈營衛志〉和〈兵衛志〉的記載，北府約有二十八部而南府有十六部，〔註 73〕前述蕭繼先所謂將本府兵，應該是指自府內各部落徵調的部族兵。前論于越曾引〈太祖紀〉稱因爲諸弟叛亂，造成「府之名族，多罹其禍」，於是有學者認爲北南二宰相「府」類似部族的內部結構，〔註 74〕可能也是基於各部落皆有隸屬的宰相府，所造成的誤解。同時島田正郎言遼代宰相的起源，應該不是中國宰相的翻版，而關鍵就在北南府宰相有預聞機務的權力，而沒有行政執行權。

〔註 72〕林麗月，〈王者佐‧社稷器──宰相制度〉，《中國文化新論──制度編》（臺北：聯經出版公司，1995 年 11 月），頁 99～100。

〔註 73〕參看島田正郎，〈遼朝宰相考〉，《大陸雜誌》40 卷第 3 期，頁 81；唐統天，〈關於北、南宰相府的幾個問題〉，《宋遼金元史》1989 年第 1 期，頁 63。

〔註 74〕唐統天，〈關於北、南宰相府的幾個問題〉，《宋遼金元史》1989 年第 1 期，頁 65～66。

第二節　中央決策圈

　　《遼史》記載了許多中央政府實際決策的案例，在某種程度具體表現出遼代各朝皇帝處理國政的方向，以及當時的君臣關係等內容。初步分析這些案例的背景，可以略分爲兩類。第一，君臣議軍國事務。此一背景包括兩種情況。1、召群臣議政，如前節所揭天贊三年太祖召皇后、太子、大元帥、二宰相及各部頭。在《遼史》的記載中，有多處皇帝召群臣，或議政，或議征伐，甚至詢問群臣對高級官員人選的意見，這些「廷議」場合應該都是制度內的正常現象。史書所呈現的通常不是廷議的全貌，而是有異見官員的陳述內容或對皇帝裁決有影響力的重臣看法，據此反而可稍掌握決策的核心人物。2、皇帝與某特定大臣的單獨問對，此一情形有時只能反映皇帝對某些近臣的信任，並非制度規範內決策權的表現。有時則是皇帝針對若干特定議題與專司臣僚間的政策討論。

　　第二，權力轉移或權力鬥爭。此類情況反而比制度內的廷議表現更大的決策核心範圍，如太宗滅晉入汴北返途中崩於欒城，耶律屋質調解世宗與淳欽太后、太弟李胡二陣營的衝突，兩方勢力決策核心的人物都出現在同一個歷史事件中。透過綜合歸納這些零星而無系統的事例，一方面可以印證前節中央權力官署在遼代政治的實際運作，另一方面整理這些事例的過程，使遼代中央政府決策圈的輪廓慢慢地清晰起來。以下針對上述二類決策背景，略述如次。

一、中央決策事例評析

（一）君臣議軍國事

1、天贊三年詔皇太子監國，大元帥堯骨（德光）從征吐谷渾等部

　　遼太祖在天贊三年召皇后、皇太子、大元帥及二宰相、諸部頭等，詔曰「然未終兩事，豈負親誠」，〔註75〕兩事之一即當日大舉征伐吐渾、党項及阻卜等部。另一事乃征渤海，「天贊三年將伐渤海，鐸臻諫曰：陛下先事渤海，則必西夏躡吾後。請先西討，庶無後顧憂，太祖從之」，〔註76〕顯示太祖召皇后等以前就先與耶律鐸臻討論，足見太祖之信任。

〔註75〕《遼史》卷二〈太祖紀下〉，天贊三年六月乙酉，頁23下。
〔註76〕《遼史》卷七五〈耶律鐸臻傳〉，頁426下。

由此可知，太祖當時決策核心人物有皇后、太子、大元帥、北南府宰相、各部部長，惜不確知耶律鐸臻何職。

2、太宗廷議官制品位

前節曾引述，會同元年太宗升北、南院及乙室夷离堇爲大王。耶律斜的上言橫帳班列不宜與北南院同。太宗乃「詔在廷議，皆曰然」，然耶律頗德獨持異議曰：「臣伏見官制，北、南院大王品在惕隱上。今橫帳始圖爵位之高，願與北、南院參任，茲又恥與同列。夫橫帳諸族皆臣也，班列奚以異」，〔註77〕於是下令仍從舊制。本傳稱「會同初，改迭剌部爲大王，即拜頗德」，耶律頗德當爲南院大王。〔註78〕

太宗時代參與議政決策的人物，包括不知何職的耶律斜的、南院大王頗德，以及持眾議的「群臣」。這些贊同斜的意見的群臣，如筆者前所分析反不列名史冊，待後文再行討論。

3、太宗攻晉與諸將議

會同九年（946），太宗自將南伐，晉將杜重威據中渡橋，與遼軍隔滹沱河對峙。〔註79〕力戰數日不得進，太宗召諸將議，諸將皆請緩師。北院大王五院部洽昚孫耶律圖魯窘，力主進兵不退。首先他認爲緩師將不利於己，「聖慮若中路而止，適爲賊利」。其次漢軍實力不如遼軍，「且彼步我騎，何慮不克。況漢人足力弱而行緩，如選輕銳騎先絕其餉道，則事蔑不濟矣」，〔註80〕太宗從其議，果如圖魯窘所料。

圖魯窘以北院大王從太宗南伐，可見當時諸將皆應以本職從征，因此諸將議等同於群臣議。當時參與決策的人物有太宗及包括北院大王在內的諸將。

4、太宗召太子及群臣議討吐谷渾

類似情形，在太宗時期尚有數次，惜詳情不明，如天顯六年（931）七年召大臣及耆老議政。〔註81〕先是晉楊彥詢來貢，言鎮州安重榮跋扈。安重榮留遼使拽剌不遣還，乃誘數州及吐谷渾叛附晉，太宗原欲親討之，以晉討平

〔註77〕《遼史》卷七三〈耶律頗德傳〉，頁421下。

〔註78〕系出肅祖長子洽昚的五院部耶律圖魯窘當時爲北院大王，見《遼史》卷七五〈耶律圖魯窘傳〉，頁428上，足見耶律頗德當時應爲南院大王。

〔註79〕《遼史》卷四〈太宗紀下〉，會同九年冬十一月丙申，頁38上。

〔註80〕《遼史》卷七五〈耶律圖魯窘傳〉，頁428上。圖魯窘言論及此戰役結果皆見於此，不另註。

〔註81〕《遼史》卷三〈太宗紀上〉天顯六年三月辛未及七年七月丙戌，頁28上、下。

安重榮來告，議遂寢。〔註82〕會同五年（942）太宗行將南巡，因爲各路尚有未歸附者，召太子及群臣議之。群議爲殺一儆百之計，應出兵討吐谷渾，「今襄、鎮、朔三州雖已平，然吐谷渾爲安重榮所誘，猶未歸命，宜發兵討之，以警諸部」，〔註83〕遂命明王隈恩代于越信恩爲西南路招討使討之。

　　此次決策核心人物有太宗、太子、群臣。就史文語氣觀之，明王隈恩也參加此次議事，但不知任西南招討使之前職爲何。

5、承天太后稱制命臣參預國論

　　統和初，承天太后稱制命耶律阿沒里與耶律斜軫參預國論。〔註84〕阿沒里，保寧中爲南院宣徽使，統和初從征高麗，以功遷北院宣徽使。對照受命參預國論的時間，阿沒里仍應爲南院宣徽使，是故史稱「以功遷北院宣徽使」，耶律斜軫其時爲北院樞密使。〔註85〕「參預國論」應即指參預廷議的官員，據上所述包括北院樞密使、南院宣徽使，其餘參與官員不詳。

6、聖宗朝群臣議伐高麗

　　高麗康肇弒其主誦，擅立誦從兄詢爲王。〔註86〕統和二十八年，「帝謂群臣曰：高麗康肇弒其君誦，立誦族兄詢而相之，大逆也，宜發兵問其罪」，〔註87〕足見聖宗已有定見，只是尋求群臣的附議。國舅詳穩蕭敵烈認爲一、連年征討士兵疲憊，二、年穀不登，國用不豐，應待豐年庫實再行征討，三、高麗小國勝之不武，因此不宜舉兵，只遣一使往問其罪可矣。無奈聖宗心意已決，敵烈之諫遂不納。然而遼麗雙方仍有數次使節往返，〔註88〕可知敵烈的觀點自有其理。

　　既曰「帝謂群臣」，可知也屬於朝議，參議群臣除了國舅詳穩之外，應有後來隨征高麗的北府宰相蕭排押、北面林牙盆奴，或許還包括鎮撫遼東的東京留守，惜未見記載。

〔註82〕安重榮跋扈一節，參看《遼史》卷四〈太宗紀下〉，會同四年至五年，頁34下～35上。

〔註83〕《遼史》卷四〈太宗紀下〉，會同五年二月壬辰，頁35下。

〔註84〕《遼史》卷七九〈耶律阿沒里傳〉，頁440下。關於阿沒里的官歷，見同卷同頁，不另註。

〔註85〕《遼史》卷八三〈耶律斜軫傳〉，頁450下。

〔註86〕《遼史》卷一五〈聖宗紀六〉，統和二十八年五月，頁77上。

〔註87〕《遼史》卷八八〈蕭敵烈傳〉，頁463上。敵烈的觀點見同卷同頁，不另註。

〔註88〕遣樞密直學士高正、引進使韓杞宣問，王詢亦遣使奉表乞罷師。《遼史》卷一五〈聖宗紀六〉，統和二十八年，頁77上、下。

7、聖宗朝北院樞密使人選

突呂不部吏蕭合卓得一時寵任無比的北院樞密使韓德讓薦爲中丞，又以善占對尤被寵渥。開泰間，聖宗欲以合卓爲北院樞密使，曾利用侍宴的機會試探眾臣之意，「上嘗燕飲，議以蕭合卓爲北院樞密使，繼忠曰：合卓雖有刀筆才，暗於大體，蕭敵烈才行兼備，可任」。〔註89〕蕭合卓本傳記此事曰：「……陛（陞）北院樞密使。時議以爲無完行，不可大用。南院樞密使王繼忠侍宴，又譏其短，帝頗不悅」。〔註90〕

綜觀兩則記載，開泰年間聖宗對北樞府人選或未詔廷議，但在燕飲時曾試探臣下意，又據上引「時議以爲」，侍宴顯然可視爲一個非正式的「朝議」。在當次非正式的朝議中，南院樞密使在其中。

8、聖宗朝譜牒爭訟與朝議

出身國舅少父房的蕭朴頗得聖宗信任，「朝議多取決之」。〔註91〕史書曾敘蕭朴得主信之不移的原因，朴父勞古爲聖宗詩友，朴初以蔭補爲牌印郎君，聖宗曾「問以政，朴具陳百姓疾苦，國用豐耗，帝悅曰：吾得人矣」，此即筆者前文所揭遼主基於個人寵信的私人問對。當時蕭朴爲南面林牙，一因其父與聖宗有世誼，一則蕭朴個人的才能，得人主寵信問時政。蕭朴後因酒廢事，出爲興國軍節度使，聖宗信任不稍衰，太平四年（1024）拜北府宰相，尋遷北院樞密使。當時承平日久，「始畫譜牒以別嫡庶，由是爭訟紛起，朴有吏才能知人主意，敷奏稱旨」，因爲處理此次譜牒爭訟得宜，聖宗信之益篤，朝議多取決之。

朝議眾臣的表現，不知其詳，但聖宗獨取蕭朴之議，可知北院樞密使爲朝議的核心人物。

9、興宗朝謀宋關南十縣地

重熙十年（1041）宋在沿邊治關河、壕塹等防禦工事，一則恐爲邊患，一則承平日久，興宗與「南、北樞密吳國王蕭孝穆、趙國王蕭貫寧，謀取宋舊割關南十縣地」，其實蕭貫寧就是南樞密使蕭惠。〔註92〕孝穆本傳記此事曰：「時天下無事，戶口蕃息，上富于春秋，每言及周取十縣，慨然有南伐之

〔註89〕《遼史》卷八一〈王繼忠傳〉，頁444下。

〔註90〕《遼史》卷八一〈蕭合卓傳〉，頁445上。

〔註91〕《遼史》卷八十〈蕭朴傳〉，頁442下。下文述蕭朴的仕履政績見同卷同頁，不另註。

〔註92〕《遼史》卷一九〈興宗紀二〉，重熙十年十二月乙未，頁98下。紀傳對照蕭貫寧應爲蕭惠。

志，群臣多順旨」。〔註93〕如聖宗伐高麗一樣，興宗對取三關之地顯然心意已決，然而仍召集群臣朝議，其目的不過尋求臣僚的附議。蕭惠認爲乘宋與西夏連年相戰師老兵疲之際，興宗親率六軍可一舉勝之。〔註94〕北院樞密使蕭孝穆持「宋人無罪，陛下不宜棄先帝盟約」之見反對，又以古之有志帝王者往往徒勞無功諫之，如先朝嗣聖皇帝太宗興師滅晉，連兵二十餘年所得僅南北和好。然興宗意已決，可想而知孝穆書奏不報。

此次廷議的核心決策者，爲興宗、北南樞密使蕭孝穆、蕭惠。後來使宋交涉的蕭英、劉六符和耶律仁先等人也應有資格參預朝議，若此則這次參與決策的尚包括南院宣徽使、契丹行宮副部署及北院樞密副使。〔註95〕

10、興宗朝召坐論古今治道

重熙二十一年（1052）秋七月甲辰（21），興宗召「北府宰相蕭塔烈葛、南府宰相漢（漢）王貼不、南院樞密使蕭革、知北院樞密使事仁先等，賜坐論古今治道」，〔註96〕這應該也反映了得參與朝議的部分成員。

11、道宗朝行大冊禮

道宗即位，將行大冊禮，北院樞密使蕭革和三司使劉六符對舉行地點的意見不同。蕭革基於契丹人的傳統觀念，主張以潢河地廣爲宜，劉六符認爲應考量大國之體，「禮儀，國之大體。帝王之樂，不奏於野。今中京，四方之極，朝覲各得其所，宜中京行之」，〔註97〕道宗終從六符之議。大冊禮是新君踐祚大事，連三司使都能預其事，可見此次應爲群臣集議的部分實況。

12、道宗朝召問群臣北樞密人選

大康間，道宗對北院樞密使的人選，欲從耶律阿思和蕭斡特剌擇一，問臣下何者宜主北樞密，群臣各譽所長。蕭陶隗默然不語，道宗問其意，陶隗曰：「訛特剌懦而敗事，阿思有才而貪，將爲禍基。不得已而用，敗事猶勝基

〔註93〕《遼史》卷八七〈蕭孝穆傳〉，頁460上、下。孝穆的意見亦出於此卷，不另註。
〔註94〕《遼史》卷九三〈蕭惠傳〉，頁476下。
〔註95〕《遼史》卷一九〈興宗紀二〉，重熙十年十二月乙未載「遣蕭英、劉六符使宋」，頁98下。《遼史》校勘記稱：「按明年正月，遣南院宣徽使蕭特末、翰林學士劉六符使宋，取晉陽及瓦橋以南十縣地，與此一事。應即特末漢名」，見中華書局校勘本《遼史》，頁234。
〔註96〕《遼史》卷二十〈興宗紀三〉，頁104下。
〔註97〕《遼史》卷八六〈劉六符傳〉，頁458上。

禍」。﹝註98﹞實則道宗心屬阿思，撰史者以隱晦的方式描述眾臣既知二人高下卻不願折撓上意的情形，故稱「各譽所長」。獨陶隗忠直忤道宗，道宗諷之「陶隗雖魏徵不能過，但恨吾不及太宗爾」，終以阿思為北院樞密使。大康中，陶隗為契丹行宮都部署。

（二）權力轉移與權力鬥爭

13、太祖受禪可汗

太祖受禪可汗，元年（907）正月，北宰相蕭轄剌，南宰相耶律歐里思，率群臣上尊號，如前節所述此事應為痕德堇可汗時代二宰相帥群臣對新可汗宣誓效忠之意。

14、諸弟叛亂

太祖神冊建元以前諸弟三反三平，已有若干學者為文考述，不再贅述（見前章）。當時反叛與討逆者，皆為雙方陣營的核心人物。太祖八年（915）論刑，以剌葛為首惡，剌葛是前惕隱、迭剌部夷离堇，另有叔父于越轄底、前于越赫底里及其子、隋國王釋魯子惕隱滑哥，﹝註99﹞迭剌、寅底石及安端或降或擒皆釋之。助太祖討逆者，總腹心部耶律曷魯、蕭阿古只，北府宰相蕭敵魯。

15、世宗與太弟李胡爭帝

太宗興師滅晉，北返途中崩於欒城。耶律吼詣耶律洼議皇位，「天位不可一日曠，若請于太后則必屬李胡。李胡暴戾殘忍，詎能子民，必欲厭人望，則當立永康王」，﹝註100﹞會耶律安摶來於是定議立永康王。世宗即位與太后、李胡隔潢河橫渡相拒，以耶律屋質調解，世宗位乃定。

據當時情形分析，集世宗、太后兩方陣營的核心人物，始得窺見太宗朝參與廷議群臣的全貌。世宗陣營有南院大王耶律吼、北院大王耶律洼、﹝註101﹞宿衛耶律安摶、﹝註102﹞前五院夷离堇安端及詳穩劉哥等，﹝註103﹞淳欽太后陣營則有太弟李胡。

﹝註98﹞《遼史》卷九十〈蕭陶隗傳〉，頁471上。此事輪廓悉見同卷同頁，不另註。
﹝註99﹞《遼史》卷一百十二〈滑哥傳〉，頁526上。
﹝註100﹞《遼史》卷七七〈耶律吼傳〉，頁434下。
﹝註101﹞《遼史》卷七七〈耶律洼傳〉，頁435下。
﹝註102﹞《遼史》卷七七〈耶律安摶傳〉，頁435上。
﹝註103﹞《遼史》卷五〈世宗紀〉，大同元年六月甲寅，頁40上。

16、興宗朝欽哀太后弒仁德太后

太平十一年（1031）六月聖宗崩，興宗繼位，生母耨斤自爲皇太后，是爲聖宗欽哀皇后，重熙元年聖宗齊天皇后爲欽哀遣人弒之，追尊仁德皇后。欽哀皇后爲蕭阿古只五世孫，仁德皇后爲承天太后弟隗因之女，或系出國舅少父房。﹝註104﹞此案的起因可能是，淳欽太后弟阿古只與聖宗承天太后二族的后位爭奪及權力鬥爭。﹝註105﹞

仁德皇后本傳記此事，「護衛馮家奴、喜孫等希旨，誣告北府宰相蕭浞卜、國舅蕭匹敵謀逆。詔令鞫治，連及后（仁德）」，﹝註106﹞馮家奴、喜孫只是欽哀皇后的棋子不足深究，仁德皇后若果爲國舅少父房蕭思溫之後世，國舅少父房蕭排押姪匹敵被誣則屬自然。﹝註107﹞據此可以推知，支持仁德皇后一方的勢力有北府宰相蕭浞卜、國舅詳穩蕭匹敵，支持欽哀皇后的勢力則爲后弟蕭氏兄弟，尤其是總禁衛（疑皮室詳穩）蕭孝先。﹝註108﹞

17、道宗朝皇叔重元叛

若將清寧九年（1063）七月爆發皇太叔重元奪取皇位的叛亂，視爲淳欽后弟阿古只之族爭奪后位與權力的續曲，亦是值得思考的角度之一。﹝註109﹞當時附重元陣營的有重元子知南院樞密使事涅魯古、蕭孝先子同知北院樞密使事蕭胡覩、陳國王陳六、衛王貼不及林牙涅剌溥古等。至於護衛道宗者有南院樞密使耶律仁先，知北樞密院事耶律乙辛，南府宰相蕭唐古，北院宣徽使蕭韓家奴及北院樞密副使蕭惟信等。

二、中央決策圈的形成

前文列舉二類 17 件中央決策事例，藉以幫助本文觀察遼代政治制度運作的實際情形。第一類「廷議」應是遼代制度內決策的普遍機制，若干未列入

﹝註104﹞蔡美彪，〈遼代后族與遼季后妃三案〉，《歷史研究》1994 年 2 期（北京：歷史研究雜誌社，1994 年），頁 45～46。

﹝註105﹞二族之爭奪與鬥爭，詳見蔡美彪，〈遼代后族與遼季后妃三案〉，《歷史研究》1994 年 2 期，頁 47～49。

﹝註106﹞《遼史》卷七一〈聖宗仁德皇后蕭氏傳〉，頁 412 上。

﹝註107﹞蕭排押系出國舅少父房，匹敵爲弟恒德子，《遼史》卷八八〈蕭排押傳〉、〈蕭恒德傳〉，頁 463 下及 464 下。

﹝註108﹞《遼史》卷八七〈蕭孝先傳〉，頁 461 上。

﹝註109﹞蔡美彪，〈遼代后族與遼季后妃三案〉，《歷史研究》1994 年 2 期，頁 49～52。

前文的軍國政務的事例理應屬於此類，可惜不得詳情，無法作為分析的基礎。如澶淵盟約應於遼朝內部有所討論，《遼史》的記載可能因為撰史者缺漏，以致並不明確，宋方的記載又偏重於宋使與遼主的論難往返，遼國內部討論的情形亦不得其詳，是以即便斷然列入第一類情形，亦不具重大的研究意義。其次記載於列傳的事例，由於是針對特定的人物撰寫，往往是與人主意見不同者，或其意見得到皇帝採納者，才敘之於史書，而附和遼帝意志的群臣意見僅以數語交代，因此第一類情形反而無法觀察遼代正常普遍決策的過程。第二類背景是權力轉移或權力鬥爭之際的事例，若將分裂的兩方勢力合而觀之，幾乎能恢復分裂以前「廷議」的全貌，如編號第 17 道宗朝皇太叔重元之亂的參與者和討逆者，便是道宗皇帝決策核心的全部官員。

　　儘管有著前述的缺陷，但這是文獻缺略及正史纂修重點的差異所造成，綜合歸納既有的 17 則決策事例並加以分析，在遼史的研究上仍有其實證的意義。本文將前揭 17 件事例編製為下表（表 3-2-1），總計有 23 種官職（或身份）52 件次參預廷議，其中北南宣徽使、北南林牙及契丹漢人行宮都部署合計不細分。因為本文主要觀察遼代中央官署的決策地位，並印證前節官制的實際狀況，為了避免誤解數據呈現的意義，所以不以人次統計，而以件數及件次統計。例如，于越、皇后、皇位繼承人通常都只有一人，但是樞密院組織龐大，即便皇位繼承人在 17 件事例出現的頻率很高，但在人數上恐遠遠不及樞密使相職，如此可能會誤解皇位繼承人的決策地位。

表 3-2-1：遼代中央官職參預廷議件次分類表

	太祖	太宗	世宗	聖宗	興宗	道宗	合計
北院樞密使				2	1	1	4
知北院樞密使事					1		1
知北樞密院事						1	1
北院樞密副使					1	1	2
南院樞密使				1	2	1	4
知南院樞密使事						1	1
北府宰相	3			1	2		6
南府宰相	2				1	1	4
北院大王	1	1	1				3
南院大王	1	1	1				3

北南宣徽使				1	1	1	3
于越	1						1
惕隱	1						1
北南面林牙				1	1	1	3
皇后（太后）	1		1	1	1		4
皇位繼承人	1	1	1			1	4
大元帥	1						1
國舅詳穩				1	1		2
行宮諸部署（契丹、漢人）					1	1	2
三司使						1	1
部族長	1						1
合計	13	3	4	8	13	11	52

說明：1、本表依據史書所記載的內容綜合考述屬前揭 17 件中央決策事例，按參預決策的官職，逐項統計編製而成。

　　皇后（太后）參預決策，從表 3-2-1 全部件次看似並不顯赫，但是在 17 件決策事例中有 4 件與皇后（太后）有關，約佔近 1／4，尤其皇后（太后）還可能影響皇太子的意向，其影響力不可謂不大。若以歷朝演變趨勢及個人而言，顯示淳欽皇后、承天太后及欽哀皇后在有遼一代的政局是最有影響力的三后，而且分佈平均不像皇位繼承人偏於遼朝前期，其地位可謂終遼朝而不衰。在現實的政治中，如前章敘太祖用述律后策誘殺八部部長，達成可汗的集權，對太祖帝位繼承的影響力，承天太后在聖宗初期的政治表現等皆足以證明。單純以官職來看后族國舅帳的決策地位，皇后（太后）加上北府宰相和國舅詳穩，尚不計后族擔任樞府使相之職，合計有 12 件次，在總 52 件次的比例約 23.1%同樣近 1／4，若計后族擔任使相樞密者勢必更高，因此前章所述「任國舅以耦皇族」之說大致不錯。

　　北南大王院原是遼國宗室之所出，在部族聯盟時代是是契丹最強大的部族迭剌部，遼太祖「變家為國」析而為二，由部族長變而為北面中央朝官，已如前節所述。從件數來看北南大王院的決策地位，與北南宣徽使、北南面林牙相同約佔 17 件之 1／5 弱。從時間的趨勢看，遼代前期太祖、太宗及世宗三朝，在決策上仍具有相當程度的地位。時推勢移，北南大王院二院皇族與遼朝宗室的關係愈來愈疏離（見第四章第二節），其決策影響力恐怕就逐漸減弱。

就本質而言，北南府宰相與北南大王相同，在「事簡職專」的部族時代，執掌部族事務就是「軍國大政」，遼代建國後北南宰相府也成爲北面中央朝官。以決策地位而言，二宰相府就與二大王院有比較大的差距。北府宰相在17件事例佔有6件，略高於皇后（太后），南府宰相則與皇后（太后）相同。這應該與遼太祖藉諸弟叛亂的機會，徹底打擊契丹傳統舊貴族勢力，而以國舅族世選北府宰相，宗室世選南府宰相，如同建立兩府拱衛宗室橫帳有關，因此其決策地位終遼之世而不衰。

一般認爲遼太宗因晉置南院樞密使，世宗天祿初置北院樞密使。嚴格說來，遼代至世宗朝才有完整的北南樞密院。以時間來看，樞密院作爲遼代中央政治機構的時間最短。以件次來看，北樞密院佔有8件次，是23種官職最高，南樞密院有5件次，略低於北府宰相，兩樞密院合計13件次，是中央官署中最高者。據此略知，樞密院確實符合〈百官志〉所稱「秉國政」的遼代政治中樞。

綜合表 3-2-1 的結果，皇帝、北南樞密院、北南宰相府以及皇后（太后）皇位繼承人（太子、皇太弟與皇太叔）形成遼代最核心的決策圈。北南大王院、北南宣徽院、大林牙院則形成了次級的決策圈，大約即是遼代所謂捺鉢行朝的大決策圈了。《遼史》載：

> 皇帝四時巡守，契丹大小內外臣僚，并應役次人，及漢人宣徽院所管百司皆從。漢人樞密院、中書省，唯摘宰相一員，……每歲正月上旬，車駕啓行。宰相以下，還於中京居守，行遣漢人一切公事。除拜官僚止行堂帖權差，俟會議行在所，取旨出給誥勅。文官縣令錄事以下，更不奏聞，聽中書銓選，武官須奏聞。五月，納涼行在所，南北臣僚會議。十月，坐冬行在所，亦如之。〔註110〕

據上可知在「核心決策圈」之外，扈從皇帝的契丹內外大小臣僚應即指北南大王院、北宣徽院、大林牙院等，漢人宣徽院所管百司、漢人樞密院（即南樞密院）中書省等即指南面朝官而言，則爲筆者所稱「大決策圈」。

根據前揭17件遼代中央決策事例，綜合分析大體可見遼代中央決策圈的範圍。最後再以此爲基礎，觀察遼代中央決策模式。對於遼朝軍國重務的決策，如征伐、外交、甚至高級官員的人選，雖略以召群臣廷議討論爲通則，但大體由皇帝爲最終裁決，中央官員的決策權限其實並不大。有若干情形是

〔註110〕《遼史》卷三二〈營衛志中〉，行營四時捺鉢，頁154上、下。

皇帝已有定見，召集廷議的目的只是尋求眾臣的附議，如第 6、9 則決策例，聖宗實已決心發兵高麗問罪王詢，雖形式上召集廷議，儘管採納國舅蕭敵烈的部分建議，派遣使者赴麗宣問，最後發兵往討。興宗爲了成就其個人帝王的不世功業，即便當朝最爲貴盛的欽哀后族北院樞密使蕭孝穆諫之以理，仍舊無法改變興宗之志。聖宗、道宗對北院樞密使人選的態度，與此二例相同，因此對王繼忠的直言反對，「帝頗不悅」；道宗譏諷蕭陶隗「恨吾不及太宗爾」。

在遼代歷朝能得皇帝寵信的大臣，往往除了本身的才能以外，尚有其它條件有以致之。如蕭合卓雖有「刀筆才」，時議以爲「無完行」，但善於占對因得人主寵渥。聖宗朝著有隆譽的大丞相韓德讓（耶律隆運），其舉薦的人選頗得人主採納，行事風格跋扈，耶律虎古「統和初，皇太后稱制，召赴京師。與韓德讓以事相忤，德讓怒，取護衛所執戎伏（仗），擊其腦，卒」，〔註 111〕這與其「侍景宗，以謹飭聞」〔註 112〕的形象差別相當大，可見由於得太后寵任所以致之也。

第三節　政治體制的形成

本章前半部大體處理了遼朝中央政治制度中的權力官署與功能，以及中央政府的決策事例，也就是中央政府的主體結構及其職能。本節可以此爲基礎，進一步討論遼朝政治體制，政治體制泛指政府行使統治權的體制，同時也包含政府運作的方式。學界對此已有不少精闢的研究與討論，本節利用既有的成果綜合略述，前輩學者較少觸及或詮釋的部分，筆者再加分疏辨論。

一、捺鉢政治

《遼史·營衛志》有段簡短的記載，牽涉到遼國漁獵文化，是遼帝宿衛及有遼一代政治中心，至關重要：

> 有遼始大，設制尤密。居有宮衛，謂之斡魯朵；出有行營，謂之捺鉢。分鎮邊圉，謂之部族。有事則以攻戰爲務，閒暇則以畋漁爲生。無日不營，無在不衛。立國規模，莫重於此。〔註 113〕

〔註 111〕《遼史》卷八二〈耶律虎古傳〉，頁 448 下。
〔註 112〕《遼史》卷八二〈耶律隆運傳〉，頁 446 上。
〔註 113〕《遼史》卷三一〈營衛志上〉，總序，頁 148 上。

斡魯朵就是契丹皇帝的宮帳，捺鉢就是隨時遷徙的行在即遼帝的行營地。〔註114〕
斡魯朵和捺鉢經學者研析考述，已經非常明晰。〔註115〕基於本節的主題，綜合
略述斡魯朵及捺鉢於遼代政治的關係。

依照契丹的習俗，皇帝牙帳正月起拔鑿冰鉤魚，接著冰融縱鷹鶻捕鵝、
雁後，與大臣行「頭鵝宴」。〔註116〕夏日避暑納涼，秋季秋山打圍，冬季避寒
坐暖。〔註117〕周而復始，四季皆有幾個固定地點。〔註118〕夏捺鉢除了避暑之
外，並與大臣議國政，冬捺鉢並受外國使節賀，與大臣議政。據此可知，捺
鉢不僅是契丹四時遷徙的漁獵風俗，實際是遼朝重臣與皇帝參議軍國大政，
等於是遼朝大政的決策中心。就政治體制而言，遼代政治的中心在四時游牧
捺鉢之中。〔註119〕遼制詳細規定隨從皇帝巡行的斡魯朵官員及中央政府大小
臣僚，除了前節所引述的北南面百司朝官之外，扈從遼帝的斡魯朵行宮部落
四季遷徙的官員，尚包括若干幕僚、監察，如翰林學士、史官、監察御史、
御史中丞等官員。〔註120〕史書雖記載夏、冬捺鉢最主要的活動是臣僚會議，
但實際上政事的處理及政務的決策應該隨時都在進行，至於留京居守官員的
人事權的等級也有相應的規範。

由於捺鉢是遼代的政治中心，所以不僅是內外臣僚與皇帝議政之所，同
時也是權力鬥爭的中心。清寧九年（1063）太叔重元叛，耶律良來奏，遼道
宗命耶律仁先討叛：

> 仁先出，且曰：陛下宜謹為之備。未及介馬，重元犯帷宮，帝欲幸
> 北、南院。仁先曰：陛下若舍扈從而行，賊必躡其後，且南、北大
> 王心未可知。仁先子撻不也曰：聖意豈可違乎？仁先怒擊其首。帝

〔註114〕姚從吾，〈說契丹的捺鉢文化〉，《東北史論叢》下，頁4～6。
〔註115〕除前註姚從吾以外，用力最多的是傅樂煥，〈遼代四時捺鉢考五篇〉，《中央研
究院歷史語言研究所集刊》第10本（北平：中央研究院歷史語言研究所，1948
年），頁223～347。楊若薇，《契丹王朝政治軍事制度研究》，頁1～117。本
節捺鉢政治的寫作，許多都是參考前列著作。
〔註116〕劉銘恕，〈遼代之頭鵝宴與頭魚宴〉，《遼史彙編》第八冊，頁408～417。
〔註117〕《遼史》卷三二〈營衛志中·行營〉，四時捺鉢，頁153上～154上。
〔註118〕四時捺鉢的地點，可分兩組，一組在遼境西南，一組在遼境東北，《遼史·營
衛志》記載的地點即是東北一組。傅樂煥，〈遼代四時捺鉢考五篇〉，《中央研
究院歷史語言研究所集刊》第10本，頁268。
〔註119〕傅樂煥，〈遼代四時捺鉢考五篇〉，《中央研究院歷史語言研究所集刊》第10
本，頁273。
〔註120〕詳見楊若薇，《契丹王朝政治軍事制度研究》，頁93～98。

悟，悉委仁先以討賊事。乃環車爲營，拆行馬，作兵仗，率官屬近
侍三十餘騎陣柢枑外。〔註121〕

初讀此事頗覺奇怪，討賊何以要環車爲營，原來此時遼道宗正在秋獵捺鉢行
在中。史稱蕭韓家奴聞重元亂，「馳詣行在，帝倉促欲避于北、南大王院，與
耶律仁先執轡固諫，乃止」，〔註122〕所謂「馳詣行在」明白顯示發生太叔重元
之亂時，道宗身在捺鉢行營之中。此外，捺鉢也是受外國使節賀、放進士之
所，更是國家重要典儀，如柴冊儀舉行之處。〔註123〕

二、五京的作用

　　如前文所述，遼朝的政治中心即其中央朝廷所在，不在固定的京城而在四
時遷徙的捺鉢。遼朝既以捺鉢爲政治中心，因此五京的功能和地位多不受歷來
學者的重視，或認爲五京僅具有象徵意義，或僅以五京爲地方行政中心。若全
面以五京爲對象，論其性質、功能，考察五京與遼朝軍政關係者不多。〔註124〕
若在遼朝捺鉢政治的架構下，論及五京的政治功能及其地位，要以王明蓀及楊
若薇二者較爲深入。由於本書以五京的建置與作用爲探討遼代政治體制的背
景，故本文的寫作多參考二者的成果。

（一）五京的功能

　　《遼史》記述五京之制，其〈序〉稱：「遼有五京，上京爲皇都，凡朝官、
京官皆有之；餘四京隨宜設官，爲制不一。大抵西京多邊防官，南京、中京
多財賦官」，〔註125〕顯見遼五京建制目的及其功能不同，所以「隨宜設官，爲
制不一」。以下就建置背景與在京行事，簡述五京功能。

1、以建置背景而言

　　遼代五京的建置，遼代前期所謂「三京」，上京、東京及南京的建置約在
遼太宗完成，中京爲聖宗所建，至興宗升大同爲西京，「五京備焉」。〔註126〕
茲略述其要：（1）上京，在契丹奇首可汗龍興之龍化州城東，爲太祖「創業

〔註121〕《遼史》卷九六〈耶律仁先傳〉，頁484下。
〔註122〕《遼史》卷九六〈蕭韓家奴傳〉，頁485下。
〔註123〕楊若薇，《契丹王朝政治軍事制度研究》，頁109～113。
〔註124〕略有陳述、札奇斯欽、王民信、楊若薇等，日本則有田村實造及河上洋等。
　　　　詳見王明蓀，〈論遼代五京之性質〉（未刊稿），註6之介紹，頁2。
〔註125〕《遼史》卷四八〈百官志四〉南面京官序，頁280上。
〔註126〕《遼史》卷三七〈地理志一〉總序，頁177下。

之地」，神冊三年建，太宗改名上京臨潢府。上京宜農便牧條件優越，起初應是安置征戰所俘獲的各族定居人民。〔註127〕上京歷太祖、太宗的建設與統治，確立遼朝國都的地位，有其高度的政治意涵，而且上京職官多財賦官，顯示大量朝臣聚於京城，供給朝廷財賦之國都地位。〔註128〕（2）四京。東京，太宗曾下詔「遣耶律羽之遷東丹民以實東平。（略）升東平郡為南京」，〔註129〕東京是為加強統治渤海（東丹），控扼高麗而置。南京，會同元年（938），石晉正式獻燕雲十六州圖籍予遼，太宗即升幽州為南京，〔註130〕顯示為加強統治漢地漢人的中心，宋滅北漢後又成為備禦宋朝的中心。中京，是唐代羈縻奚族的饒樂都督府所在，也是故奚王牙帳地，〔註131〕可知為加強控制奚族所設。西京，重熙十三年（1044）興宗親征西夏，戰事暫止後升雲州（大同）為西京，〔註132〕顯示西京為控扼西夏、党項等族而置。

2、就在京行事而言

學者曾歸納，遼代諸帝巡幸五京時，在京活動與國事有關者，計有：（1）與軍國大政有關者，議軍國事，謀討發兵，誅逆討叛等。（2）與政令有關者，賞罰將校臣僚，置官署、任官職、布政令，放、試進士等。（3）與禮儀有關，受群臣、各部、各國賀禮，改元、大赦等，冊皇太后、皇后、皇太子等。（4）與外交有關，接見各國、各部來使，派遣使節等。綜而言之，與捺鉢行在處理朝政無異。換言之，遼帝在捺鉢，則政治中心中央朝廷在捺鉢，是為常制；遼帝駐留五京，則政治中心中央朝廷在五京焉，非常軌。〔註133〕

（二）五京留守司

綜合前文五京功能的敘述，中京、東京及南京的建置目的是為加強對奚的控制及對渤海、燕雲地區漢人的統治，而東京、西京與南京則是著眼於對高麗與西夏和邊區民族的控扼以及防禦宋朝。由此可知，遼朝疆土與周圍大

〔註127〕楊若薇，《契丹王朝政治軍事制度研究》，頁161。
〔註128〕王明蓀曾利用《遼史·百官志四》所列的京官職官與〈百官志〉外及其它史料的記載，編製「遼代五京職官表」，顯示上京多財賦官，見氏著前揭文〈論遼代五京之性質〉（未刊稿），頁4～12及31。
〔註129〕《遼史》卷三〈太宗紀下〉，天顯三年十二月甲寅，頁27上。
〔註130〕《遼史》卷四〈太宗紀下〉，會同元年十一月，頁32下。
〔註131〕《遼史》卷三九〈地理志三·中京道〉中京大定府，頁193上。
〔註132〕《遼史》卷一九〈興宗紀二〉重熙十三年九月至十一月，頁100下。
〔註133〕王明蓀前揭文，〈論遼代五京之性質〉（未刊稿），見「遼代諸帝五京行事表」及其分析，頁17～28及30。

小國家接壤，實爲四戰之區，史書記載：

> 邊境東接高麗，南與梁唐晉漢周宋六代爲勍敵，北鄰阻卜、尤不姑，
> 大國以十數；西制西夏、党項、吐渾、回鶻等強國以百數。居四戰
> 之區，虎踞其間，莫敢與攖，制之有術故爾。〔註134〕

爲了應付此國防戰略需要，遼代設有五京留守司，各京留守兼府尹。各京留守司雖總各區軍防，但以地理區域略分，應無明確的防區劃分。如，統和十年（992）十二月，以東京留守蕭恒德等伐高麗，〔註135〕開泰七年（1018）以東平郡王蕭排押爲都統，殿前都點檢蕭虛列爲副統，東京留守耶律八哥爲都監伐高麗，〔註136〕東京留守的實際職務與東京建置的目的符合。但也有以東京留守趨兵至南京備戰，統和初耶律抹只爲東京留守，宋將曹彬、米信等侵邊，引兵至南京，先繕守禦備。〔註137〕因爲五京留守爲邊防重鎮，多由勳貴擔任其職，開泰二年（1013），蕭惠被任命爲知東京留守的原因，史稱：「朝議以遼東重地，非勳戚不能鎮撫，乃命惠知東京留守」，東京留守司的首長如此，其餘四京的情形應該所差無幾。

平王耶律隆先在景宗朝擔任東京留守，其政績是「薄賦稅，省刑獄，恤鰥寡，數薦賢能之士」，〔註138〕顯然是府尹的職責。重熙十年（1041），詔東京留守蕭孝忠察官吏有廉幹清強者，〔註139〕則應是兼府尹的行政責任。

「留守」一職，學者以爲在漢制的原始精神是臨時性的任務，任務結束職務也就解除。〔註140〕但是契丹處四戰之區，因此遼代的五京留守卻是常設性的官職，而且「非勳戚，不能鎮撫」，常設是因應四戰之區的實際需要。筆者對於學者上項的見解頗爲贊同，只對於其中留守一職在漢制爲臨時性任務，認爲需要進一步說明。實際上留守的前身爲「留後」，於地方新任節度未上任前，指派留後暫代節度的職權。俟新節度到任後，留後的暫代期結束，其職權便自然解除，因此嚴格來說留守應該爲臨時性派遣。準此，契丹皇帝往往改變漢人制度的常軌，視實際需要而加以運作，本章第一節所見之北南

〔註134〕《遼史》卷四六〈百官志二〉北面邊防官・序，頁260下。
〔註135〕《遼史》卷一三〈聖宗紀四〉統和十年十二月，頁69上。
〔註136〕《遼史》卷一六〈聖宗紀七〉，開泰七年十月丙辰，頁83下。
〔註137〕《遼史》卷八四〈耶律抹只傳〉，頁452下。
〔註138〕《遼史》卷七二〈平王隆先傳〉，頁416上。
〔註139〕《遼史》卷一九〈興宗紀二〉重熙十年冬十月丙戌，頁98下。
〔註140〕楊若薇，《契丹王朝政治軍事制度研究》，頁172。

樞密院如此，遼朝特為重視邊防要務而五京留守的實際運作亦復如此。

三、兩元制度

前節曾提到遼太宗會同元年（938）新得燕雲十六州的漢地與漢人，傳統的部族政治制度已無法有效統治領土廣大而族群又複雜的二元社會。真正讓太宗覺悟統治漢人的困難是短暫入汴升廷的失敗，他自己反省「朕此行有三失：縱兵掠芻粟一也，刮民私財二也，不遽遣諸節度還鎮三也」，〔註141〕但這也僅是統治技術層面的思考。至於遼朝的統治體制，《遼史》有一段關鍵的記載：

> 至于太宗，兼制中國，官分南、北，以國制治契丹，以漢制待漢人。
> 國制簡朴，漢制則沿名之風固存也。遼國官制，分北、南院，北面
> 治宮帳、部族、屬國之政，南面治漢人州縣、租賦、軍馬之事。因
> 俗而治，得其宜矣。〔註142〕

這一段記載值得推敲的有二，首先史文說得明白「國制」就是宮帳部族屬國的習慣與傳統，「漢制」就是襲用州縣租賦漢人軍馬的制度。之所以採用兩套制度是「因俗而治」，北方草原和南方漢地因為生活方式、風俗習慣、法治差異，根本是兩個傳統相異的文化區，顯見遼國是以兩套不同的制度統治相異的文化區。其次為了統治北南兩個相異文化區，官制雖採北南分立，但從中央決策模式來看，最後都以遼主為依歸。

過去遼史界時將統治制度與官制混為一談而未辨，日本島田正郎便曾誤解此二者，有謂「乃確立在契丹人政權下的漢地與漢人，由漢人自行管理的行政原則」。〔註143〕因此以下擬分就統治制度與官制二端論之，期對「二元體制」或謂「二元政治」不致愈理愈蕪。

國舅帳蕭孝忠從東京留守拜北院樞密使曾議政治體制，《遼史》載「國制以契丹漢人分北、南院樞密治之，孝忠奏曰：一國二樞密，風俗所以不同。若併為一，天下幸甚，事未及行，薨」。〔註144〕從文意加以分析，正反映孝忠

〔註141〕《遼史》卷四〈太宗紀下〉，大同元年夏四月乙丑，頁39上。
〔註142〕《遼史》卷四五〈百官志一〉，總序，頁241上。
〔註143〕島田正郎，〈遼朝北面中央官制的特色〉，《大陸雜誌》第29卷12期，頁443。
　　　　不幸此種誤解又因特殊的歷史情結，往往糾葛了民族意識型態而政治化，端看李錫厚對島田正郎幾近情緒化的批評即可見一二，見李錫厚，〈論遼朝的政治體制〉，《宋遼金元史》1988年第4期，頁68。
〔註144〕《遼史》卷八一〈蕭孝忠傳〉，頁444下。

上奏以前是採行契丹與漢地不同的行政制度。如前文所分析，契丹部族的多元化，在部落游牧區也出現農耕生活，所以孝忠或許想藉統治制度的合併，將兩個異質的世界結爲統合的社會。雖然蕭孝忠死而未得及見事行，從道宗、天祚二朝的結果來看，這個建議顯然並未得到遼主的正面回應。宋人龍袞曾謂遼國的政治「蕃不治漢，漢不治蕃，蕃漢不兩治」，﹝註145﹞或即正因龍袞之語致生誤解在遼朝的政權下有一個漢人自治的體制。

從法律來看，從不會因法制的完不完備，而行一元或二元之統治，其關鍵即在契丹、漢人風俗不同。遼太祖愛康默記之才，以「一切蕃漢相涉事」屬之，「時諸部新附，文法未備，默記推析律意，論決重輕，不差毫釐」，﹝註146﹞即便阿保機四戰攻伐法制不備，仍須折衷漢蕃法制習慣。國家稍定之後，阿保機自然就意識到風俗不同、習慣法紊亂的嚴重性，下令「大臣定治契丹及諸夷之法，漢人則斷以律令」。﹝註147﹞遼太祖下令定「神冊律」時，﹝註148﹞北南樞密院尚未創立，據引述的語意應包括北亞部族法與漢律，由此來看二元統治體制應萌於太祖阿保機時期。﹝註149﹞這次神冊修律應是部落習慣法成文化的開始，同時成文的部落習慣法與漢律（應即《唐律》）的合併成爲遼律的通則。﹝註150﹞

在遼朝統一政權之下，存在著風俗不同的二元社會，所以每隔一段時間就必須協和折衷部族律與漢律差異。第一次較大的折衷，正好發生在游牧生活部分農耕化、部族貧富懸殊化的聖宗時期。「先是契丹及漢人相毆致死，其法輕重不均，至是一等科之」，﹝註151﹞宋方的文獻正好也記載此節「眞宗大中祥符二年十二月，先是番人毆漢人死者，償以牛馬；漢人則斬之，仍沒其親

﹝註145﹞語見《江南野史》（臺北：臺灣商務印書館，《四庫全書》本，史部載記類第四六四冊）卷二，頁75。

﹝註146﹞《遼史》卷七四〈康默記傳〉，頁423上。

﹝註147﹞〈刑法志〉載：「上謂侍臣曰：凡國家庶務，鉅細各殊，若憲度不明，則何以爲治，群下亦何由知禁」，見《遼史》卷六一〈刑法志上〉，頁342上。

﹝註148﹞「神冊律」是陳述對神冊六年太祖兆定法律的稱法。氏著，〈遼代（契丹）刑法史論證〉，《遼金史論集》第2輯（北京：書目文獻出版社，1987年7月），頁19。

﹝註149﹞王明蓀，〈略論遼代的漢人集團〉，《宋遼金史論文稿》（臺北：明文書局，1981年12月初版），頁69。

﹝註150﹞島田正郎，《遼制之研究》（東京：汲古書院，1973年8月），頁60。陳述認爲此次神冊律應該是部落習慣法的色彩較爲濃厚，陳述前揭〈遼代（契丹）刑法史論證〉，頁31。

﹝註151﹞《遼史》卷六一〈刑法志上〉，頁343上。

屬爲奴婢，蕭氏一以漢法論」。〔註152〕細味其文字，「一等科之」及「一以漢法論」也反映聖宗以前部族律與漢律的差異更大，聖宗時期部族的內容已有轉變，所以必須在遼律之內進行較大的協和溝通，要之仍可證明遼代實行二元的行政體制。

興宗和道宗二朝接續聖宗時期進行的調整，便是重熙「條制」以及咸雍「條例」，〔註153〕其努力的方向仍然是交通齊一部族律與漢律的差異。〈刑法志〉稱咸雍六年（1070）「帝以契丹、漢人風俗不同，國法不可異施，於是命惕隱蘇、樞密使乙辛等更定條例」，〔註154〕可能因爲契丹漢人的生活方式愈來愈接近所致，卻也反映二元體制是確切的事實。綜合前論行政制度與法律施行，要皆無法否認二元統治構成遼代中央政治體制的特色。

根據《遼史》的記述，遼中期聖宗可能是遼代社會變化較大的時期，進行遼律的齊一合流只是其中的一部分，太平六年聖宗下詔：

> 朕以國家有契丹、漢人，故以南、北二院分治之。蓋欲去貪枉，除煩擾也；若貴賤異法，則怨必生。夫小民犯罪，必不能動有司以達於朝。惟內族、外戚多恃恩行賄，以圖苟免，如是則法廢矣。〔註155〕

顯示在二元體制下遼代中期社會階級的激化。有關階級貴賤的問題，與本題較無直接關連，容另文敘之，以下請續就官制論之。

遼代北南樞密院雖是中央最高政治中樞，樞密使的人選並未以民族爲任命的標準。在《遼史》〈紀〉、〈傳〉及金石傳記資料中，不但可以發現契丹人任南院樞密使，也有少數漢人任北院樞密使，因爲這牽涉到中央政府的權力結構，爲免於分散，二院樞密使人選的民族分佈集中在第四章討論。本文專論北院樞密使預漢人州縣之政，南院樞密使也可與聞宮帳部族屬國之事。

重熙八年（1039），國舅帳蕭孝穆的行政舉措，頗得天下人好評。考〈興宗本紀〉，蕭孝穆於重熙六年（1037）擢爲北院樞密使，重熙十二年（1043）以孝穆弟北府宰相蕭孝先爲北院樞密使，孝穆爲南院樞密使，〔註156〕可見蕭

〔註152〕李燾，《續資治通鑑長編》（臺北：世界書局新定本，1983 年 2 月四版）卷七二，頁 704 上。

〔註153〕島田正郎，《遼制之研究》，頁 59。

〔註154〕《遼史》卷六二〈刑法志下〉，頁 345 上。

〔註155〕《遼史》卷六一〈刑法志上〉，頁 343 下。

〔註156〕《遼史》卷一八〈興宗紀一〉，重熙六年三月戊寅，頁 95 下。卷一九〈興宗紀二〉，重熙十二年春正月壬申，頁 99 上。

孝穆在重熙六年至十二年爲北院樞密使。孝穆本傳載曰：

> 表請籍天下戶口以均徭役，又陳諸部□（及）舍利軍利害，從之。
> 由是政賦稍平，眾悅。九年，徙王楚，時□□（天下）無事，戶口
> 蕃息，上富于春秋，每言及周取十縣，慨然有南伐之志。群臣多順
> 旨。〔註157〕

依照〈百官志〉的記載，北院樞密使蕭孝穆應該是掌「宮帳部族屬國之政」，卻可以爲「天下戶口」請命均徭役，天下戶口自然包括漢人州縣，可見樞密使是「秉國政」大臣，不限於北面軍國大政。

姚景行祖姚漢英本周將，爲遼穆宗所留，隸漢人宮分。景行擢重熙五年（1036）進士乙科，受遼道宗賞識，常備顧問，咸雍二年（1066）拜南院樞密使，受召議伐宋事：

> 帝有意伐宋，召景行問曰：宋人好生邊事，如何？對曰：自聖宗皇
> 帝以威德懷遠，宋修職貢，迄今幾六十年。若以細故用兵，恐違先
> 帝成約。上然其言而止。〔註158〕

南院樞密使按制度應掌漢人州縣軍馬之事，又張琳曾謂遼代舊制「凡軍國大計，漢人不與」。〔註159〕姚景行卻可參預伐宋機務，按諸北院樞密使蕭孝忠事，景行應不是基於道宗個人的賞識得預伐宋機密，而是遼制樞密使本就可以參預機務，而無北南面事之分。據此觀之，北院樞密使或許地位稍高於南院樞密使，北、南樞密院可能只是內部職務的分工，〔註160〕論其職權則不分軒輊，應視爲「共執國政」的遼代最高行政機構。最後，所謂「二元統治」或「二元體制」應指契丹、漢人兩套行政制度，官制則不見得分立二元。

既然樞密使是共同執政，何以還要分北南院。前章曾引述遼太祖有英雄之智三，因爲重要，再引錄一次，「任國舅以耦皇族，崇乙室以抗奚王，列二院以制遙輦」。〔註161〕太祖是很擅長於使不同勢力互相牽制，遼代後世皇帝或許也欲使北、南院樞密使的權力互相牽制，以收皇帝集權專制之利，亦未可知。〔註162〕

〔註157〕《遼史》卷八七〈蕭孝穆傳〉，頁460上、下。

〔註158〕《遼史》卷九六〈姚景行傳〉，頁487上。

〔註159〕《遼史》卷一百二〈張琳傳〉，頁502上。

〔註160〕楊若薇，《契丹王朝政治軍事制度研究》，頁124～125。

〔註161〕《遼史》卷四五〈百官志一〉，北面諸帳官・序，頁250上。

〔註162〕津田左右吉，〈遼の制度の二重體系〉，《津田左右吉全集》第12卷，頁358。

本章小結

綜合本章前述的探討，本文欲嘗試討論一個遼史學界尚未有共識的論題——政治體制。遼太祖耶律阿保機建國以前，契丹的社會組織是單純以氏族為基礎發展擴大的部族（或稱部落）。政治制度也是「事簡職專」的部族政治傳統，其運作大體採取部族共議，其目的是為能「災害不生，畜牧孳盛，人民安堵」。就其核心精神而言，部族政治是要維持游牧生活的安定，儘管對長城以北的草原環境來說，這是非常困難的目標，所以在部族社會中或許會期待英雄的出現。在這個簡朴的社會背景下，部族長與部族聯盟可汗的權力，是來自部民的賦予，所以可汗的產生要由部族酋長集議的「選汗大會」推舉。同時在聯盟可汗即位的柴冊儀中，部酋集會推舉的意義就在典儀中重新表現出來。於是，可汗或部族長的權力，部酋推舉大會，以及可汗（或部族長）即位柴冊儀三者，建築了部族政治與游牧社會的穩定結構。

《遼史》記載遼代制度稱「國制治契丹，漢制待漢人」，宋朝的龐衮形容「蕃不治漢，漢不治蕃」，是因為遼太宗奄有燕雲漢地之後，遼朝成為以契丹的游牧社會和漢人的農耕社會為主體的多元國家。日本學者稱遼代制度為「二重體制」或「二元體制」，即是著眼於此。有學者因此指陳，契丹古代依違於唐朝和突厥二強之間，所以採用唐朝漢制與突厥官制於契丹社會中，不足為奇。為此便主張遼代北南府宰相，即是大賀氏及遙輦氏時期因襲唐朝的宰相制度。

遼代二元制度的早期發展，應該是遼太祖置總知漢兒司事。在更早的時代，以幽燕制度統治「漢城」之內流亡及俘掠的漢人，但這是為了與契丹傳統勢力抗衡，乃以迭剌部及漢人「自為一部」。對遼太祖而言，當時的漢制是手段並非目的。本文曾經提醒，應考慮遼太祖是創擘之君，在四戰征伐之際是否有餘力思考統治體制的問題。因此遼初的官僚組織可能是迫於需要而設立，如拜康默記左尚書、以韓延徽守政事令，拜韓知古左僕射等。

探討遼代制度的二元性，應回溯其可得實證的時代。遼代採取漢制開始在政治上具有國家體制意義的時代，應該是遼太宗興師滅晉之後，因晉採取漢制設南院樞密使，世宗時期設北院樞密使使二元制度完備。透過本章的討論可知，遼代的制度並非如日本學者所論的，為嚴格的二元體制，也就是以漢族官員自行管理漢地漢人。遼代採取二元行政制度的事實，是因為被統治者包括兩個差異頗大的社會，並非南院樞密使只有統治漢人州縣兵馬之政的權力，北院樞密使也非只掌游牧部族、屬國之政。嚴格說來，遼代的統治者

應是「利用」漢制，他們往往採取漢制的形式或外殼，而以契丹皇帝的實際需要來運作。前文所述的樞密院兼併尚書省與御史台以及五京留守司可視爲典型的例子。

如此看來，這是否即是美國學者魏復古所指的「第三種文化」。遼代部族社會如本章所論有複雜化的趨勢，如貧富的階級分化愈來愈明顯，部族也出現愈來愈多的農業及貿易生活，似乎有趨向農業社會的現象。當社會與文化朝特定方向發展的趨勢時，其政治制度的發展應與社會的發展方向相適應，因此亦不便以第三種文化視之。

綜論而言，透過上述各種論點複雜而又辯證的過程，可以尋得遼代統治者的最高原則，也就是因應統治的實際需要。契丹的皇帝們之採取兩元行政制度，是爲了使遼國所控的漢地漢民能安於契丹的統治，所謂「漢人安之，不復思歸」。他們從實際的統治可能發現，當愈採取漢人的制度，同時也使其皇權愈形鞏固。例如，五京留守表面上雖「非勳戚，不能鎮撫」，但是不再是聽任部落貴族的子弟自行承襲，最初的任命是由皇帝所發動的。換句話說，契丹的皇帝才是最終的裁決者，這由本章中央決策圈的探討足以證明。因此，不論遼代的政治體制爲二元制度，或是學者所稱的「複合皇朝（體制）」，〔註163〕實際上這都只是遼帝爲了遂其建立集權中央政府的工具。契丹的皇帝爲了掌握其地位，將他的重要臣子都納入捺鉢，讓他的臣民瞭解到進入捺鉢才能接近權力的中心，以彰顯他無可取代的最高形象。

〔註163〕王明蓀，《元代士人與政治》（臺北：臺灣學生書局，1992 年 3 月），頁 3。

第四章　中央權力結構與官員遷轉

　　遼朝中央政府的運作，是依據一套兼有北亞草原游牧社會的政治習慣與漢人政治傳統的制度。這套具有二元性質的政治制度，儘管是為適應遼國境內兩個性質差異頗為懸殊的社會而形成，實際上不僅不是機械式地複合而各自獨立運作，更非有機地融合為一個不同於固有游牧社會及農業社會的新制度。對入主中原的外族統治者而言，非但對長久歷史累積下來的漢人政治文化陌生，亦不會受漢人制度中若干既定的行政程序所限制。如前章最後小結所分析，契丹統治者只是採借漢人制度的外在形式，不會顧慮制度設計上種種的權力規範，往往以實際需要並維護部族的政治優勢來運作其政府。換言之，遼朝的皇帝實行漢人制度的最重要目的，應該是為了維持集權的中央政府，以建立其強大的帝國。同時這套二元行政制度，隨著遼代歷史時移勢推持續地發展。

　　嚴格說來，契丹人或遼朝並沒有留下完備的資料，足以探討上述思考的正確性。筆者利用正史及金石碑銘等傳記資料，將遼代官員中相對而言具有較為完整生平事蹟與仕歷者，編製為「遼代重要官員暨生平事蹟綜合資料」，如〈附錄〉所示。〔註1〕本章擬以〈附錄〉所揭的生平事蹟與仕歷為基礎，從遼代的政治結構以及官僚體系中官員的遷轉，較為深度地觀察這套二元制度的內涵與

〔註1〕　本書的〈附錄〉根據《遼史・列傳》（簡稱遼傳），以及陳述編，《全遼文》（以下簡稱遼文。北京：中華書局，1982 年初版）、向南編，《遼代石刻文編》（以下簡稱遼編。石家庄：河北教育出版社，1995 年 4 月第 1 版）、蓋之庸編著，《內蒙古遼代石刻文研究》（以下簡稱遼刻。呼和浩特：內蒙古大學出版社，2002 年 5 月第 1 版）等書所收遼代人物墓誌銘等，將其資料依年代、人名、族屬或地望、出身與入仕資格、初任官職、仕履及終任官職等項並其出處加以紀錄。為免扭曲史料文獻的原意，概以文獻所示簡錄之；少數有疑問者，筆者綜合資料判斷，記於欄目之內以括弧示之，以資區別。

若干政府的運作，並且嘗試爲「征服王朝」政權性格之研究，理出一些頭緒。

第一節　中央政府的官僚結構

　　本節以遼代官員入仕途徑的分析，觀察遼朝統治者的用人政策，另就中央政府官僚結構的民族構成，探討遼代統治階層的權力分布及其背景，以便能更立體地觀察本書前半討論分析的遼代政權基礎及政治制度功能，並印證之。本節研究所依據的資料是〈附錄〉所收遼代 402 個官員的生平與仕履，較之大陸學者漆俠根據《遼史》所收的 305 人，〔註2〕具有的代表性略廣。

　　其次，如前文所論遼代二元統治制度非靜止狀態，而是隨著遼朝歷史持續發展，故宜分期討論遼朝的用人政策及官僚結構是否轉變，及其演變的方向。技術上，以金史聞名的學者陶晉生採取三十年爲「一代」的分期標準，〔註3〕對照毛漢光研究中國中古統治階層的社會成分，也略以二十五至三十年計。〔註4〕鄙意認爲以三十年爲一代的分期標準，應當較適合探討統治階層的社會構成之研究取向。基於本節欲分析遼代統治者的用人政策與權力分布，筆者乃採取遼代政治重大的內外發展爲分期的標準。第一期，自遼太祖建國至遼太宗滅晉入汴以前（907～946）。這一期是契丹建國時期，提高皇室領導權，南向中原發展的時期。第二期，自遼太宗滅晉入汴至遼宋澶淵盟約簽訂（947～1004）。這一期是遼代二元統治制度形成的時期，遼太宗因晉置樞密使，遼世宗命耶律安搏爲北院樞密使，中經遼景宗、聖宗開科取士。第三期，自澶淵之盟簽訂至道宗朝重元叛亂以前（1005～1062）。這一期遼宋兩國北南對峙形勢的確立，兩國開始一段長期的和平交往。同時遼朝科舉取士大量增加的開始，從澶淵之盟以前每榜取進士一、二人至多六人，到盟約之後首度出現取士二十餘人，遼興宗中期以後每榜已達六、七十人。〔註5〕

<hr>

〔註2〕看漆俠，〈從對《遼史》列傳的分析看遼國家體制〉，《歷史研究》1994 年第 1 期（北京：歷史研究雜誌社，1994 年），頁 75～88。

〔註3〕陶晉生，〈金代的政治結構〉，《中央研究院歷史語言研究所集刊》第 41 第 4 分（臺北：中央研究院歷史語言研究所，1970 年 12 月），頁 584。

〔註4〕毛漢光，《中國中古社會史論》第二篇〈中古統治階層的社會成分〉，（臺北：聯經出版公司，1988 年 2 月），頁 35。

〔註5〕參看李家祺，〈遼朝科舉考〉，《現代學苑》5 卷 8 期（臺北：現代學苑月刊社，1968 年），遼代登科總目，頁 24。及楊若薇，〈遼朝科舉制度的幾個問題〉，《宋遼金元史》1989 年 3 期（北京：人民大學書報中心，1989 年，原刊《史學月

第四期，自道宗朝重元叛亂至天祚帝亡國（1063～1125）。這一期經平民出身的耶律乙辛用事，至遼朝亡國。

　　通常一個官員的仕履歷程，會經兩朝甚至以上的皇帝，所以〈附錄〉中每個官員的年代不以生卒年為準，而略以其初仕和致仕或死亡時間為限。更關鍵的問題是，以何種標準斷定每個官員應該歸入那一時期。如果斷定官員期別的標準草率，將會影響每一時期的政治特色與演變趨勢之準確性，扭曲歷史的發展，離歷史的真相可能愈來愈遠，其結果只能顯示研究者的武斷。李普賽與班底士(Martin　Lipset and Reinhard Bendix)的作法是以出生年為準，這種標準通常不適合歷史研究，因為歷史人物的傳記資料中生卒年不詳的應該多於有詳細生卒年代者。許倬雲則是以人物見於《左傳》的第一次及最後一次時間的中間數為準，陶晉生又以官員達到最高官位的時間為準。〔註6〕本文決定以討論的目的不同略加區分，分析遼朝統治者的用人政策即遼代官員入仕途徑，以入仕年代為準；探討權力結構，則視官員總額而定。因為遼朝政權基礎可分橫帳與遙輦九帳、國舅、二院皇族、其他契丹部落貴族與平民、奚人、漢人、渤海等七股勢力。此外，分期時間的選擇，任職中央權力官署之官員總額超過 60 人以上（約 1／7），以致仕或死亡年代為分期標準；不足 60 人則不分期。

一、用人政策

　　本文擬首先考述遼代入仕途徑，次再分析其演變趨勢，以觀察遼代統治者的用人政策。入仕途徑是歷朝官制的專門名詞，概指由無品職遷有品官職的方式，但是《遼史》無〈選舉志〉，也無明確的官品記載，只能在墓志等傳記資料發現零星的紀錄，一時難以整理出遼代官制品階的結構。雖然《遼史拾遺》有〈補選舉志〉，《契丹國志》有〈試士科制〉，但也是聊綴數語。不過各種傳記資料中，仍有許多記載值得加以推敲，所以本文所討論的入仕途徑略指進入官僚體系的方式，比較接近「仕進」中的「出身」。

（一）入仕途徑

1、近　侍

在〈附錄〉所依據的各種傳記資料中，可看見若干起職為護衛的官員，

〔註6〕　陶晉生，前揭〈金代政治結構〉正文及註56的討論，頁585。

即由擔任近侍而入仕。耶律獨攧是太祖時代與于越曷魯同祖的林牙突呂不五世孫，其父爲太師耶律古昱，《遼史》載其入仕，「重熙初，爲左護衛，將禁兵從伐夏有功，授十二行糺司徒」，〔註7〕可知獨攧是由護衛建功改授司徒。宮分人出身的古迭「重熙初，爲護衛歷宿直官」，〔註8〕亦由護衛起官。獨攧與古迭二人，皆是近侍入仕的典型。蕭蒲奴爲奚王楚不寧後代，《遼史》稱其「幼孤貧傭於醫家牧牛，開泰間，選充護衛，稍進用」，然又坐罪流烏古部，久之「召還，累任劇，遷奚六部大王，治有聲」，〔註9〕則不知是以世選出仕或以護衛之資起官。據此略可知，以近侍資格出仕，並不限於宗室或權貴之家。

2、薦　辟

這一途徑包括恩辟、徵召及薦舉。太祖、太宗建國時期及聖宗遼宋交戰時期，有不少燕雲流亡、俘掠漢人及宋俘，經由恩辟途徑入仕，例如太祖「佐命功臣」中康默記、韓延徽等是。史載默記「太祖侵薊州得之，愛其材隸麾下。一切蕃、漢相涉事，屬默記折衷之，悉合上意」，〔註10〕後拜左尙書。韓延徽原爲唐末幽州觀察度支使，爲燕帥劉守光遣之來聘，太祖怒其不屈，留之。淳欽后以延徽力屈而不撓爲賢者，諫之，太祖始「召與語，合上意，立命參軍事」。〔註11〕或以爲延徽應以近侍入仕，但延徽先爲太祖召之始參軍事，恩辟爲是。統和十七年（999）聖宗南向伐宋，馮從順與宋瀛州兵馬都統康保裔師禦遼軍，兵敗被擒，「今聖上一見風儀，有同勳□，置之左右，副以對斁」，歷武德皇城使、兩任知內承宣事、中上兩京內省使等，與顯陵節度使郝德壽，楚州節度使王仁贇，「共列周行，并承寵命」。〔註12〕七年之後，李知順「俘公而來，遠詣行闕之下」，聖宗皇帝「見而奇之，委而任之」。〔註13〕據上可知，馮從順、李知順都是宋臣被俘，承聖宗「寵命」而入仕。

出身仲父房的耶律資忠與其兄國留皆工辭章善屬文，國留坐罪爲太后所殺，聖宗不能救。史稱資忠「年四十未仕，聖宗知其賢，召補宿衛。數問以

〔註7〕　《遼史》卷九二〈耶律獨攧傳〉，頁475上。
〔註8〕　《遼史》卷一一四〈古迭傳〉，頁530下。
〔註9〕　《遼史》卷八七〈蕭蒲奴傳〉，頁461下。
〔註10〕　《遼史》卷七四〈康默記傳〉，頁423上。
〔註11〕　《遼史》卷七四〈韓延徽傳〉，頁423下。
〔註12〕　宋復圭，〈馮從順墓誌〉，《遼代石刻文編》聖宗編，頁170。
〔註13〕　向載言，〈李知順墓誌〉，《遼代石刻文編》聖宗編，頁187。

古今治亂，資忠對無隱」，〔註14〕宿衛雖是近侍，但聖宗先知其賢而召之。《遼史》另記載一則頗爲傳奇的入仕故事，其事言，太平中耶律韓八游京師，巧遇聖宗皇帝微服出獵，問何人，韓八漫應曰：我北院部人韓八，來覓官耳。帝與語，知有長才，「陰識之。會北院奏南京疑獄久不決，帝召韓八馳驛審錄，舉朝皆驚」。〔註15〕資忠與韓八都是先爲聖宗皇帝識其才，故應以徵召入仕爲是。又如魏國王蕭惠四世孫蕭蒲離不性孝悌，乾統間以兀古匿之故召之，不應；「累徵，皆以疾辭」，〔註16〕據引文累徵皆不應召略可知，即徵召無疑。

本文薦舉指爲高官推薦進入官僚系統，而非舉薦以自代或任特定官職。于越曷魯孫耶律斜軫不事生產，然樞密使蕭思溫知其才。保寧元年（969）思溫以斜軫有經國才薦予景宗，惟景宗恐斜軫性格不可羈，思溫稱「外雖佚蕩，中未可量」，景宗乃「召問以時政，占對剴切，帝器重之。妻以皇后之姪，命節制西南面諸軍，仍援河東。改南院大王」。〔註17〕耶律賢適的例子亦頗爲類似，「嗜學有大志，滑稽玩世，人莫之知。惟于越屋質器之，嘗謂人曰：是人當國，天下幸甚」。〔註18〕另有若干以薦補近侍等無品或低階職的例子，孟父房耶律馬六「與弘古爲刺血友，弘古爲惕隱，薦補宿直官」，〔註19〕六院部平民蕭兀納魁偉簡重，「清寧初，兄圖獨以事入見，帝問族人可用者，圖獨以兀納對，補祗候郎君」，〔註20〕圖獨當道宗面以弟可用者對，亦屬薦舉。至於，室昉薦韓德讓自代，韓德讓薦蕭合卓爲中丞，〔註21〕則不符本文所指，已如前述。

3、蔭　緣

從《遼史·列傳》可以發現，有不少「補官」，這些補官多半爲蔭補之途。依歷朝官制實行的實際情形，蔭補有詳細明確的規範，必須三世累宦，蔭補的員額亦有明確的規定。遼代的蔭補似乎並不完全依照漢制的規範，而混合了北

〔註14〕《遼史》卷八八〈耶律資忠傳〉，頁465上。
〔註15〕《遼史》卷九一〈耶律韓八傳〉，頁472上。韓八爲六院蒲古只孫耶律古之五世孫，故韓八族屬以南院部爲是，《遼史》誤。
〔註16〕《遼史》卷一百六〈蕭蒲離不傳〉，頁512下。
〔註17〕《遼史》卷八三〈耶律斜軫傳〉，頁450上。
〔註18〕《遼史》卷七九〈耶律賢適傳〉，頁439下。
〔註19〕《遼史》卷九五〈耶律馬六傳〉，頁482上。
〔註20〕《遼史》卷九八〈蕭兀納傳〉，頁490上。
〔註21〕參看《遼史》卷七九〈室昉傳〉，頁439上及卷八一〈蕭合卓傳〉，頁445上。

方部族國家重視家世的傳統。例如太祖淳欽皇后族弟蕭忽沒里之後蕭拔剌的情形,「開泰間,以兄爲右夷离畢,始補郎君,累遷奚六部禿里太尉」,〔註22〕由此顯示遼代的蔭補似乎並未規定必須累官多少代始得蔭子孫多少人。

傳記資料顯示,許多官員得以進入官僚系統,記載「以戚屬進」或「以近族入侍」,如蕭余里也「便佞滑稽,善女工。重熙間,以外戚進」。〔註23〕又如蕭札剌「北府宰相排押之弟。性介特,不事生業。保寧間,以戚屬進」,〔註24〕蕭惠「初以中宮親,爲國舅詳穩」。〔註25〕初頗疑遼代宗室、皇族與外戚國舅等貴族,只依據身份便可入仕,〔註26〕然《遼史》載國舅少父房蕭迭里得「幼警敏不羈,好射獵。太平中,以外戚補祗候郎君,歷延昌宮使、殿前副點檢」,〔註27〕可知契丹宗室、皇族及外戚並非憑身份而入仕,而是以其勳貴的身份取得蔭補資格而入仕。因此前文所舉「以戚屬進」、「以近族入仕」,蓋實則略以蔭補之途入仕,如蕭惠子慈氏奴「太平初,以戚屬補祗候郎君」,〔註28〕則記載相當明確。

遼代漢人世家的出仕,應該就是以先人累官取得蔭補資格。張儉仲父張琪,「府君承資廕,授幽都府文學」。〔註29〕與玉田韓氏頻繁通婚的上谷耿延毅,其祖爲太祖時代的耿崇美,延毅「年十七,廕補西頭供奉官」。〔註30〕遼代的蔭補制度,宗室、皇族及外戚國舅概以身份取得蔭補資格,漢人通常以先世累宦取得蔭補資格,碑銘墓誌等傳記資料所記不少,不再贅舉,因此統以「蔭緣」稱之。綜合此節之討論頗能符合筆者前論,遼代皇帝並不完全依循漢制的規範,往往以其實際需要而運作之。

4、進　士

遼代科舉考試制度,(見本章第三節的敘述)其實施的情形,在景宗以前

〔註22〕《遼史》卷八八〈蕭拔剌傳〉,頁463上。

〔註23〕《遼史》卷一一一〈蕭余里也傳〉,頁522上。

〔註24〕《遼史》卷一百六〈蕭札剌傳〉,頁512上。

〔註25〕《遼史》卷九三〈蕭惠傳〉,頁476上。

〔註26〕金代女眞皇室亦有類似的例子,看陶晉生,〈金代的用人政策〉,《食貨月刊》復刊8卷11期(臺北:食貨月刊社,1979年2月),三、蔭補、世選及軍功與註48的例子,頁52及56。

〔註27〕《遼史》卷一一四〈蕭迭里得傳〉,頁530下。

〔註28〕《遼史》卷九三〈蕭慈氏奴傳〉,頁477上。

〔註29〕楊佶,〈張琪墓誌〉,《遼代石刻文編》聖宗編,頁173。

〔註30〕〈耿延毅墓誌〉,《遼代石刻文編》聖宗編,頁160。

或試無定期，景宗保寧八年（976）以後詔復貢院，實行於南京一地，聖宗統和六年（988）始於遼國全境實施。取士科目有進士科、明經科等，而以進士科爲主，另有制舉求「直言」科、「賢良」科等。

5、吏　進

此一途徑與世選制度的關係密切，本書認爲世選並不全然可視爲入仕途徑，而是給予若干特定家族的後世可以承襲某些官職的特權，〔註31〕擁有這種特權的家族往往都是貴族，他們通常是以近侍的出身或蔭補的資格，進入官僚系統。至於某些下層職務，如吏等可透過所謂「世選」或「世業」的途徑進入官僚系統，例如五院部平民耶律八哥幼聰慧可覽書成誦，「統和中，以世業爲本部吏」，〔註32〕後世子孫擁有北院樞密使世選資格的蕭護思，同樣「世爲北院吏，累遷御史中丞，總典群牧部籍」，〔註33〕即可證明。

至於，在仕歷中到達最高權力中心的平民蕭合卓「始爲本部吏。統和初，以謹愨，補南院侍郎」，〔註34〕另外耶律乙辛「重熙中，爲文班吏，掌太保印，陪從入宮」，〔註35〕就是單純吏進的例子。

6、其　它

包括宦官出身，捐納等。張世卿的仕進故事，「大安中，民穀不登，餓□死者眾，詔行郡國發倉廩以賑恤之。公進粟二千五百斛，以助□用。皇上喜其忠赤，特授右班殿直」，〔註36〕可知其右班殿直爲捐官。

最後，根據學者對金代入仕途徑的研究，可知許多金代官員以軍功入仕，〔註37〕但是以遼代官員職責而言，目前看不出遼代制度有明顯的文武分途，因此本節所分析的遼代入仕途徑中，無軍功一途。例如，于越耶律休哥，「聖宗即位，太后稱制，令休哥總南面軍務，以便宜從事。休哥均戍兵，立更休

〔註31〕參看 Karl A. Wittfogel, "Public Office in The Liao Dynasty and The Chinese Examination System", *Harvard Journal of Asiatic Studies*, Vol. 10, No. 1（Cambridge: Harvard-Yenching Institute, 1967.6），p. 15. 或本章第二節世選制度的討論。

〔註32〕《遼史》卷八十〈耶律八哥傳〉，頁442下。

〔註33〕《遼史》卷七八〈蕭護思傳〉，頁437下。

〔註34〕《遼史》卷八一〈蕭合卓傳〉，頁445上。

〔註35〕《遼史》卷一百十〈耶律乙辛傳〉，頁519上。

〔註36〕鄭皓，〈張世卿墓誌〉，《遼代石刻文編》天祚編，頁655。

〔註37〕參看陶晉生，〈金代的用人政策〉，《食貨月刊》復刊8卷11期，頁49表二、頁52表八及其正文的討論。

法，勸農桑，修武備，邊境大治」，[註38] 可知總軍務的休哥，其職權尚須治邊境民事。

（二）入仕途徑分析

根據傳記資料的內容，遼代入仕途徑略可歸納上述六種，筆者忠實將資料內容填入〈附錄〉出身、入仕資格一欄，傳記內容無明顯此類資料，又無其它資料佐證則空白，避免扭曲傳記的原意。依此製爲下表：遼代官員入仕途徑比例（表4-1-1），以便觀察遼代各期政治發展的趨勢與用人政策的關係。

表4-1-1：遼代官員入仕途徑比例

	Ⅰ 907～946		Ⅱ 947～1004		Ⅲ 1005～1062		Ⅳ 1063～1125	
近侍	17	35.4	7	10.3	10	12.5	2	7.1
薦辟	16	33.3	11	16.2	6	7.5	0	0.0
蔭緣	12	25.0	38	55.9	39	48.7	14	50.0
進士	2	4.2	7	10.3	22	27.5	11	39.3
吏進	1	2.1	3	4.4	1	1.3	1	3.6
其它	0	0.0	2	2.9	2	2.5	0	0.0
小計	48	100.0	68	100.0	80	100.0	28	100.0
不詳	34		64		64		16	
總數	82		132		144		44	

說明：1、本表的橫軸分遼代爲四期，縱軸爲入仕途徑。表內每欄的數字皆根據〈附錄〉的資料計算。每一時期的左欄爲官員總數，右欄爲所占百分比。

2、第一期所得遼代官員數計82人，第二期132人，第三期144人，第四期則有44人。進士一途包括應選制舉者，但各期人數皆少，第一、二、三期皆僅有1人應舉，第四期無人應舉。

根據表4-1-1的統計，各期官員入仕途徑不詳者的人數頗多，這是傳記資料內容所呈現的結果，只有待更多詳細資料才能改善。如果不詳者佔各期官員總數的比例過高，會降低本表的參考價值，不過必須強調這是實證研究的結果，仍具有其學術意義。

遼代第一期入仕管道以近侍、薦辟、蔭緣三者爲主流，尤以近侍及薦辟

[註38]《遼史》卷八三〈耶律休哥傳〉，頁449下。

分居首位與次位，這與第一期建國、南向中原的發展有密切關係。此一時期，一方面向外征戰，一方面有必要安定新得的土地的民心。因此，許多皇族及后族都以近侍，隨從遼太祖四出征戰，例如于越耶律曷魯、淳欽皇后族蕭敵魯、阿古只兄弟皆是。其次，阿保機以其本部與幽燕地區流亡和俘掠的漢人為後盾，對抗環伺覬覦其汗位的舊權貴勢力。所以遼太祖阿保機以恩辟的手段，拉攏有政治經驗的幽燕地方領袖，以安定遼國境內的漢人民心，如康默記、韓延徽等人。據此可知，薦辟為遼初入仕管道的第二位，自有其政治發展的背景因素。這與本書在第二章第二節分析入遼漢族官員，由第二級州刺史與節度使衙軍等地方領袖，以及第一級節度使與五代中央政府官員居多的結果頗能符合。此外，儘管宗室及后族從原有部落脫離成為尊貴獨立的橫帳與國舅帳，幽燕地區的地方領袖也成為遼朝統治階層，但是在第一時期僅約第一代、第二代，這些家族雖貴顯尚未發展成樹大葉茂，故可知蔭緣在第一期僅佔第三位。

　　第二期是遼代二元統治體制形成的時期，遼朝內部的政治與社會有一段長時間的穩定發展，這一時期的末期則有遼、宋戰爭。第二時期，蔭緣在入仕管道的比例遽升佔 55.9%，薦辟平均約 16%，而近侍與進士管道各皆為10%。第二期末段聖宗統和年間，前舉淳欽皇后弟蕭阿古只家族已繁衍到第五代、六代，耶律曷魯所出之六院部蒲古只家族也發展到第五代、六代（見本章下節的討論），太祖時代恩辟的漢人功臣雖僅繁衍至第三、四代間，但已具漢人世家的雛形，這是蔭緣之途在這一時期的比例獨居首位的主要原因。其次，聖宗統和間的遼、宋戰爭期間，有若干宋臣被俘入遼，故這一時期中薦辟仍有 16%左右，居入仕管道的第二位。景宗復貢院與聖宗全面實施科舉考試，歷二朝的發展科舉進士在此期上升與近侍同列為第三位，從此期開始進士入仕的比例呈現逐期升高的趨勢，這是頗值得加以推敲探討的現象。然而如前文所述統和二十二年（1004）以前每榜取士約只一、二人，這個結果就表現在進士入仕總額 7 人上。

　　第三時期澶淵之盟以後，遼、宋兩國維持一段長久和平，直到興宗重熙十年（1041）兩國邊境始再起糾紛。或許因為兩國長期的和平，所以進士入仕的比例在這一時期再度上升佔27.5%。與第二期相較，蔭緣和薦辟的比例下滑，其下滑的數字正好由進士管道所填補，可見蔭緣、薦辟與進士管道之間在第三期呈現微幅消長的趨勢。儘管如此，蔭緣仍是遼朝最主要的入仕管道。

第四時期歷遼道宗皇太叔重元叛亂直至女真反叛天祚亡國。這一時期進士入仕的比例升高至約近 40%，是否顯示此一時期需要考試制度選拔較為高級的人才，以應付隨著政治組織官僚化所產生的複雜事務，有進一步分析的必要。同時蔭緣管道再以微幅比例上升，這可能與遼末女真反叛，契丹統治者欲以權貴家族挽救國家於危亡有關，不過尚須進行精細研究證明。

據上述的簡略分析綜觀遼代的用人政策，蔭緣是最主要的用人管道。依漢制而言，取得蔭補資格通常是三世累宦的家族；在遼朝契丹人方面，如前文所述蔭緣往往也屬於權貴家族的權利，總之蔭緣為最主要的入仕管道，顯示遼朝統治者用人重視家世背景，這與征服王朝金、元二朝的情況也頗為類似。〔註 39〕

其次，吏進之途在遼朝的入仕管道所佔的比例，各期皆低，這與元朝的情況出入頗大。〔註 40〕一般而言，吏往往出身於平民階層，豈遼朝在政治社會安定以後，並未擴大平民入仕的機會。筆者認為這應與進士之途合而觀之，〈附錄〉所收遼代進士相對有較為詳細生平仕履者計 42 人，其中出於「燕四大家」者僅第二期昌平劉六符兄弟三人（編號 251、252、253），第四期醫巫閭馬人望（編號 376），先世曾任後周將領的興中姚景行（編號 303），真正出身高門的似乎並不多。〔註 41〕若從遼代統治階層的構成來看，亦有許多平民出身的契丹官員。綜合上述討論，進士之途在第三期以後所佔的比列遽升，或許也顯示遼代政治社會安定以後，有助擴大漢人平民的參政機會。

遼代任用官員雖不以吏進為主，倒是有一現象值得注意，以吏進出身的官員終任官職都可達到相當高的階層。〈附錄〉所收以吏出身的官員共有 6 人，其中蕭護思（編號 84）蕭合卓（編號 184）耶律乙辛（編號 306）3 人最高皆

〔註 39〕陶晉生對金代女真人仕進之途的分析，終金之世，世襲及蔭緣的比例都在 50%以上，見氏著，〈金代的用人政策〉，《食貨月刊》復刊 8 卷 11 期，頁 52。蕭啟慶亦指出元朝官員任用主要以家世為標準，即所謂「根腳」，其中最高階層的官職為數十「大根腳」家庭所占據，以蒙古、色目為主，兼有少數漢軍世家。見氏著，〈內北國而外中國：元朝的族群政策與族群關係〉，《元朝史新論》（臺北：允晨文化公司，1999 年 5 月），頁 49。

〔註 40〕王明蓀對元代政治結構的研究，指出元代吏進為多，見氏著，《元代的士人與政治》（臺北：臺灣學生書局，1992 年 3 月），頁 79～92。

〔註 41〕蕭啟慶雖舉玉田韓氏 1 人、醫巫閭馬氏 1 人、昌平劉氏 6 人進士及第，但畢竟佔進士總額的比例並不高。蕭啟慶，〈漢人世家與邊族政權——以遼朝燕京五大家族為中心〉，《國科會研究彙刊：人文及社會科學》3 卷 1 期（臺北：國家科學委員會，1993 年 1 月），頁 44。

擔任北院樞密使，而耶律八哥（編號 155）最高官職是北院樞密副使。這個現象可能因爲《遼史‧列傳》所記載的吏進官員，或許以升遷至較高官職的爲主，但不知《遼史》的修撰者其立傳標準而無從證實。《遼史》對國舅少父房的蕭朴有一段記載值得推敲，史稱「朴有吏才，能知人主意，敷奏稱旨，朝議多取決之」，〔註42〕撰史者以蕭朴比吏者，顯示吏的特質應是精明幹練並頗得到皇帝的信任，可能才是遼代吏進官員遷至高位的主要原因，同時略可推知契丹統治者的用人也頗爲欣賞能有效執行皇帝意志的吏才。

二、中央權力結構

　　清代學者萬斯同曾撰〈遼大臣年表〉一卷，〔註 43〕對於探討遼代權力結構有頗大的便利。日人島田正郎便曾以《遼史》及《契丹國志》搜檢遼代北南府宰相事例，再就任職北南府宰相人選，回查其傳記資料中的出身族屬，以檢討文獻記遼代國舅世預北府宰相選、宗室預南府宰相選的成規。〔註 44〕島田前述北南府宰相的討論，開啓研究遼代政治權力構成的「具體方法」，其逐朝搜檢北南府宰相事例，或由萬斯同「年表」得到研究的啓發。今以學者蒐集校注的金石碑刻傳記資料較舊日豐富，乃以筆者編製的〈附錄〉爲基礎，由遼代上層官員的分族分佈，分析統治階層的構成，另以北南樞密院、北南宰相、北南院大王爲中心，初步討論遼代中央政府的權力結構。

（一）統治階層的構成

　　一個政權不論其建立的手段爲何，欲鞏固其統治權於不墜通常需兼顧內部的各種社會勢力，並且將各股勢力的代表人物納入統治階層，以擴大政權的基礎。觀察統治階層的構成，較能顯示官僚結構的平均狀態。換言之，即是表現一個政權開放性的一面。依邏輯來說，開放的政權因爲較能反映構成國家的社會基礎之實際狀況，所以國祚通常能維持較久的時間，反之只能反映社會實況的部分狀態，顯示權力基礎的狹隘或封閉。下表（表 4-1-2）比較〈附錄〉及大陸學者漆俠研究所得的統治階層狀態：

〔註42〕《遼史》卷八十〈蕭朴傳〉，頁 442 下。
〔註43〕萬斯同，〈遼大臣年表〉見《遼史彙編》第四冊（臺北：鼎文書局，1973 年 10 月），第 33 種，頁 1～24。
〔註44〕島田正郎，〈遼朝宰相考〉，《大陸雜誌》40 卷 3 期（臺北：大陸雜誌社，1970 年 2 月），頁 71～84。

表 4-1-2：遼朝統治階層構成

		本　論　文		漆　　俠	
		百分比	總　數	百分比	總　數
契丹人	橫帳及遙輦	20.6	83	76.72	234
	國舅帳	12.9	52		
	皇族	14.7	59		
	其他	15.2	61		
非契丹人	奚	2.2	9	2.31	7
	漢人	31.6	127	19.00	58
	渤海	1.5	6	1.32	4
	其他	1.3	5	0.66	2
合　　計		100.0	402	100.00	305

說明：1、本表的左欄是本書依據〈附錄〉所得統治階層的結果，〈附錄〉的編製如本章前言所述是根據正史與金石碑刻等傳記資料。

　　　2、漆俠所得的 305 人是根據《遼史‧列傳》的內容所得之結果。

　　本書與漆俠所得遼代統治階層構成情形最大的差異，是漢人在遼代統治階層所佔的比例，二者相差近 12%。這是因為漆俠僅據《遼史‧列傳》的資料，而〈附錄〉另增加墓誌等傳記資料，雖然無從瞭解撰史者修纂遼代人物的立傳標準，顯然漆俠研究的基礎略嫌不足。由於今得漢人與契丹人墓誌片數有不小的差距，所以〈附錄〉所顯示漢人在統治階層的比例應該比遼代實際的數字膨脹許多。遼帝命官最精確的記載應該存於〈本紀〉，但是這一方法只能從姓名得知漢人與北人的比例，而且偏於高階官員，如此便與研究目的即從統治階層構成觀察遼朝政權的開放程度違背。由此可以推知，本書〈附錄〉的結果應比漆俠的 19%，接近漢人在遼代統治階層的實際比例，與金代漢人在統治階層佔 40.1%相距亦不太遠，[註45] 應該能夠符合本書第二章對遼代政權基礎的討論。

　　契丹人在統治階層佔 63.4%，顯示契丹人在遼代政治上具有相當高的優勢。契丹官員在〈附錄〉得出 255 人，橫帳（宗室）及遙輦、國舅帳計 135人，在所有契丹官員中約 52.9%，《遼史》將遙輦九帳、宗室與二國舅族列

[註45] 陶晉生，〈金代政治結構〉，《中央研究院歷史語言研究所集刊》第 41 本第 4分，頁 583 表一金代統治階層種族分配表。

為「遼內四部族」確實在遼代統治階層中表現出來。同時，橫帳及遙輦與國舅帳在統治階層結構中分別有 20%與近 13%，符合〈百官志〉所謂「任國舅以耦皇族」的記載。其他契丹人通常代表皇族與后族以外契丹部落的貴族與平民，經遼太祖利用漢人勢力打擊其他舊部貴族勢力之後仍佔 15.2%，證明遼代統治者用人頗重家世，至於契丹平民應即前文所指蕭護思、耶律乙辛等具有吏才之契丹人。不過在其他契丹人中，出於乙室部者只有耶律撒合（編號 135）及蕭嚴壽（編號 301），前第二章與第三章兩度提到遼太祖「崇乙室以抗奚王」，並未反映在統治階層的結構之中。這或許與奚族遼代官員僅得 9 人，雖然其中大部分為奚王之後，但顯然在統治階層中只是影響極微的少數，而奚族所佔比例之少又可能與前章論及遼聖宗已有能力直接控制奚族而城中京有關。

（二）中央政府的權力結構

　　相對於統治階層結構較能表現遼代政權的開放性與政權基礎，權力結構的探討與分析則表現出遼代政權的封閉性，也就是充分地表現「征服政權」的性格。本文依照第三章中央權力官署的討論，將〈附錄〉的內容製成如下三表，分析二樞密院、二宰相府及二大王院的民族構成，以觀察遼代中央權力結構。

表 4-1-3：北南樞密院的權力結構

	北樞密院		南樞密院	
	百分比	總　　數	百分比	總　　數
橫帳及遙輦	24.4	10	12.8	6
國舅帳	31.7	13	19.1	9
二院皇族	4.9	2	0.0	0
其他契丹人	34.1	14	8.5	4
漢　人	4.9	2	59.6	28
合　計	100.0	41	100.0	47

說明：本表以〈附錄〉所錄仕歷中，曾任二院樞密使、知二院樞密使事、知樞密院事、樞密副使、知樞密副使事、同知樞密使事等事例列入計算，以觀察二院權力結構。

　　北南二樞密院是遼代最高權力中樞，由二院樞密使共同執政，而北樞密

院的地位稍高於南樞密院，已於前章論之。表 4-1-3 的北樞密院顯示，漢人在遼代雖有不少的參政機會，漢人官僚佔統治階層結構的 31.6%，卻不見得能達到最高權力中心，仕歷最高官職升至北樞密院使相的只有 2 人，其中 1 人還是與皇室關係密切的韓德讓（編號 140），如果將其列入橫帳及遙輦，真正能進入北樞密院使相的漢人只有高正（編號 169）。契丹人任北樞密院使相職高達 95%，等於獨佔北樞密院的權力，由此足見遼朝的北樞密院有非常明顯的民族界線。進一步細察，跨越契丹、漢人的民族界線，在契丹人內部則看不見明顯的權力界線。雖然出身遼內四部族擔任北樞密院使相的有 56%之多，其他契丹人卻也不少，佔有 34.1%。北南樞密院既是遼國最高政治中樞，或許可以解讀為契丹統治者不以宗室與國舅壟斷最高權力，而開放予其他契丹部落的貴族甚至平民。例如，蕭護思（編號 084）耶律室魯（編號 156）耶律世良（編號 176）蕭合卓（編號 184）蕭圖古辭（編號 279）耶律乙辛（編號 306）耶律阿思（編號 360）等都升至北院樞密使。宗室與國舅以外升至樞密使的契丹人，似乎仍以五院、六院部人為多，而蕭護思、蕭合卓及耶律乙辛都是由吏出身的契丹人，顯然是契丹平民。必須提醒的是，儘管契丹統治者將北院樞密使的敘任機會，開放予契丹其他部落貴族或平民，由前章中央決策事例的分析，可知契丹皇帝才是最終的裁決者。

　　表 4-1-3 也顯示高達 6 成的南樞密院使相職由漢人擔任，這或許就是日人島田正郎認為在遼朝政權確立的漢地漢人由漢人自行管理的二元體制之原因。〔註 46〕基於前章的辨論，南院樞密使可對全國軍國大政參與朝議，契丹人任南院樞密使者，也表現在本表南樞密院的統計佔有 41.4%，是故本書仍未便同意島田氏之主張。因此，6 成的比例應該是基於漢人對漢地社會較為瞭解的原因，而且 28 個漢人中約僅 1／3 擔任南院樞密使，其餘則多任副使。其次，有超過半數的漢人南樞密院使相為進士出身，值得加以分析。

　　次就北南宰相府論，表 4-1-4 綜合學界對北南宰相府的研究結果：〔註 47〕

〔註 46〕島田正郎，〈遼朝北面中央官制的特色〉，《大陸雜誌》29 卷 12 期（臺北：大陸雜誌社，1964 年 12 月），頁 443。
〔註 47〕島田正郎，〈遼朝宰相考〉，《大陸雜誌》40 卷 3 期，頁 71～84。唐統天，〈關於契丹北、南宰相府的幾個問題〉，《宋遼金元史》1989 年 1 期（北京：人民大學書報中心，1989 年），頁 61～68。及何天明，《遼代政權機構史稿》（呼和浩特：內蒙古大學出版社，2004 年 9 月），第三章宰相制度的第一、二節，頁 66～96。

表 4-1-4：北南宰相府的權力結構

	北府宰相			南府宰相	
	百分比	總數		百分比	總數
淳欽后父及母前夫族	38.0	19	橫帳三父房	31.1	19
拔里二父族	8.0	4	其他耶律氏	16.4	10
國舅別部	4.0	2	蕭　氏	14.8	9
戚屬及族屬不知世次	16.0	8	漢人及渤海	27.9	17
漢　人	12.0	6	姓氏不詳	9.8	6
不　明	22.0	11			
合　計	100.0	50	合　計	100.0	61

說明：1、島田正郎對遼代北府宰相整理的敘任表格，計得北府宰相 52 人，見氏著，
〈遼朝宰相考〉，《大陸雜誌》40 卷 3 期，頁 73。但是蕭繼先與繼遠應為同
一人重計，蕭撒八寧與蕭八撒亦復重計，漢人劉晟與劉慎行亦同為一人，
楊績似應任南府宰相為是，別除 4 人實際應得 48 人。〈蕭袍魯墓誌〉記袍
魯及其父割葷皆曾任北府宰相，故本表收北府宰相計 50 人。

　　　2、島田搜檢的南府宰相事例較為正確，但對南府宰相出身族屬歸類略有錯誤，
筆者以本論文〈附錄〉與島田正郎、唐統天及何天明所搜檢的事例互校，耶
律狗兒為聖宗第五子，雖為庶出，但確為聖宗之子。聖宗弟隆慶子查葛即為
耶律宗政，貼不為隆祐少子，耶律淳為興宗之子，遼末自立為帝。上列諸人
島田亦曾查知其出身，未知何以仍列為「不明」一欄，今各復其應屬族帳。
另島田正郎搜檢南府宰相得 57 人，其中耶律頗德、耶律信寧未見任南府宰
相事應別除，實際應得 55 人，筆者再搜檢其它文獻計得南府宰相 61 人。

　　遼太祖任命淳欽皇后弟蕭敵魯為北府宰相，后族為北府宰相自敵魯始。
諸弟叛亂後，阿保機屢經勳舊請求才任命其弟蘇為南府宰相，宗室為南府宰
相即自蘇而始。據遼代官制，國舅世預北府宰相選而宗室則預南府宰相世選，
學界前輩即是以此為中心，考察遼代北南宰相的民族分佈及其權力結構，本
文試再稍進一步探究。

　　由於學界對於太祖淳欽皇后父族及母前夫族，是否即拔里大父及少父房
族仍有爭議，如本書第二章所述。故表 4-1-4 仍以《遼史‧列傳》的記載為準，
淳欽后族暫不列入國舅拔里、乙室已四房。島田正郎的研究得出，確係出身
於國舅帳之北府宰相，約近遼代北府宰相敘任總額之半數的結果。其次，出
身他姓之北府宰相確知為漢人有 12 人，偏重於遼朝後半期，且係受到優遇而

被任命者，島田氏對北府宰相的分析大略如此。然而島田正郎搜檢的北府宰相事例有若干錯誤，已由上表（表 4-1-4）之「說明」考述而改正。以傳記資料所見，淳欽皇后父族及母前夫族實際任北府宰相者得 19 人佔北府宰相之38%，和其他確知爲國舅帳者合計 24 人約 50%。若依所見傳記資料判斷，尚有若干戚屬及族屬不知世次者實際應屬國舅帳，如蕭袍魯（編號 313）及其父割輦可能系出國舅帳，只是無多重文獻可資確證。此外，顯然爲漢人之北府宰相確知者實際應爲 6 人，2 人出身「燕四大族」即昌平劉愼行（編號 103）韓德讓（編號 140），其餘 4 人爲進士出身，以上與島田正郎的結果相近。

其次試進一步分析，出身淳欽皇后族之北府宰相以蕭阿古只家族勢力最大（見本章下節阿古只家族子弟仕履），計得 13 人，佔北府宰相總數之 26%，又佔淳欽皇后父族及母前夫族知北府宰相近 7 成（68.4%）。這是因爲興宗朝欽哀太后稱制，太后弟蕭孝穆等一系成爲興宗朝權傾一時的閥閱。由此足以證明皇帝（包括稱制的太后）才是遼朝權力結構的中心，前揭五院部蕭護思、突呂不部蕭合卓及六院部耶律乙辛以契丹平民遷陞至最高官署北樞密院之長，即是得遼帝之賞識有以致之。前章所論遼朝的政治體制是以皇帝爲中心，爲了遂行強大的契丹帝國而將二元行政制度納入中央集權政府的複合體制，由北府宰相的權力結構亦得以相互印證。

相對於北府宰相，島田正郎分析南府宰相由宗室世選的陳例更不明顯，總計南府宰相 57 例中耶律氏 27 例，其中確定系出皇族者僅 13 例，他姓南府宰相超過半數，這是因爲島田正郎族屬歸類的誤置造成。相形之下，何天明依據他自己蒐撿的南府宰相事例，指出南府宰相 55 名，耶律氏 26 名，蕭氏約 3 名，漢人 17 名，渤海 1 名而族屬不清者 3 名，從比例來看「基本能夠反映南府宰相由宗室銓選的傾向」，〔註48〕則更爲粗疏。表 4-1-4 南府宰相的民族分佈顯示，耶律氏確實不及南府宰相總數之半，確出於宗室者的比例雖然是最高約 31.1%，但無法證實南府宰相由宗室世選的傾向。綜合北南宰相府的民族構成分析，契丹人北府宰相約佔 66%而契丹人南府宰相有 62.3%，顯然比南樞密院有更濃厚的民族界線色彩。考慮第三章所指二宰相府由部族時代職掌部族重務的大臣，一變爲帝國時代佐理軍國大政的宰輔衙署，可知由契丹人擔任二府宰相應屬適當的布署。

北南二大王院與前述北南府宰相，同樣是遼代職掌部族事務的重臣，任

〔註48〕何天明，《遼代政權機構史稿》，第 3 章第 2 節南府宰相，頁 90。

北南院大王者的權力亦具有明顯的民族界線。據〈附錄〉的資料，製如下表（表 4-1-5）：

表 4-1-5：北南院大王的權力結構

	北院大王		南院大王	
	百分比	總　數	百分比	總　數
橫帳及遙輦	28.6	8	38.9	7
二院皇族	60.7	17	44.4	8
其他契丹人	10.7	3	11.1	2
漢　人	0.0	0	5.6	1
合　計	100.0	28	100.0	18

說明：遼太祖天贊元年析分迭剌部之後，任北、南院夷离堇者亦計入本表。

　　北南院大王不僅全由契丹人所壟斷，宗室與皇族合計高達近 9 成，分別佔 89.3%及 83.3%，足見皇室雖然自迭剌部脫離而為尊貴的獨立族帳，北南二院仍是皇室最強大的權力基礎。二院大王中僅有的 1 名漢人耶律制心系屬玉田韓氏，為匡嗣之孫，然而韓氏家族在韓德讓之後已擬宗室橫帳季父房族，制心得任南院大王或許即由此。第三章已論北南院大王不僅是部族長，同時也是二院部統軍馬大官，顯示太祖阿保機脫離迭剌部後雖立腹心部又創斡魯朵法，太宗以腹心部創皮室軍為皇帝的侍衛親軍，表 4-1-5 的統計顯示二院部才是遼帝真正的「禁軍」，可知遼代重要兵權不由漢人掌握。其次，值得注意的是出身二院皇族的 17 名北院大王中，六院部蒲古只家族即有 10 名（見本章下節蒲古只家族子弟的仕履），顯示二院皇族中勢力最大的應屬六院蒲古只。

　　綜合上述中央權力官署首長的民族分佈，顯示遼代中央政治制度中具有愈強烈部族事務傾向的政務機構，其首長人選的民族界線就愈嚴格。例如，北南府宰相契丹人皆佔 60%以上，北南院大王更是由契丹人所壟斷，其中泰半由二院皇族所掌握，實際上北南院大王等於由二院皇族之中世選產生。最為遼代最高政治中樞之一的南樞密院使相，漢人佔其中的 6 成，這應該是因地制宜的不得不然。其次，南樞密院使相、北南府宰相皆有不少進士出身的官員擔任，考試制度在遼代政治結構中的功能與地位，則在本章第三節中討論。

第二節　世選家族子弟的仕履

　　讀書擅於掌握一代歷史重心微妙處的清代歷史家趙翼，對發源於契丹傳統的遼代世選制度有一段精闢的見解：

> 遼初功臣無世襲，而有世選之例。蓋世襲則聽其子孫，自為承襲。
> 世選則於其子孫內，量才授之。興宗詔世選之官，從各部耆舊，擇
> 材能者用之是也。……此可見遼代世選官之制，功大者世選大官，
> 功小者世選小官，襃功而兼量才也。〔註49〕

這一段話暗示遼代選拔世官所考量的條件。以下試就世選制度的條件，並以所見零星的史料記載，探討世選制度的功能。

一、世官條件與世選制度的功能

　　從消極的條件來說，賤庶不得預世選。聖宗在太平八年（1028）十二月曾明令「庶孽雖已為良，不得預世選」，又詔「兩國舅及南、北府乃國之貴族，賤庶不得任本部官」。〔註50〕按理說，世選是契丹部族政治運作的古老習慣，不至於到遼代中期尚須釐清一代成熟制度的基本精神。或許部族的實質內涵已悄然轉變，以致有司銓注世官人選時，違背世選制度的傳統原則，所以聖宗才要以詔令的方式強調賤庶不預世選。筆者據此推想，世選習慣的原初精神，在一般的情況下應該是，考量預選者的先世所累積下來的功業，也就是預選者的家世。

　　就積極條件而言，預世選官的原則是限定在某些具有聲望的家族（或氏族）。承筆者對世選原初精神的推想，這些有聲望的家族包括，1、部族長夷离堇家族，因為他們世代統治部族，等於是享有傳統聲望的世族。2、有特殊功勳的家族，例如遼太祖阿保機建國「佐命功臣」，于越曷魯、國舅淳欽皇后弟蕭敵魯和蕭阿古只等即是。3、具有獄訟、醫療、世吏等專業的世代家族，例如前揭蕭敵魯五世祖胡母里世為遙輦氏決獄官，道宗太和宮分人蕭胡篤曾祖蕭敵魯世預太醫選。〔註51〕世官就從這些有聲望的家族子弟中選任，也就

〔註49〕趙翼，《廿二史箚記》（臺北：世界書局，1986 年 10 月九版）卷二七，遼官世
　　　　選之例條，頁 367～368。
〔註50〕《遼史》卷一七〈聖宗紀八〉，太平八年十二月丁丑及丁亥，頁 90 上、下。
〔註51〕姚從吾，〈說遼朝契丹人的世選制度〉，《臺大文史哲學報》第 6 期（臺北：臺
　　　　大出版委員會，1954 年 12 月初版），頁 105。

是趙翼所謂「功大者世選大官，功小者世選小官」。選任的標準如趙翼所稱興宗世選之詔「從各部耆舊，擇材能者用之」，興宗此詔出於重熙十六年（1047）二月辛酉，〔註52〕顯示從有聲望的家族子弟中選擇熟於國朝掌故及才幹者。

　　《遼史》記載的傳記資料，不乏可與前揭論述相互印證者。應曆五年（955）北府宰相蕭海瓈，〔註53〕「其先遙輦氏時，爲本部夷离堇。父塔列，天顯間爲本部令穩。海瓈貌魁偉，臂力過人。天祿間，娶明王安端女藹因翁主。應曆初察哥亂，藹因連坐，繼娶嘲瑰翁主。上以近戚嘉其勤篤，命預北府宰相選」。〔註54〕塔列及海瓈，一爲本部令穩，一預北府宰相選，本文適可藉其父子的際遇，觀察遼代世選制度的運作。塔列父子先世在遙輦氏時期曾任本部部長，顯示其家是有資格預夷离堇選的家族。太祖改夷离堇爲令穩，已如前章第一節考述，史文一面簡略敘塔列天顯間爲本部令穩，一面卻詳細記述海瓈因娶皇族女藹因、嘲瑰二翁主而名列近戚，以及其本身勤篤，得穆宗之信任以預北府宰相選。〈蕭海瓈傳〉的撰者固然以傳主爲主要對象，塔列只以海瓈的先世簡略提示。筆者認爲可解讀世選夷离堇時，主要考慮預選者的家世，而世選高級官員如北府宰相時，則考慮海瓈的機緣及材能功業勝過家世。同時對海瓈的子孫而言，海瓈的「勤篤」和「近戚」才是其子孫憑以預選北府宰相資格的「家世」。

　　出身部族長家族的蕭海瓈預北府宰相選，表面上看是憑其個人的功業和機緣，事實上有資格預宰相選的是海瓈的子孫，所以海瓈的功業就成爲其直系子孫憑藉的家世。另一個以下層家世得預宰相選的蕭護思，也同樣值得加以分析：

> 蕭護思字延寧，世爲北院史。累遷御史中丞，總典群牧部籍。應曆
> 初，遷左客省使，未幾拜御史大夫。時諸王多坐事繫獄，上以護思
> 有才幹，詔窮治稱旨，改北院樞密使，仍命世預宰相選。護思辭曰：
> 臣子孫賢否未知，得一客省使足矣，從之。〔註55〕

蕭護思出身世史家族，論家世較蕭海瓈家聲望更低。表面上看，蕭護思也是因爲個人才幹「詔窮治稱旨」，得到穆宗的信任。〈蕭護思傳〉的纂修者在記述穆宗欣賞護思材能前，多繫「時諸王多坐事繫獄」一語，表示有家世聲望

〔註52〕《遼史》卷二十〈興宗紀三〉，頁 102 上。
〔註53〕《遼史》卷六〈穆宗紀一〉，應曆五年夏四月癸丑，頁 43 上。
〔註54〕《遼史》卷七八〈蕭海瓈傳〉，頁 437 上。
〔註55〕《遼史》卷七八〈蕭護思傳〉，頁 437 下。

的諸王多坐獄，似乎暗示當時朝中無人才使護思脫穎而出。觀史文下稱蕭護思以不知子孫賢否推辭，可作爲上述推想的佐證。所謂不知「賢否」，大概是一種綜合考量。

家世最顯赫的，便是國舅帳與皇族了。遼太祖耶律阿保機藉諸弟叛亂的機會，成功削弱遙輦氏聯盟時代的舊權貴勢力，拱衛皇室與佐理國政的機制終告完成。有遼一代規制，以國舅五帳世預北府宰相之選，以皇族四帳世選南府宰相。檢視《遼史·列傳》尚能尋得遼帝明令某人世預北府宰相，南府宰相除〈百官志〉言皇族四帳世預其選之外，卻未見任何類似記載，頗爲奇怪。

國舅帳功勳最顯赫，便屬淳欽皇后弟蕭敵魯、阿古只。敵魯「太祖潛藩，日侍左右。凡征討必與行陣」，〔註56〕阿保機即位爲可汗，敵魯與阿古只、耶律釋魯及曷魯總宿衛，拜北府宰相，世其官。阿古只與兄敵魯同近侍太祖左右，隨征討幾乎每役必與，較重要有平諸弟刺葛等叛亂，經略奚地討西南夷，徇山西漢地等，神冊三年（918）以功拜「北府宰相，世其職」。〔註57〕敵魯、阿古只兄弟不但是太祖淳欽皇后弟，又列名建國「佐命功臣」，更顯耀其家世的地位。終遼之世，敵魯後世任北府宰相者計 4 人，阿古只後世任北府宰相者 12 人。〔註58〕淳欽皇后族另一預北府宰相選的是敵魯族弟蕭忽沒里之子蕭思溫，史稱穆宗爲庖人所殺，「思溫與南院樞密使高勳，飛龍使女里等立景宗。保寧初，爲北院樞密使兼北府宰相，仍命世預其選」，〔註59〕景宗冊其女爲后，即聖宗朝承天太后。〔註60〕思溫過繼兄子蕭繼先爲己子，統和間繼先拜北府宰相。〔註61〕蕭繼先當循世選之資，拜爲北府宰相，分析其家世父思溫有扶立前朝景宗之功，姊妹又爲當朝皇帝之太后，與蕭敵魯和蕭阿古只的直系子孫可謂有遼之世最爲近密又顯赫的家族。起初筆者頗疑太祖既命敵魯世預北府宰相之選，何以又命阿古只世其職，至此稍解其一二，遼代世選制度當以家族爲基礎，而不以氏族爲標準。

捺缽政治和世選制度，是遼代政制中最具契丹文化內涵的傳統。捺缽政

〔註56〕《遼史》卷七三〈蕭敵魯傳〉，頁 420 下。
〔註57〕《遼史》卷七三〈蕭阿古只傳〉，頁 420 下～421 上。
〔註58〕姚從吾，〈說遼朝契丹人的世選制度〉，《臺大文史哲學報》第 6 期，頁 116。
〔註59〕《遼史》卷七八〈蕭思溫傳〉，頁 438 上。
〔註60〕《遼史》卷七一〈景宗睿知皇后蕭氏傳〉，頁 411 下。
〔註61〕《遼史》卷七八〈蕭繼先傳〉，頁 438 上。

治雖不敘於〈百官志〉之首，尚得次於〈營衛志〉之中，〔註62〕《遼史》的纂修者甚至不爲世選制度列專章述其梗概，致一代之政制頗爲湮渺。於是研究者只得從清代史家之淺論與零星之文獻記載，稍復世選制度之概觀而略闡其義。

筆者以爲世官之條件即世選制度的社會政治功能，尤能與前章選汗大會與可汗選任條件所含之文化意義相互發明。綜合歸納前述討論，世選制度的運作確如趙翼之謂「褒功而兼量才」，先論家世再量其才。論家世地位的高低，大概已可得出具體的標準，1、傳統的權力和職務，如世代部族長和世史之家，就是因爲掌握世代的權力或職務，而具有累世的聲望。2、與宗室關係的親疏，如淳欽后族之女幾乎爲遼代歷朝之后，與宗室爲椒房之親，聲望最隆。3、功業，建國之功與扶立皇帝之功爲最高之功勳。兼有三者之二以上的家族，家世最爲顯赫，如前述所揭之蕭敵魯、蕭阿古只及蕭思溫三家。遼朝原爲部族國家，世官之銓選先論家世在遼代政治中的作用，應是藉此維持政治的穩定，其次可維持顯赫家族之間權力的平衡。

其次，量其才顯示在穩定平衡的政治結構之外，追求發展的可能性，與前章所述選汗的條件：或災害不生、畜牧孳盛及人民安堵相較，其意義略同。但是政治的穩定與追求發展仍難免有所衝突，統和二年（984）劃離部請「今後詳穩止從本部選授爲宜，上曰：諸部官惟在得人，豈得定以所部爲限。不允」，〔註63〕顯示求才略甚於政治穩定。至於才能的標準，由上述實例來看，一時難有具體的結論，尚有待細部的整理研究。

二、世選家族子弟的仕履分析

筆者在緒論中曾謂，本書的研究採實證方法。由於世選制度量才尚難整理出具體的標準，本節試圖從「附錄」選出較爲完整的世選家族，一方面嘗試觀察其子弟仕途遷轉是否有規律可循，一方面也試從遷轉的過程看是否可得出較爲清晰的線索。以下試從附錄整理國舅蕭阿古只與六院部蒲古只二家子孫的遷轉。如前節所述，文獻所示的遼朝官品非常零碎，難以釐清其官階制度，因此本文處理世選家族子弟仕途遷轉，不能採取一般研究官員遷轉的

〔註62〕傅樂煥語。見氏著，〈遼代四時捺鉢考五篇〉，《中央研究院歷史語言研究所集刊》第 10 本（北平：中央研究院歷史語言研究所，1948 年），頁 271。
〔註63〕《遼史》卷十〈聖宗紀一〉，統和二年三月乙卯，頁 56 下。

整理方式。〔註64〕本文以世選子弟的仕履爲基礎，探討遷改前後任官的因素，以便觀察是否有通則可循。

（一）蕭阿古只家族：世選北府宰相

根據傳記資料搜檢太祖淳欽后弟蕭阿古只家族製表 4-2-1，略得其後世子孫 23 人。其中以興宗仁懿皇后父蕭孝穆兄弟及其子孫一系最爲貴盛，故其仕履可稱完整，先就孝穆兄弟探討。

孝穆爲人忠謹自持，「雖椒房親，位高益畏。（略）與人交，始終如一。所薦拔皆忠直士」；〔註65〕弟孝先倚勢驕人，「在樞府，好惡自恣，權傾人主，朝多側目」，〔註66〕終因太后（欽哀）與謀廢立事，一夕失勢，兩兄弟可爲一對照組。孝穆自統和二十八年（1010），累遷西北路招討都監。屢歷外事，其間討朮烈叛變，又瓦解阻卜與五群牧長的裡應外合，以功遷西北路招討使，〔註67〕尋拜北府宰相至開泰八年還京，時歷 9 年。據前章所論，北南宰相府要負責監管各部部族兵，所以拜北府宰相時仍留西北任邊事。同時可知，因爲邊事表現孝穆的才能，所連遷西北招討使、北府宰相，此處顯示世選制度量才的作用。

孝穆回京後，短暫累歷中央職知樞密院事及漢人行宮都部署，太平三年（1023）任南京留守、兵馬都總管，再次歷練南面邊事。渤海大延琳叛（太平九年，1029），孝穆爲都統討之，亂平後改東京留守，政績優良「撫納流徙，其民安之」。根據遼代的實際情況，遼東屬邊防重地，「非勳戚不能鎮撫」，〔註68〕由此看來遼代的五京雖地屬外邊，留守事實爲掌軍國之大政之職。興宗即位，孝穆再任南京留守，重熙六年（1037）回朝拜北院樞密使，較著名的政績是籍戶口、均徭役，「由是政賦稍平」，及諫南伐事，惜不爲興宗接受。自孝穆初任西北邊務至主持樞府，歷練 27 年。實際歷官年資不只此數，因爲本傳稱「累遷」西北路招討都監，可見國舅孝穆起官非自統和二十八，但與確實年數相差當亦

〔註64〕孫國棟以官品爲經，探討遷轉途徑，如氏著，〈從夢遊錄看唐代文人遷官的最優途徑〉，《唐史論叢》（香港：商務印書館，2000 年月初版），頁 17～36。考核標準、銓注程序、任某官年數及任數等，見〈唐代中央重要文官遷轉時間與任期的探討〉，《唐宋史論叢》，頁 357～383。

〔註65〕《遼史》卷八七〈蕭孝穆傳〉，頁 460 下。下文孝穆行誼事蹟，引同卷同傳。

〔註66〕《遼史》卷八七〈蕭孝先傳〉，頁 461 上。下文孝先行誼事蹟，引同卷同傳。

〔註67〕《遼史》卷一五〈聖宗紀六〉，開泰二年十二月，頁 60 上。〈蕭孝穆傳〉作「九水諸部安撫使」。

〔註68〕《遼史》卷九三〈蕭惠傳〉，頁 476 上。下文蕭惠行誼事蹟，引同卷同傳

不遠。

　　孝穆弟孝先統和十八年（1000）補祗候郎君，重熙初爲北院樞密使，自起仕官至中央政樞歷時 32 年。孝友自開泰初（1012）以戚屬爲小將軍，至重熙十三年（1044）拜南院樞密使，〔註69〕歷時同樣是 32 年，孝穆所用的時間與弟相差無幾。大概遼代勳戚自起官升至中央最高樞府，通常需費 30 年左右的時間。孝先起官自「補祗候郎君」，顯示世選家族子弟以蔭補近侍爲入仕之途，世選之資表示這些勳貴子弟有應選某些特定官職的資格，而不是其進入官僚體系的資格。根據表 4-2-1 的記錄，蕭阿古只家族可以尋得明確初任官的 8 人中，有 5 人以祗候郎君起官，佔半數以上。這個起官只是應候差遣的職務，並不能決定其後仕途的發展，其中蕭孝先最後還主持樞府重務。如果擴大來看，將應候差遣的職務與宿衛政治中心皇帝的親衛軍視爲同一性質，則 8 人全部都在皇帝身邊歷練，〔註70〕佔全部 23 人之中的 34.7%，實際的數字應該更高。筆者據此頗疑，世選大官的勳貴家族子弟一般都在政治核心歷練，此可與下節漢族進士所歷初任官互相比較。世選制度之於遼代的作用或許不及怯薛之於元朝，但作爲訓練宗室或勳貴子弟的意義應該差異不大。

　　開泰五年（1016）爲國舅詳穩，開始一段內外歷練，孝先以國舅詳穩「將兵城東鄙」，還爲南京統軍使，漢人行宮都部署，〔註71〕遷上京留守。接著以母老，請准侍親，二任國舅詳穩，又改東京留守，平大延琳之後留守上京，太平十一年（1031）總禁衛事。這一段官歷之中，15 年中 8 次遷轉歷 6 個職務，正好都是內外遷調。聖宗死後欽哀攝政，遙授的天平軍節度使、加司徒、兼政事令，應該都是虛職，重熙初爲北院樞密使。前一段蕭孝先內外淹歷時期，《遼史》本傳無隻字片語述及其政績，卻能主持北院樞密使，其關鍵在於欽哀攝政。《遼史》稱「欽哀弒仁德皇后，孝先與蕭涅卜、蕭匹敵等謀居多」，

〔註69〕《遼史》卷八七〈蕭孝友傳〉，頁 461 下。下文孝先行誼事蹟，引同卷同傳。小將軍屬於散官虛職，實際職務當另有其它官職，見唐統天前揭文〈遼代漢官的散階制〉，《宋遼金元史》1988 年 4 期，頁 71～72。太平元年孝友以大冊加左武衛大將軍，情形應該相同，但不能因此將孝友起仕年代延後，仍應以開泰初爲始。

〔註70〕依表 4-2-1 的編號，有 1.阿古只、9.蕭孝忠、10.蕭孝先、13.蕭惠、15.蕭柳、17.蕭阿剌、21.蕭慈氏奴、23.蕭藥師奴。

〔註71〕楊若薇考證漢人行宮也是隨著皇帝四時遷移的行宮移動，見氏著，《契丹王朝政治軍事制度研究》（臺北：文津初版社，1992 年 7 月初版），頁 9，〈王奉諸墓志銘〉所載。

〔註72〕此事對興宗而言至為傷痛，但對攝政的欽哀來說卻是大功，升遷北院樞密使應該是欽哀對孝先的回報。

再看另一有完整官歷的蕭惠，蕭惠的仕履前段類似蕭孝先，後段類似蕭孝穆。前段約自統和二十八年始，以中宮親為國舅詳穩，連歷契丹行宮都部署、南京統軍使、右夷离畢、東京留守、西北路招討使。國舅詳穩為北面中央官，當時聖宗親征高麗，所以蕭惠時任中央官卻身在高麗，初期頗有表現，「以軍律整肅聞」，所以授契丹行宮都部署。接著授南面事南京統軍使，轉中央官右夷离畢，而後再任邊事。自太平六年（1026）後累歷邊事算是後段，直到重熙六年（1037）復為契丹行宮都部署，拜南院樞密使。蕭惠自起官國舅詳穩至南院樞密使，歷時27年左右，較蕭孝穆兄弟略短。綜觀蕭惠一生仕履，成敗參半，為西北路招討使「屢遭侵掠」，太平七年「左遷」南京侍衛親軍馬步都指揮使，顯示仕宦表現仍影響其仕業的起伏。他一生最大的成就是重熙十年（1041），興宗謀宋關南十縣地，議首功，兼北府宰相、又為北院樞密使。而一生最大的失敗要屬重熙十八年（1049）征西夏，不但大敗，又要承受子慈氏奴戰死之痛。

就蕭惠一生的仕履來看，愈高的官職愈考驗其才能。他初宦仕履不久，頗能表現其才幹。然而一到最高的北府宰相、北南樞密使橫遭數敗，皇帝之所以不加罪於他，一則因為其子的庇蔭，「以惠子慈氏奴歿於陣，詔釋其罪」。一則因為蕭惠個人的行誼作風，他的性格與蕭孝穆類似，「性寬厚，自奉儉薄。興宗使惠恣取珍物，惠曰：臣以戚屬據要地，祿足養廉，奴婢千餘，不為闕乏。陛下猶有所賜，貧於臣者何以待之。帝以為然。故為將，雖數敗衄，不之罪也」。〔註73〕由此可知，蕭惠以關南十縣之功兼北府宰相、北院樞密使，伐夏之失事因為其子的戰歿和蕭惠本身性格的寬厚而不罰，並非不加之罪，或許也算是另一種考核。

綜上所論，世選制度在遼代的運作確實具有考核量才的作用，蕭孝穆以防禦邊事之功連升西北招討使、北府宰相；而蕭惠因關南交涉之功，以南院樞密使再兼北府宰相、北院樞密使，足以為證。有時因為人主會以一己的標

〔註72〕《遼史》卷八七〈蕭孝先傳〉，頁 461 上。洼卜等黨附仁德皇后，於仁德被弒同時被殺，校勘本《遼史》改為「欽哀弒仁德皇后急殺蕭洼卜、蕭匹敵，孝先謀居多」方為合理，《遼史》（北京：中華書局校勘本，1974 年 10 月初版）卷八七校勘記 4，頁 1338。

〔註73〕《遼史》卷九三〈蕭惠傳〉，頁 477 上。

準量才，如淳欽太后之於蕭孝先。世選制度銓定官職之後，並非不加考核，如前論蕭惠功過而不罰。歸納前論事例，世選量才考核的標準，大體如治績或功業和行誼風格二項。其次從蕭阿古只家族子弟的仕履觀察，遼代勳貴家族仕途遷轉模式約有二，一為累任邊事歷練再遷回朝廷如蕭孝穆的仕履，二為內外輪遷互調以歷練軍國大政，如蕭孝先的模式，有時在一生的仕宦之中會同時兼歷二種模式，如蕭惠者。

據表 4-2-1 的記錄，有資格預北府宰相選的蕭阿古只家族，最終有 8 人任北府宰相，其中蕭孝友兩任北府宰相，計約 34.7%，這或許比一般世選家族的平均比例稍高。蕭孝穆兄弟家系任北府宰相者就佔 5 人，略高於 50%，可能因為蕭陶瑰為聖宗欽哀后之父，而孝穆又是興宗仁懿皇后之父，可稱遼代國舅特別貴盛之系。

次就北府宰相前任官來觀察，其中蕭孝友兩任北府宰相，總計有 9 次。前任官分別有，腹心部一次（阿古只）西北招討使三次（孝穆、尤哲、阿剌）殿前都點檢一次（孝忠）南院樞密使二次（孝友、惠）上京留守一次（孝友），蕭兀古匿仕履不詳一次，其中以西北路招討使最多可與前節的結果互相對照。

此外最後累遷至樞密使之職有 6 人，兼有北府宰相與樞密使官歷者有 4 人，其中同時任北府宰相與樞密使為蕭惠及蕭阿剌 2 人。樞密使前任官的記錄，南京留守一次（孝穆）總禁衛事（疑皮室軍詳穩）一次（孝先）西北路招討使一次（孝友）契丹行宮都部署一次（惠）北府宰相一次（阿剌），蕭阿速官歷不詳。綜合而言，再次說明契丹行宮都部署、四路招討使、五京留守等，是除了第二章所述的中央權力官署以外，遼代較有影響力與權力的官職。

表 4-2-1：蕭阿古只家族子弟仕履遷轉

	世代	人物	初任官	仕　履	終任官	備　考
01	一世	蕭阿古只	總宿衛		北府宰相	遼傳 73，淳欽后弟
02	二世					
03	三世					
04	四世					
05	五世	蕭陶瑰				遼傳 87，孝穆之父。
06	五世	蕭惠之父				
07	五世	蕭柳之父				

08	六世	蕭孝穆		西北路招討都監、遙授建雄軍節度使，加檢校太保、九水諸部安撫使、北府宰相，賜檢校太師同政事門下平章事、知樞密院事，充漢人行宮都部署、南京留守，兵馬都總管、東京留守、復爲南京留守、北院樞密使、南院樞密使	北院樞密使，追贈大丞相	遼傳87。聖宗－重熙12。興宗仁懿皇后父
09	六世	蕭孝忠	補衹候郎君	駙馬都尉、殿前都點檢、北府宰相	東京留守	遼傳81。聖宗－重熙12
10	六世	蕭孝先	補衹候郎君，拜駙馬都衛	國舅詳穩、南京統軍使、漢人行宮都部署，加太子太傅、上京留守、復爲國舅詳穩，改東京留守、總禁衛事、遙授天平軍節度使，加守司徒兼政事令、北院樞密使	南京留守	遼傳87。聖宗－重熙4
11	六世	蕭孝友	以戚屬爲小將軍，加左武衛大將軍	檢校太保、西北路招討史，加政事令、拜南院樞密使，中書令、復北府宰相、出知東京留守、改上京留守，加尚父	復爲北府宰相，遙授洛京留守，致仕。	遼傳87。聖宗－清寧4。以子胡覩首與重元亂，伏誅
12	六世	蕭高九				遼傳91，〈朮哲傳〉稱朮哲孝穆弟高九子。
13	六世	蕭惠	以中宮親爲國舅詳穩	契丹行宮都部署、南京統軍使、右夷離畢，加同中書門下平章事、東京留守事、西北路招討使、南京侍衛親軍馬步軍都指揮使、南京統軍使、知興中府、順義軍節度使、東京留守、西南面招討使，加開府儀同三司，檢校太師，兼侍中、契丹行宮都部署，加守太師、南院樞密使兼北府宰相，同知元帥府事	北院樞密使，駙馬都衛	遼傳93。聖宗－重熙19。道宗宣懿皇后父
14	六世	蕭虛列			武定軍節度使	遼傳93。聖宗，惠弟
15	六世	蕭柳	侍衛	四軍兵馬都指揮使、北女直詳穩	東路統軍使	遼傳85。聖宗
16	七世	蕭撒八	七歲以戚屬，加左右千牛衛大將軍	以柴冊禮恩加檢校太傅、永興宮使、總領左右護衛，同知點檢司事、拜駙馬都尉、北院宣徽使，仍總知朝廷禮儀	西北路招討使	遼傳87。聖宗－清寧初，孝穆子。

17	七世	蕭阿剌	弘義宮使	累遷同知北院樞密使，加同中書門下平章事、東京留守、西北路招討使，駙馬都尉、北府宰相、兼南院樞密使	北院樞密使	遼傳90。聖宗－清寧7，孝穆子。
18	七世	蕭阿速			南院樞密使	遼傳 81。（聖宗），孝忠子。
19	七世	蕭尤哲	加監門衛上將軍	興聖宮使、統軍都監、西南面招討都監、國舅詳穩、西北路招討使、昭德軍節度使、北院宣徽使、復爲西北路招討使、北府宰相	順義軍節度使	遼傳91。興宗－咸雍2，孝穆弟高九子。
20	七世	蕭胡覩	祗候郎君	興聖宮使，授駙馬都尉、北面林牙、北院樞密副使、南院樞密副使、西北路招討使、同知北院樞密事	同知北院樞密事，與重元叛，敗投水死	遼傳114
21	七世	蕭慈氏奴	補祗候郎君	閘撒狨，加右監門衛上將軍、西北路招討都監，領保大軍節度使、殿前副點檢、烏古敵烈部都詳穩	統軍都監	遼傳93。聖宗－重熙間，惠子。
22	七世	蕭兀古匿			北府宰相	遼傳93。聖宗－興宗，惠子。
23	八世	蕭藥師奴	補祗候郎君	興聖宮使、同知殿前點檢司事、右夷离畢、南面林牙、漢人行宮副部署	安東軍節度使	遼傳91。道宗－乾統初，尤哲姪。

說明：1、本表綜合學人研究及本書附錄製成，以文獻明言爲阿古只之後爲主。

2、表中內容，若爲筆者判斷者，加括弧區別。

（二）六院部蒲古只家族：世選夷离菫

　　遼代皇族大概以太祖阿保機祖父玄祖簡獻皇帝爲界線，玄祖以下直系子孫爲橫帳，即四帳皇族；玄祖伯父、仲父及其兄弟後世子孫爲二院皇族，此於本書第二章已有所分疏。六院夷离菫蒲古只，當即玄祖兄弟輩，蒲古只家族後世略以于越曷魯及耶律鐸臻同祖兄弟二家系較爲清楚，如表 4-2-3 所示。本節選擇蒲古只家族作爲探討遼代世選子弟仕途遷轉的對象，在於二院皇族在政治上與宗室的關係較之列入「遼內四部族」的國舅與宗室的關係疏遠，在仕業的發展上受到家世聲望的庇蔭可能較少，或許更值得藉以觀察世選「量才」的影響力。

　　比對表 4-2-1 蕭阿古只家族子弟與表 4-2-3 蒲古只家族子弟官歷，蒲古只

家族子弟的仕履明顯單純得多，可以佐證二院皇族子弟家世聲望較遼內四部族的國舅帳爲小。其次，從家族子弟的初任官看，前四世 13 人中最多有 7 人以太祖潛藩或宿衛爲起官，約佔一半以上，家族與宗室橫帳的關係尚稱密切。然而五世以後，家族子弟的初任官就顯得複雜，儘管有些子弟起官不算小官，如天德軍節度使、南面林牙和烏古敵烈都監等，但已無法進入皇帝禁圍的親衛軍了。蒲古只家族與皇室疏離，大概以五世爲分界。樞密使蕭思溫曾舉薦五世耶律斜軫（表 4-2-3 編號 15）有經國才，上曰：「朕知之，第佚蕩，豈可羈屈？」儘管景宗因斜軫放蕩不羈猶疑，樞密使認爲不可小看其才，「乃召問以時政，占對剴切，帝器重之」。﹝註 74﹞由此顯示，當時景宗對二院皇族的子孫，仍有所認識。聖宗對家族八世耶律韓八（表 4-2-3 編號 27）已無所知，「太平中，寓行宮側，惟囊衣匹馬而已。帝微服出獵，見而問之曰：汝爲何人？」，﹝註 75﹞顯見二院皇族與宗室皇族的關係以非常疏遠，能力才是這些二院皇族在遼代政壇賴以生存的資本。

　　韓八與聖宗的偶然相遇，使韓八在蒲古只家族子弟的仕途有著特殊的官歷。于越曷魯家系之中，因爲耶律羽之（表 4-2-3 編號 6）任東丹中台右次相，在遼代仕宦中便少見其子孫的表現。家族其他子弟的仕宦，多屢歷地方及邊事，韓八雖也屢任邊事，但多在中央北面官系統歷練。韓八的五世祖是，和于越曷魯同祖之耶律鐸臻兄弟中的耶律古。韓八與聖宗的一面薄緣，帝陰識其才，其第一個官職是奉召錄決南京疑獄，酌情量理，人無冤者，「上嘉之」。任群牧官缺馬，酌輕重先馳奏而不加詰，「帝益信任」。興宗即位後仍信任不移，累遷左夷离畢、北面林牙、北院大王，再任左夷离畢及北院大王，北院大王治績「政務寬仁」。韓八既得前後二帝的賞識與信任，在同祖兄弟中的官歷較爲突出，更思以報效，「愈竭忠謹，知無不言，便益爲多」。

　　大約與韓八同世代的耶律合里只，不知所出房系，其仕履則多歷邊事。合里只重熙中累遷西南面招討都監，而後任懷化軍節度使，入爲北院大王，再出爲遼興軍節度使、東北路詳穩。合里只治邊事的表現，《遼史》有所記述「懷柔有道，置諸賓館及西邊營田，皆自合里只發之」。﹝註 76﹞觀察韓八與合

﹝註 74﹞　《遼史》卷八三〈耶律斜軫傳〉，頁 450 上。
﹝註 75﹞　《遼史》卷九一〈耶律韓八傳〉，頁 472 上。下文韓八事蹟引自同卷同傳，不另註出處。
﹝註 76﹞　《遼史》卷八六〈耶律合里只傳〉，頁 459 上、下。

里只二人的仕宦，爲官都有不錯的表現，頗能符合世選「量才」的標準。

　　或許是由於得到家世的蔭緣相對較少，才幹是蒲古只家族子孫在遼代政壇賴以生存的後盾，他們的共同特色是政績出色。耶律突呂不的四世孫，前述韓八的父執輩耶律古昱（表 4-2-3 編號 24），聖宗開泰間爲烏古敵烈都監，會部人叛，隨樞密使耶律世良討平之，「以功詔鎮撫西北部」（疑西北招討都監）。職西北邊事期間，「教以種樹、畜牧，不數年，民多富貴」。任中京巡邏使，盜起「悉擒之」。聖宗親征渤海，以黃皮室軍從，「有破敵功，累遷御史中丞，尋授開遠軍節度使，徙鎮歸德」。〔註77〕與古昱同世的耶律僕里篤（表 4-2-3 編號 25），開泰間爲本班郎君「有捕盜功，樞密使蕭朴薦之，遷率府率」。知興中府「以獄空聞」，攝西南面招討使「（重熙）十九年夏人侵金肅軍，敗之，斬首萬餘級，加右武衛上將軍」。又邊境群牧數被侵，遷倒塌嶺都監以備，「桴鼓不鳴」。〔註78〕

　　從太祖阿保機建國時代三世于越曷魯爲起點，表 4-2-3 所收蒲古只家族子孫計 30 人。擔任過迭剌部夷离堇或北南院大王者，共計 12 人佔家族子孫總數的 40%，比蕭阿古只家族子孫的比例略高。夷离堇計 2 人次、北院大王 7 人次、南院大王 4 人次共 13 人次；其中耶律覿烈擔任過迭剌部及南院部夷离堇，總計 12 人。綜合表 4-2-3 與傳記資料，將擔任夷离堇前後的爲政表現列爲下表（表 4-2-2）：

表 4-2-2：官員任夷离堇或北南院大王前後政績

	人　物	任　前　事　蹟	當　任　政　績	出　處
03	耶律曷魯	諸弟亂作，命曷魯討平之，以功爲迭剌部夷离堇	撫輯有方，畜牧孳盛，民用富庶	遼傳 73
04	耶律覿烈	曷魯死，繼爲夷离堇		遼傳 75
13	耶律吼	太宗特加倚任	蒞事清儉	遼傳 77
15	耶律斜軫	召問以時政，占對剴切，帝器重之。妻以皇后之姪，命節制西南面諸軍，仍援河東。改南院大王。		遼傳 83
19	耶律何魯不	以平察割功，授昭德軍節度使，爲北院大王		遼傳 77

〔註77〕上述古昱事蹟，《遼史》卷九二〈耶律古昱傳〉，頁 474 下。
〔註78〕上述僕里篤事蹟，《遼史》卷九一〈耶律僕里篤傳〉，頁 473 上、下。

20	耶律勃古哲	以討平党項阿里撒米等，遷南院大王		遼傳 82
21	耶律查只			遼傳 92
22	耶律磨魯古			遼傳 82
26	耶律侯哂	初爲西南巡邊官，以廉潔稱，累遷南京統軍使，尋爲北院大王		遼傳 92
27	耶律韓八	徙北面林牙，眷遇優異	拜北院大王，政務寬仁	遼傳 91
28	耶律宜新	從惠討西夏。惠敗績，宜新一軍獨全		遼傳 92
31	耶律合里只			遼傳 86

說明：表內編號爲表 4-2-3 的編號

　　將蒲古只家族子弟任夷离堇或北南院大王前後表現列表，可以檢討世選子弟被選任的原因。曷魯平諸弟之亂而爲迭剌部夷离堇，顯示他憑藉自己的才幹、能力。曷魯死，覿烈繼任夷离堇，顯示其可能受到兄長之功的庇蔭或受到皇帝的賞識。表 4-2-2 可得上任以前表現 9 條，依此前述原則加以分類，憑藉自己才幹出任得 5 條（表 4-2-3 編號 3、19、20、26、28），受先人兄長庇蔭或皇帝賞識者得 4 條（表 4-2-3 編號 4、13、15、27），二類情形大約相同。當然褒功或量才是一種綜合考評，很難清楚劃分是憑藉自己的才能或先人功勳的庇蔭。例如表 4-2-3 編號 19 的耶律何魯不，因爲其父耶律吼扶立屬於太祖長子系統的世宗，所以在太祖次子系的穆宗時代，何魯不幾乎不受重用。穆宗死後，太祖長子系的景宗繼位，可能感於何魯不之父當年扶立世宗之情，加上何魯不有平察割之功，等於是景宗即位的功臣，於是開始受到重用。通常家世影響力小，就要慢慢累積功勞，所以表 4-2-2 中可尋得夷离堇、北南院大王當任政績僅 3 條，但都表現忠謹任事，治績突出。

表 4-2-3：六院蒲古只家族子弟仕履遷轉

	世代	人物	初任官	仕履	終任官	備考
01	一世	匣馬葛			兩任迭剌部夷离堇	遼傳 73，玄祖簡獻皇帝兄
02	二世	偶思			遙輦時爲本部夷离堇	遼傳 73，曷魯父
03	三世	耶律曷魯	總腹心部	迭剌部夷离堇	阿魯敦于越	遼傳 73，太祖一神冊 3

04	三世	耶律覿烈又名兀里軫	宿衛	迭剌部夷离堇、南院夷离堇、東丹左大相	南京留守	遼傳 75、遼刻上羽之〈墓志〉，太祖－天顯 10，曷魯弟
05	三世	涅列神子			舍利	遼傳 75、遼刻上羽之〈墓志〉，（太祖），曷魯三弟
06	三世	耶律羽之	（宿衛）	東丹中臺省右次相、授鉞專討、加守太傅判鹽鐵、東丹中臺省左相	特進東丹中臺省左相，總統百揆	遼傳 75、遼刻上羽之〈墓志〉，太祖－會同初，曷魯四弟。羽之另有二弟護之、兀寶，早卒。
07	三世	耶律鐸臻	（宿衛），常居左右		藩邸	遼傳 75，祖蒲古只，（曷魯同祖弟），太祖－天顯 2
08	三世	耶律古	（宿衛）	從太祖略地山右、佐右皮室詳穩	右皮室詳穩	遼傳 75，太祖，鐸臻弟
09	三世	耶律突呂不	（宿衛）	文班林牙、國子博士知制誥、天下兵馬副元帥、留屯西南部	特進檢校太尉	遼傳 75，太祖－會同 5，鐸臻弟
10	四世	開里		東京統軍使、鎮國軍節度使、檢校太師，同政事門下平章事		遼刻上曷魯孫元寧墓志
11	四世	耶律甘露			東京中臺省右相	遼刻上羽之孫元寧墓志
12	四世	耶律漚里思			總領敵烈皮室軍，	遼傳 76，太宗，六院蒲古只之後
13	四世	耶律吼	（宿衛）	南院大王，以功加採訪使	南院大王	遼傳 77，太宗－天祿 3，六院蒲古只之後
14	五世	耶律元寧		東京中臺省左平章事、檢校太尉，上柱國，漆水縣開國子		遼刻上曷魯孫元寧墓志
15	五世	耶律斜軫	（任南面事），本傳有命節制西南面諸軍，仍援河東	節制西南面諸軍、南院大王、北院樞密使、山西路兵馬都統	山西路兵馬都統，加守太保	遼傳 83，景宗－統和間，曷魯孫。斜軫有一庶子狗兒，官至小將軍。

16	五世	耶律虎古	補御琖郎君	涿州刺史	赴京師	遼傳82，景宗－統和初，耶律覿烈孫
17	五世	耶律元寧		三鎮口巡檢使		遼刻上羽之孫元寧墓志，與曷魯孫同名。元寧有六子皆無顯著事蹟
18	五世	耶律延寧		雲、應、朔三鎮山口都巡檢使		羽之孫，遼刻上延寧子耶律道清墓志，道清無顯著事蹟
19	五世	耶律何魯不	本族敵史	昭德軍節度使	北院大王	遼傳77，（世宗）－乾亨間，耶律吼子
20	五世	耶律勃古哲	天德軍節度使	南京侍衛馬步軍都指揮使、南院大王，兼領山西路諸州事、總知山西五州	南京統軍使	遼傳82，景宗－統和8，六院蒲古只之後。有子叐里官至詳穩
21	五世	耶律查只			北院大王	遼傳92，侯哂祖
22	六世	耶律磨魯古	南面林牙	北院大王	北院大王	遼傳82，聖宗，覿烈曾孫。
23	六世	耶律忽古			黃皮室詳穩	遼傳92，侯哂父
24	七世	耶律古昱	烏古敵烈都監	鎮撫西北部、中京巡邏使、黃皮室詳穩、御史中丞、開遠軍節度使、歸德軍節度使	天成軍節度使	遼傳92，聖宗－重熙21，林牙突呂不四世孫
25	七世	耶律僕里篤	本班郎君	遷率府率（帥），同知南院宣徽事、彰聖軍節度使、知興中府、西南面招討使，加右武衛上將軍、倒塌嶺都監、金肅軍事副	長寧、匡義二軍節度使，致仕。	遼傳91，聖宗－清寧初，林牙突呂不四世孫。有子阿固質官至倒塌嶺都監
26	七世	耶律侯哂	西南巡邊官	南京統軍使、北院大王	東京留守，加兼侍中，致仕	遼傳92，興宗
27	八世	耶律韓八	審錄南京疑獄	群牧、左夷离畢、北面林牙、北院大王、復爲左夷畢	北院大王	遼傳91，聖宗－重熙12，北院詳穩古之五世孫
28	八世	耶律宜新			北院大王	遼傳92，興宗，古昱長子

29	八世	耶律兀沒			漢人行宮副部署	遼傳92，興宗－大康3，古昱次子
30	八世	耶律獨攦	左護衛	十二行紃司徒、拽剌詳穩、同知金肅軍事、涅剌奧隗部節度使、皇太后左護衛太保、寧遠軍節度使、五國、烏古部、遼興軍三鎮節度使	四捷軍詳穩	遼傳92，興宗－大康1，古昱子
31	八世	耶律合里只		西南面招討都監、懷化軍節度使、北院大王、遼興軍節度使	東北路詳穩加兼侍中	遼傳86，興宗－清寧間
32	八世	耶律裏履		同知點檢司事、永興宮使、右祇候郎君班詳穩、同知南院宣徽事	同知南院宣徽事，加太子太師	遼傳86，興宗－咸雍中

說明：1、本表綜合蓋之庸編著，《內蒙古遼代石刻文研究》（呼和浩特：內蒙古大學初
　　　　版社，2002年5月第1版）上篇及本書附錄製成。蒲古只家族子弟以傳記資
　　　　料，可以確證爲蒲古只之後爲主。蓋之庸認爲即于越曷魯祖匣馬葛即是蒲古
　　　　只，《內蒙古遼代石刻文研究》，頁7。觀耶律羽之墓志稱次兄汗里□，當即
　　　　遼傳耶律觀烈「字兀里軫，六院部蒲古只夷離堇之後」，可證蓋之庸不誤。
　　　2、蒲古只據《遼史》記載爲六院夷离董，太祖分迭剌部爲五院、六院，〈百官
　　　　志〉稱五院部在朝曰北大王院，六院部在朝曰南大王院，可知六院部爲南
　　　　院。本表七世古昱，本傳稱北院林牙突呂不四世孫，七世僕里篤卻稱六院
　　　　林牙突呂不四世孫，仍以六院爲準。
　　　3、《遼史》列傳簡稱遼傳、陳述，《全遼文》（北京：中華書局，1982年3月初
　　　　版）簡稱遼文、蓋之庸、《內蒙古遼代石刻文研究》簡稱遼刻。表中內容，
　　　　若爲筆者判斷者，加括弧區別。

　　本節選取蕭阿古只及蒲古只家族子孫的仕歷，一方面主要想觀察世選制
度的運作，褒功與量才的標準孰重孰輕；一方面透過對世選子弟仕履的探討
與分析，嘗試掌握契丹人，尤其是有世選資格的契丹貴族在遼代政府中仕途
的遷轉模式。綜合歸納前述的討論，當世選子弟有家世地位可資倚仗，其才
能的表現並不突出，或許是有其出身的身份可爲憑藉所致，如蕭阿古只家族
的蕭孝先者。反之當家世地位在政治上的影響力稍弱，世選子弟只能憑其才
幹賴以發展，如蒲古只家族子弟在實際政治的表現都頗爲出色。然而，即便
有家世可資倚仗，世選某官後只能靠其個人的努力與才幹，蕭惠任職北府宰

相、北南樞密使功過相倚,幸靠其個人的行誼與其子的戰死,始免其罰。大體來說,世選制度是從世選子弟的官職歷練中銓選某些特定官員的制度,同時也可視爲契丹在部族時代訓練貴族子弟所流傳下來的制度。

其次就世選子弟的遷轉模式看,略可歸納兩種模式。一、久歷地方或邊事後,再遷轉回中央敘任更高官職,如蕭孝穆者。二、內外輪遷互調,終回朝擔任高官,如蕭孝先。蒲古只家族可能隨時推移,年代遙遠與宗室皇族的關係也愈來愈疏離。除非得到皇帝的賞識和信任,如耶律韓八,否則一般是以在地方或邊事遷轉爲通則,這或許跟北南院大王原本是契丹的部族長官,建國後從部族長雖轉型爲北面中央朝官,但仍是實際率領部族軍的主力有關。

第三節　科舉與漢族官僚

金末元好問曾說「遼則以科舉爲儒學極致」,〔註79〕是指科舉與學術的關係。《金史》則明確指出遼朝官員以進士出身的比例,「仕於其國者,考其致身之所自,進士才十之二三耳」。〔註80〕另據本書〈附錄〉遼代官員 402 人,由進士出身者僅 42 名,進士管道佔入仕途徑十才居其一。遼代進士入仕的實際比例或許還要再高一些,不過由此可知《金史》顯然高估遼代進士入仕的比例,其描述應非有遼一代的平均現象,可能只是遼朝末葉某一時期的情形。

由本章第一節的討論,可知蔭緣是遼代最主要的用人管道,唐末五代流亡或被俘掠的漢人發展成的世家子弟大多經由蔭緣途徑,進入官僚組織。與蔭緣之途相較,進士顯然不是漢人入仕的主要途徑。據前文引述可知遼代的統治者仍然爲了錄用漢人官員,建立了一套考試制度。儘管這個考試制度的作用是受到若干的限制,〔註 81〕然而透過前文權力結構的分析,卻可發現不少進士可遷陞至南樞密院使相與南宰相府。因此,科舉考試制度在遼代政治結構中的功能,以及進士與蔭緣二途入仕的漢族官員在遼代仕途發展的差異,則是本節所欲釐清的主題。

〔註79〕 元好問,《遺山先生文集》（臺北:臺灣商務印書館,1965 年,叢書集成初編縮本）卷一七〈閑閑公墓誌銘〉,頁 172。

〔註80〕 《金史》（臺北:臺灣商務印書館,百衲本,1988 年 1 月臺六版）卷五一〈選舉志一〉,序,頁 478 上。

〔註81〕 Karl A. Wittfogel and Feng Chia-Sheng, *History of Chinese Society: Liao*（907～1125）（Philadelphia: American Philosophical Society, 1949）, pp.454～456.

一、遼代科舉制度及其作用

　　遼代政治制度先承唐制,與宋交往頻繁之後繼受宋制影響,科舉制度亦復如此。本文首先考述科舉在遼代實施的情形,作爲探討進士在遼代政治作用的背景。

(一)科舉實施情形

　　《遼史》未立〈選舉志〉,相關文獻的記載也失之過簡又多零碎。與遼朝時代相近的僅宋人葉隆禮有簡短的專章述其梗概,《續文獻通考》及《續通典》有類似的內容,因此清末厲鶚便爲《遼史》補〈選舉志〉。今學者研究遼代科舉往往以遼代史實檢討葉隆禮的記載,〔註 82〕由於遼代科舉的史料實在太少,仍迻錄於下:

> 太祖龍興朔漠之區,倥傯干戈,未有科目。數世後,承平日久,始
> 有開闢。制限以三歲,有鄉、府、省三試之設,鄉中曰鄉薦,府中
> 曰府解,省中曰及第。時有秀才未願起者,州縣必根刷遣之。程文
> 分兩科,曰詩賦,曰經義,魁各分焉。三歲一試進士。貢院以二寸
> 紙書及第者姓名,給之,號喜帖。明日舉接而出,樂作,及門擊鼓
> 十二面,以法雷震。殿試臨期取旨,又將第一人特贈一官,授奉直
> 大夫翰林應奉文字,第二人、第三人止授從事郎,餘竝受從事郎。
> 聖宗時,止以詞賦、法律取士,詞賦爲正科,法律爲雜科。若夫任
> 子之令,不論文武竝奏廕,亦有員數。〔註83〕

〔註82〕　參看李家祺,〈遼朝科舉考〉,《現代學苑》第 5 卷第 8 期,頁 21～26;楊樹
藩,〈遼金貢舉制度〉,《宋史研究集》第 7 輯(臺北:中華叢書編審委員會,
1974 年 9 月),頁 115～149;朱子方、黃鳳岐,〈遼代科舉制度述略〉,《遼
金史論集》第 3 輯(北京:書目文獻出版社,1987 年),頁 1～12;楊若薇,
〈遼朝科舉制度的幾個問題〉,《宋遼金元史》1989 年 3 期(北京:人民大
學書報中心,1989 年),頁 69～74;;都興智,〈有關遼代科舉的幾個問題〉,
《北方文物》1991 年 2 期(北京:北方文物編輯社,1991 年 5 月),頁 56
～60;李文澤,〈遼代官方教育與科舉制度研究〉,《四川大學學報》哲社版
1994 年 4 期,頁 60～64 以及周懷宇,〈遼王朝的科舉制考察述論〉,《安徽
史學》1997 年 4 期,頁 25～28,蔣武雄,〈遼代文臣參與遼宋外交的探討
——以遼代狀元和王師儒爲例〉,《東吳歷史學報》第 17 期(臺北:東吳大
學歷史系,2007 年 6 月),頁 28～48 等。本節科舉實施情形的寫作,參考
上述研究頗多。
〔註83〕　葉隆禮,《契丹國志》(臺北:廣文書局,1992 年 6 月再版)卷二三,試士科
制條,頁 196～197。

1、開　科

葉隆禮並未揭示遼代開科的明確時間，只言「數世後，承平日久，始有開闢」。《遼史》則記景宗保寧八年（976）「詔南京復禮部貢院」，聖宗統和六年（988）「是歲詔開貢舉」，〔註84〕似指遼代行貢舉開科在景宗、聖宗之際。清人厲鶚從《易水志》發現上述兩個年代之間已有進士3人，頗疑「景宗詔復貢院之後，南京已設科而未及他處耶」。〔註85〕近來若干學者，從墓誌等傳記資料中發現穆宗朝應曆年間的鄉貢進士鄭熙，〔註86〕可見早於景宗詔南京復貢院以前，遼代就已實行科舉。今論遼代開科年代大致已有共識，即目前所見遼代最早進士室昉（編號78）登第的會同初。〔註87〕宋人的記載略與室昉登第的時間符合，「契丹既有幽、薊、雁門以北，亦開舉選，以收士人」，〔註88〕據此可知概約會同初開科。

據上討論，早在會同元年（938）遼代應該就已開科取士，然而試無定期，因此並未形成正式制度，主持科舉事務的貢院，也間或設置，事過則廢。到遼景宗始行詔復南京貢院，便在幽燕地區實行科舉，至於是否「歲行貢舉」尚無明確資料佐證，聖宗統和六年（988）開始實行於遼國全境。

2、科舉對象與限制

由前文宋人的記載可知，遼代科舉所欲舉選者始以漢族士人為對象，在景宗時代以南京道即幽燕地區的漢人為對象，聖宗時代科舉實行全國之後，全國的漢人皆可應試。與漢人同屬漢文化圈的渤海人，隨著試榜次數的增加，也是科舉欲徵的對象，如大康鼎（編號390）「渤海人，先世籍遼陽率賓縣」，「咸雍十年登進士第」。〔註89〕契丹人一般是禁止參試的，耶律蒲魯在重熙中登進士第，「主文以國制無契丹試進士之條，聞于上，以庶箴擅令子就科目，鞭之二百」。〔註90〕到了遼末這一禁令可能就無法再維持了，如大安六年

〔註84〕 參看《遼史》卷八〈景宗紀一〉，保寧八年十二月戊午，頁50上及卷一二〈聖宗紀三〉統和六年，頁65下。

〔註85〕 厲鶚，《遼史拾遺》（臺北：藝文印書館，百部叢書集成廣雅叢書本，1966年）卷一六〈補選舉志〉，頁1左。

〔註86〕 參看楊若薇，〈遼朝科舉制度的幾個問題〉，《宋遼金元史》1989年3期，頁69。

〔註87〕 室昉本傳稱「會同初，登進士第」，見《遼史》卷七九〈室昉傳〉，頁439上。

〔註88〕 不著撰人，《儒林公議》（北京：中華書局，叢書集成初編本，1985年）卷下，頁33。作者，叢書集成初編本作「不著撰人」；厲鶚，《遼史拾遺》作田況。

〔註89〕 《遼史》卷一百五〈大公鼎傳〉，頁509上。

〔註90〕 《遼史》卷八九〈耶律蒲魯傳〉，頁467下。

（1090）進士鄭恪（編號 349）是白霄人，耶律大石登天慶五年（1115）進士第，〔註91〕不過北方民族士子參加科舉的畢竟是少數。

除了禁止契丹人參試之外，興宗曾禁止醫卜、屠販、奴隸及倍父母或犯事逃亡者舉進士，〔註92〕顯示重熙十九年（1050）以前科舉在遼代吸引各色人等欲以舉業改變身份，同時也證明筆者本章第一節所述開放漢族平民參政的機會，而非為漢人世家開闢另一入仕管道的觀點。遼末天祚帝時，禁止商賈之家應進士舉。〔註93〕

3、考試層級與試期

葉隆禮稱遼代科舉分鄉、府、省三級試，但根據學者的考證，府試應該是臨時的詔舉；另有不定期舉行的殿試，有時是知貢舉官以皇帝的名義出題，有時則是皇帝親自出題，通常在省試階段就已確定等第。〔註94〕一般應由鄉試直接解送省試，最直接的證據是道宗年間進士登第的賈師訓，少時舉進士，「年十四舉進士，由鄉解抵京師」。〔註95〕葉氏所謂「三年一試」也非遼代的實際情況，有學者統計遼代取士開 64 科，只有 5 次是三年一試。〔註96〕

4、取士科目

按照葉隆禮的說法，似乎遼代取士初分詩賦進士與經義進士二科，聖宗時代進士科略作釐革，以詞賦為正科進士而法律為雜科進士。但是揆諸文獻與碑文資料，似未見經義一科，〔註97〕道宗朝寶景庸女造經曾有「鄉貢律學張貞吉」，〔註98〕厲鶚曾見《涿州志》載王吉甫於天慶二年（1112）「是律學第一」，〔註99〕足見至天祚帝朝仍有律學一科，是故雜科進士的記載應為可信。

遼代取士除進士一科外，另有明經科。統和十二年（994），聖宗曾令「郡邑貢明經、茂材異等」，〔註100〕甯鑒之父甯的「明經登第，終於鄱陽縣主簿」，

〔註91〕《遼史》卷三十〈天祚紀四〉，頁 145 下。
〔註92〕《遼史》卷二十〈興宗紀三〉，重熙十九年六月壬申，頁 103 下。
〔註93〕《遼史》卷二七〈天祚帝紀一〉，乾統五年十一月戊戌，頁 131 下。
〔註94〕朱子方、黃鳳岐，〈遼代科舉制度述略〉，《遼金史論集》第 3 輯，頁 6。
〔註95〕楊□，〈賈師訓墓誌〉，《遼代石刻文編》，頁 477。
〔註96〕李家祺，〈遼朝科舉考〉，《現代學苑》5 卷 8 期，頁 22。
〔註97〕都興智，〈有關遼代科舉的幾個問題〉，《北方文物》1991 年 2 期，頁 57。
〔註98〕張貞吉，〈寶景庸女賜紫比丘尼造經記〉，《全遼文》卷一二，頁 350。
〔註99〕厲鶚，《遼史拾遺》卷一六〈補選舉志〉，頁 1b。
〔註100〕《遼史》卷一三〈聖宗紀四〉，統和十二年十一月庚戌，頁 70 上。

〔註101〕甯鑒之父當爲興宗末、道宗初之際的人。綜上記載，從聖宗至道宗朝應該皆有明經一科，但觀甯的終官鄱陽縣主簿，顯示遼代與唐宋一樣並不重視明經科。由前舉聖宗統和十二年的詔令來看，遼代亦行制舉，遼代制舉最早可能在太宗會同五年（942），仲父房的耶律海思（編號 64）便曾詣闕應「直言」之選，道宗朝對應制舉之選者，有較爲明確並且嚴格的規定，「設賢良科，詔應是科者，先以所業十萬言進」，〔註102〕顯見遼代取士已多，科舉逐漸制度化，頗值得注意。

（二）遼代科舉的作用

根據《遼史·本紀》與相關文獻的記載，學者對遼代科舉進士榜數的統計多寡不一，每榜平均數最多 45 人，最少 39 名進士。〔註103〕綜觀遼代開科取士大約至道宗末期（壽昌六年，1100）達到最高，平均每年錄取進士 27 名，〔註104〕總計遼代錄取之進士年平均數不足 20 名，遠少於金代的平均數，即便與資料缺少的元代比較亦不足。據此並綜合本章第一節對入仕途徑的分析可知，進士並非遼代統治者主要的用人管道，但是仍有若干進士出身的遼代官員，卻可升遷至南樞密院使相和南府宰相。因此，下文擬探討進士在遼代政治的作用，首先對遼代進士的仕履作一初步的綜合觀察。

總計遼代二千以上的進士，可考其姓名者可能只有 190 名左右，《遼史》有傳的進士約得 22 人，〔註105〕筆者根據石刻傳記資料有較爲詳細生平、仕履

〔註101〕虞仲文，〈甯鑒墓誌〉，《遼代石刻文編》天祚編，頁 606。

〔註102〕《遼史》卷二二〈道宗紀二〉，咸雍六年五月甲寅，頁 113 下。

〔註103〕下表資料由台灣師大歷史系助理教授陳昭揚提供並得東吳大學歷史系蔣武雄教授指正，謹致謝忱。

作　者	榜　數	進士總額	每榜平均數	出　處
李家祺	64	2498	39	李家祺 1968
楊樹藩	53	2383	45	楊樹藩 1973
朱子方	53	2211	41.7	朱子方 1987
楊若薇	55	2338	42.5	楊若薇 1989
許守泯	57	2228	39.1	許守泯 1997
李文澤	55	2357	42.9	李文澤 1999
蔣武雄	54	2460	45.5	蔣武雄 2007

〔註104〕Karl A. Wittfogel, "Public Office in The Liao Dynasty and The Chinese Examination System", *Harvard Journal of Asiatic Studies*, Vol. 10, No. 1, p. 21.

〔註105〕朱子方、黃鳳岐，〈遼代科舉制度述略〉，《遼金史論集》第 3 輯，頁 8～9。

者，總計得進士 42 人。本文對遼代進士仕履的綜合觀察，便根據這 42 名進士的資料。

　　據研究，遼代進士釋褐授官的品階可能與唐代相同或略低於唐代，初授從九品下，葉隆禮所說殿試第一授奉直大夫爲從六品官，幾乎是不可能的。〔註106〕從進士的仕歷來看，統和二十二年（1004）以前進士的初任官職概爲地方官的幕僚，如常遵化（編號 108）任霸州文學參軍，張儉爲順州從事。統和二十二年以後，進士的初任官職大部分爲秘書省校書郎或著作佐郎，如王澤（編號 222）初任秘書省校書郎，張績（編號 242）初任將仕郎守秘書省著作佐郎，將仕郎在唐制文職散階爲從九品下，品位較高的是梁援（編號 358）初任儒林郎守右拾遺直史館，儒林郎唐制文散階爲正九品下。〔註107〕初任地方幕僚（劉伸，編號 304），或地方縣令（王鼎，編號 372）較少。

　　初任官之後的仕履有幾種發展，如果大部分在各級地方幕僚職遷轉，大概較無機會升遷至南樞密院使相或南府宰相等中央高階官職，如常遵化即是。初任官之後比較有表現才幹的機會，是刑獄方面的發展，例如趙徽（編號 295）「重熙五年，擢甲科，累遷大理正。清寧二年，銅州人妄毀三教，徽按鞫之，以狀聞，稱旨」。〔註108〕徽其後遷翰林院承旨，出爲地方節度使，最後遷至同知樞密院事，兼南府宰相。又如與趙徽同年進士第的劉伸（編號 304），「遷大理少卿，人以不冤」，累遷至提點大理寺，「以伸明法而恕，案冤獄全活者眾，徙南京副留守」，歷練地方節度使後，改戶部使「歲入羨餘錢三十萬緡，拜南院樞密副使」。〔註109〕以上趙徽與劉伸都是在大理寺任內表現其才幹，得以歷練中央翰林院幕僚及地方首長職，終能升至使相。

　　事實上劉伸的仕歷，揭示了刑獄以外另一種初任官後得以表現才能的機會，即財經方面的專長。楊遵勗於重熙十九（1050）登進士第後，有機會任樞密院幕僚累遷副承旨、都承旨，已表現出幹練的形象，「天下之事，叢于樞府，簿書填委。遵勗一目五行俱下，剖決如流，敷奏詳敏」，因此得到任戶部事的機會，「奉詔徵戶部逋錢，得四十餘萬緡，拜樞密直學士，改樞密副使」，

〔註106〕都興智，〈有關遼代科舉的幾個問題〉，《北方文物》1991 年 2 期，頁 59～60。
〔註107〕唐統天，〈遼代漢官的散階制〉，《宋遼金元史》1989 年 4 期（北京：人民大學書報中心，1989 年），頁 70。
〔註108〕《遼史》卷九七〈趙徽傳〉，頁 489 上、下。
〔註109〕《遼史》卷九八〈劉伸傳〉，頁 491 下。

大康初知樞密院事，拜南府宰相。〔註110〕出身燕四大族醫巫閭的馬人望之幹
練不下劉伸，兼有刑獄和財經的專才，雖初仕地方縣令，但不掩其才。「擢中
京度支司鹽鐵判官。轉南京三司度支判官，公私兼裕」。遷警巡使，「京城獄
訟填委，人望處決，無一冤者」。人望雖出身漢人世家，但仕途並不順遂，與
宰相耶律儼不協官歷多舛，「遷中京度支使，始至，府廩皆空；視事半歲，積
粟十五萬斛，錢二十萬緡」，因此得以歷練最高政治中樞樞密直學士，終拜南
院樞密使。〔註111〕

　　除了剖決文書、審刑及財經專才以外，遼代進士官員另一個可以表現才幹
的場合，則是獲遼廷選充使副在外交領域中表現其文采與機鋒。尤其統和二十
二年（1004）澶淵盟約後，遼宋頻繁的交聘中更常見到漢人進士活動的蹤影。
統和十四年（996）舉進士第一的張儉墓誌銘載：「屬踐睦於國鄰，用交修於邦
聘，詔充南朝皇帝生辰國信副使」，〔註112〕知張儉充賀宋真宗生辰副使。在遼
宋交聘的傳統中，正旦及兩朝皇帝生辰互派使節朝賀，皇帝駕崩互聘使報哀，
甚至皇后、皇太后亦復如此。為迎、送、接待來使，雙方往往也選派館伴駐蹕
館驛及迎、送使。各使例由一文一武充任，至於文武先後宋初並無定制，澶淵
盟後逐漸畫一，正使概用文臣副使皆用武人，報哀使率以武臣應選。契丹則例
以武臣為大使，副使多用文史。由於宋朝國勢不如遼國，常選派文學造詣高深
的文臣出使，在酒宴酬唱中顯示宋朝文化的優越，以抒解心理的不平與抑悶。
遼朝為與宋分庭抗禮，亦常選充進士及第的文臣與宋使較勁。〔註113〕

　　自古至今外交都是國力的延伸，所以遼宋兩國使節乃利用各種機會在文
采、機鋒以及國力上互相比較炫耀，甚至運用各種外交手段以謀獲致特定的
政治與外交目的。統和三十年（1012），宋使王曾來賀遼聖宗生辰，館伴使刑

〔註110〕《遼史》卷一百五〈楊遵勖傳〉，頁511上。
〔註111〕《遼史》卷一百五〈馬人望傳〉，頁510上、下。
〔註112〕楊佶，〈張儉墓誌銘〉，見陳述輯《全遼文》（北京：中華書局，1982年3月），
　　　　頁128。
〔註113〕遼宋兩國選派文臣充任國信使副並在遼宋外交扮演吃重角色，學者亦有研
　　　　究。如，聶崇岐，〈宋遼交聘考〉，《宋史叢考》下（臺北：華世出版社，1986
　　　　年），頁283～375；陶晉生，〈從宋詩看宋遼關係〉，《宋遼關係史研究》（臺
　　　　北：聯經出版公司，1984年），頁等。其中以蔣武雄的研究較為全面，有〈宋
　　　　遼外交中的詩歌交往〉，《中國中古史研究》第1期（臺北：蘭台出版社，2002
　　　　年9月），頁229～245與〈遼代文臣參與遼宋外交的探討──遼代狀元和王
　　　　師儒為例〉，《東吳歷史學報》第17期，頁28～48等，本文寫作參考其成果
　　　　頗多。

祥誇聖宗以鐵券賜親賢。王曾謂鐵券是人主衰世用以寵臣安反側，何足以誇耀，刑祥一時羞愧語塞，〔註114〕可知二人暗中的較勁。壽昌初（1095）宋攻夏，遼道宗遣耶律儼使宋諭和，宋館伴使蔡京有意留儼於館驛以刁難。一次飲宴中，耶律儼以盤中杏爲喻言「來未花開，如今多幸」，蔡京舉梨答之曰「去雖葉落，未可輕離」。〔註115〕對耶律儼來說，早日諭和宋夏返遼自是大功一件；但對蔡京而言，拖延耶律儼面見宋哲宗爲宋夏戰事爭取時間亦功不可沒，所以在去京途中的館驛彼此舉杏、梨爲喻針鋒相對，各自爭取政治利益。乾統五年（1105）夏復爲宋所攻，夏使又來請遼和解，遼天祚帝遣使宋朝交涉，牛溫舒的成功表現可爲進士使節的代表：

> 方大燕，優人爲道士裝，索土泥藥爐。優曰：土少不能和。溫舒遽起，以手藉土懷之。宋主（徽宗）問其故，溫舒對曰：臣奉天子威命來和，若不從，則當卷土收去。宋人大驚，遂許夏和。還，加中書令，卒。〔註116〕

溫舒于燕飲中以遼國力爲後盾，藉土比喻迫使宋許夏和，由此可見其機敏的應變，成功達成任務，因此以功加中書令。

　　細味上述諸人的仕履，不論是在大理寺任職表現傑出，得到歷練地方首長或翰林院幕僚的機會，如趙徽、劉伸者流。或是大多在中央機構歷練遷轉的楊遵勗，乃至於以地方縣令起官，仕途又不順遂的馬人望。他們都在其仕歷生涯中，表現精明幹練的形象。進士既不是遼朝主要的入仕管道，但何以仍有若干可官至使相，初頗疑遼代政治運作制度化後，經蔭緣管道入仕的皇族、外戚等權貴與漢人世家成爲威脅遼帝權力的勢力，因此遼朝統治者乃拉攏進士以爲牽制。然而這種推論又與史實不合，因爲一者終遼之世未聞進士與權貴世家有何政治鬥爭，其二相較於遼代取士總數二千餘人，官至使相者的比例仍非常低。透過對遼代進士官歷的初步觀察，前述所惑便得以解。遼初建國時期吸納的河北幽燕地區漢人多爲職業軍人，幾代以後間或有少數子弟轉型爲文學儒士，但是大部分還是承襲祖先世業，與契丹權貴的同質性很高。遼代政治運作制度化與行政組織官僚化之後，政治上或許需要一批高級

〔註114〕蔣武雄前揭〈遼代文臣參與遼宋外交的探討——以遼代狀元和王師儒爲例〉，《東吳歷史學報》第17期，頁30。

〔註115〕陸游，《老學庵筆記》（北京：中華書局，《唐宋史料筆記叢刊》，2000年7月）卷四，頁48。

〔註116〕《遼史》卷八六〈牛溫舒傳〉，頁458下。

的行政人才，原有統治階層的背景顯然尚不足以應付這一新的變化。然而如本章第一節所述遼代吏進爲少又不識大體，上述這些務實又具有幹練行政專才的進士，正好符合契丹統治者的需要。若問遼代進士在政治中的作用爲何，《遼史》修撰者對王棠評價「練達朝政，臨事不怠，在政府修明法度，有聲」，〔註117〕或許可作爲進士形象的註解。

在遼代政治的實際運作中，爲史籍文獻記載的進士官員形象雖率多精明幹練，但另有一種形象未被專研遼史者注意，試舉幾例論說。儘管遼代進士出身的官員爲修史者列入〈姦臣傳〉僅「貪貨無厭」張孝傑一人，〔註118〕然而爲史家評價忠耿、剛直者亦頗不多。事蹟較著者如室昉「是時昉與韓德讓、耶律斜軫相友善，同心輔政，整哲（析）蠹弊，知無不言，務在息民薄賦，以故法度修明，朝無異議」。〔註119〕少數不畏權勢固執原則者如張儉，史稱：

> 儉弟五人，上欲俱賜進士第，固辭。有司獲盜八人，既戮之，乃獲正賊。家人訴冤，儉三乞申理。上勃然曰：卿欲朕償命耶。儉曰：八家老稚無告，少加存恤，使得收葬，足爲存沒矣。乃從之。〔註120〕

由其固辭興宗賜儉弟進士及不顧興宗怒意三乞申理冤盜家屬，可見一斑。另如范陽牛溫舒得「剛正尙節義」之名者，〔註121〕也是寥寥幾人而已。

反觀，若干才稱幹練甚或出身名門世宦的進士官員，其節操卻不甚光明。「燕四大家」之一的昌平劉六符史謂「有志操，能文」，實際上卻「嘗受宋賂」，杜防「白其事，出爲長寧軍節度使，俄召爲三司使」。〔註122〕劉六符雖與參知政事杜防有嫌隙，但觀前後史文，「嘗受宋賂」一事並非權力鬥爭蒙受不白之冤。杜防舉發劉六符，自己亦非剛正忠直之士，史稱楊績「與杜防、韓知白等擅給進士堂帖，降長寧軍節度使，徙知涿州」。〔註123〕遼道宗曾特召見楊績，謂曰：「方今羣臣忠直，耶律玦、劉伸而已，然伸不及玦之剛介」，〔註124〕或有諷刺楊績之意。另外，博學有才辯，中重熙七年（1038）進士乙科的王觀

〔註117〕《遼史》卷一百五〈王棠傳〉，頁511下。
〔註118〕《遼史》卷一百十〈張孝傑傳〉，頁520下。
〔註119〕《遼史》卷七九〈室昉傳〉，頁439上。
〔註120〕《遼史》卷八十〈張儉傳〉，頁441上、下。
〔註121〕《遼史》卷八六〈牛溫舒傳〉，頁458下。
〔註122〕《遼史》卷八六〈劉六符傳〉，頁458上。
〔註123〕《遼史》卷九七〈楊績傳〉，頁489上。
〔註124〕《遼史》卷九七〈楊績傳〉，頁489上。

則是貪厭之人，「坐矯制修私第，削爵爲民」。〔註125〕素稱廉潔一芥不取的耶律儼，頗知揣摩上意以求干祿之道：

儼素廉潔，一芥不取於人。經籍一覽成誦。又善伺人主意。妻邢氏有

美色，常出入禁中，儼教之曰：愼勿失上意，由是權寵益固。〔註126〕

《遼史》本傳的形容，對於有廉潔之名的耶律儼可謂極大的諷刺。至於前舉剖決簿書詳敏的楊遵勗則是畏權屈勢的財經幹才，道宗詔遵勗與燕哥按耶律乙辛誣太子事楊遵勗「不敢正言，時議短之」。〔註127〕難怪遼道宗會有忠直之臣僅耶律決、劉伸二人之嘆。

綜合前揭數例，遼代進士官員的行事作風或尚不至紊亂官箴，然其精明幹練的形象恐怕是便宜行事的作風得來的。據研究，金代漢人士大夫在現實政治的行動準則較缺乏主動性，往往依據法律規章行事，而通常遵循君主的意旨又高於法律規章。同時，金代漢士官員治理地方事務尚有典型的「苛刻」作風，則源於女眞君主控制漢人以鞏固政權的「殘暴化」治事手段。〔註128〕遼代進士這種「幹練」與「便宜行事」的雙重形象，歷金代漢士在現實政治上表現的「謹愼務實」之「吏風」，至元朝取士吏進爲多，〔註129〕在中國漢人政治活動史上隱隱形成一股具有特殊「北朝」性格的脈絡。

二、漢族官員的遷轉

統和二十二年（1004）澶淵之盟之後，遼代科舉進士名額大爲增加，亦頗吸引漢人世家子弟求取功名。然而如本章第一節所揭，最爲富盛漢人世家「燕四大族」除昌平劉氏、玉田韓氏及醫巫閭馬氏等少數子弟兼具閥閱與科第身份以外，有意習舉業的畢竟不多。可見世家子弟並不以科第功名爲入仕的首要考慮，〔註130〕即便以科舉入仕，亦不見得憑藉進士身份得意仕途。下文欲以幾個漢人官員爲中心，尋繹其仕履遷轉之略歷，以辨明科第出身與蔭

〔註125〕《遼史》卷九七〈王觀傳〉，頁489下。
〔註126〕《遼史》卷九八〈耶律儼傳〉，頁491上。
〔註127〕《遼史》卷一百五〈楊遵勗傳〉，頁511上。
〔註128〕陳昭揚，《征服王朝下的士人——金代漢族士人的政治、社會、文化論析》（新竹：清華大學歷史研究所博士論文，2007年6月）第三章政治活動，頁67～134。
〔註129〕王明蓀，《元代士人與政治》（臺北：臺灣學生書局，1992年3月初版）第二章第二節統一中國時期用人與取士，頁79～92。
〔註130〕Karl A. Wittfogel, "Public Office in The Liao Dynasty and The Chinese Examination System", Harvard Journal of Asiatic Studies, Vol. 10, No. 1, pp. 33～34.

緣出身的漢族官員在遼代仕途發展的差異。

　　韓橁是玉田韓氏的第四代，韓知古五子匡美孫。以蔭補出身，「襲世祿以不驕，修天爵以彌篤」，〔註131〕初授西頭供奉官，初任之後任職司外國使節的引進、客省使，或許是出自高門得持節使夏、宋。玉田韓氏應屬遼代漢人武職軍人世家，橁伯祖匡嗣曾任上京、南京留守、盧龍節度使等職，以西南招討使終官，祖父匡美亦仕戎職任燕京統軍使，因此韓橁少時即「尤工騎射，洞曉韜鈐」，統和二十八年（1010）聖宗親征高麗，終於有機會隨軍授左第一驍騎部署。軍還，知歸化州軍州事，歸化州臨白霤，「民苦侵漁」，自抵任「咸服仁化」，因此秩滿除彰愍宮都部署，燕京留守衙內馬步軍都指揮使，及易州兵馬都監，轉弘義宮都部署。至此，一路於軍事兵馬遷轉，可惜坐事制獄，因「念勳舊也」得以笞刑斷之，又不奪官。這時家世就產生作用了，尚不因此驟失帝之信任，次年猶出使沙州回鶻，使還，聖宗「寵睠踰厚」尋授乾、顯、宜、錦、建、霸、白川七州都巡檢。據上足見，韓橁雖坐事入罪，但是恩寵不衰，兼知七州都巡檢，其後再知邊州。太平九年（1029），渤海大延琳叛，押控四軍平亂，於是駐泊遼東、移鎮瀋州。使宋還，歷北、南院宣徽使。

　　揆諸本章第一節北南院大王的民族分佈，可知漢人掌軍機重務在遼代可說是鳳毛麟角。大丞相韓德讓之後，韓氏家族只有德讓父匡嗣系統，擬橫帳季父房的韓制心（耶律遂貞）一人為南院大王。韓橁官歷雖終不至使相，但是屢歷軍國重務，鎮守遼東。可見漢人在遼代掌軍機之務，只有像韓制心與韓橁這種出身於漢人閥閱的子弟才可能達到。〈附錄〉所收進士出身的漢族官員，只有醫巫閭梁援（編號358）才稍可比擬，從梁援的仕歷來看也是從中央最高官署樞密院幕僚，歷練兵刑房承旨、吏房承旨等職，才轉向地方節度使及行宮都部署發展。

　　本節前舉醫巫閭馬人望（編號376）兼有閥閱與科第的雙重身份，可作為蔭緣出身與科第出身漢族官員仕履的對照，因此再略述其大要。人望任南京警巡使，治績頗著，因此回上京任副留守。在上京副留守任內，馳逐上京劇賊趙鐘哥，不久擢升樞密都承旨，有機會到天下機樞所在的樞密院歷練幕僚。就在樞密都承旨任內為宰相耶律儼排擠，於是累遷南京諸宮提轄制置、保靜軍節度使。這段時期，馬人望歷練地方的首長，雖稍涉軍務，主要仍在警政

〔註131〕李萬，〈韓橁墓誌〉，《遼代石刻文編》興宗編，頁204。以下韓橁生平仕履亦
　　　　多引自其墓誌。

與民政方面的事務，與韓橁仍難以比擬。其後轉中京度支使，展現人望幹練的財經能力，已於前文略述。由於中京度支使的幹練形象，馬人望再回中央任樞密直學士，不久判南京三司使，改南院宣徽使，終南院樞密使。〔註132〕

遼代官至使相的進士官員仕履在前文已略述梗概，馬人望的仕履中歷練樞密院幕僚，是另一個可以觀察進士官員的指標。本書收錄的 42 名進士出身的官員，有 21 名官至使相，適達半數。在 21 名進士出身的使相中，有 17 人成經歷練過翰林院承旨、翰林院學士、樞密院承旨、主事及樞密院直學士，比例相當高，顯示遼朝統治者善於運用進士的特長，以爲幕僚執事或以備顧問參議。

今再以統和十四年（996）舉進士第一的析津張儉（編號 219）爲例，觀察進士完整的仕歷。據墓誌，張儉釋褐初授順州從事，〔註133〕即地方首長幕僚，是故史稱「調雲州幕官，故事車駕經行，長吏當有所獻。聖宗獵雲中，節度使進曰：臣境無他產，惟幕僚張儉一代之寶，願以爲獻」。〔註134〕這是張儉獲得聖宗信任的機緣，而他也把握住了，「召見，容止朴野。訪及世務，占奏三十餘事。由此顧遇特異，踐歷清華號稱明幹」。觀「號稱明幹」與前舉王棠「修明法度」如出一轍，可見遼代進士名臣才多幹練，頗符合人主所需。其後，張儉改歷監察御史，補司門外郎，楊佶稱其「鵬翼張以彌天，摶扶搖而直上」。統和二十七年（1009）丁太傅憂，起復禮部郎中、知制誥、直樞密院，開泰元年（1012）知樞密直學士，次年正授。這是張儉仕歷的關鍵時刻，由前文所述可知歷樞密直學士的進士，有很高的比例最後可官至使相。開泰四年（1015）春，樞密副使，六月累遷同知樞密院事，據前章第三節之述可知「同知樞密院事」得參朝議，上距張儉出仕尚不足 20 年，在遼代漢人官僚之中可謂快速。太平五年（1025）出爲武定軍節度使，次年入爲南院樞密使。

由前揭數例的討論，透露出遼代漢人世家子弟仍以蔭緣爲主要入仕管道，尤其是屬「燕四大族」的玉田韓氏。由於韓知古、韓匡嗣父子隨遼太祖征戰四方，在遼初可接觸軍機，其後世子孫如匡嗣系的韓制心與匡美系的韓橁是遼代少數得掌軍務的漢人，即便如韓橁終官並不顯赫，其仕履生涯始終身處機要，恩優寵沃不衰。進士出身的一般漢人官員，最能表現其才能的概

〔註132〕馬人望的生平、仕履，見《遼史》卷一百五〈馬人望傳〉，頁 510 上、下。
〔註133〕楊佶，〈張儉墓誌〉，《遼代石刻文編》興宗編，頁 266。
〔註134〕《遼史》卷八十〈張儉傳〉，頁 441 上。張儉生平、仕履多引自此，不再贅註。

爲刑獄、財經方面的職務，如果能在這兩類職務有傑出表現，又能歷練翰林院或樞密院幕僚者，可能是漢籍進士高昇使相的最佳遷轉途徑。

本章小結

　　一個少數民族統治或外來的政權，爲了維持其所屬民族或統治者的政治利益，往往以身份爲用人標準。一個政權如果將統治的基礎侷限在特定民族，勢將爲政權的鞏固帶來不利的影響。如何取得平衡，對統治者而言是兩難的抉擇。用人政策方面，遼朝的統治者以蔭緣之途爲主要用人管道，在金、元二朝也同樣反映這種現象。這顯示征服王朝用人有重視家世的傾向，也是征服者爲維持其政治優勢採取的一種方式，而且反映在其權力結構。

　　從權力結構來看，遼朝有若干官職的民族分佈顯示漢人與契丹人的比例相差懸殊，表現出這些機構的用人有明顯的民族界線。最明顯的例子就是北樞密院使相的敘任，這與北樞密院是遼朝北面最高行政中樞有關。生涯仕歷曾任職過北南院樞密使的若干具體個案中，大部分是由南院樞密使轉爲北院樞密使，只有很少部分由北院樞密使轉爲南院樞密使。這個現象顯示二院樞密使雖同爲遼朝中央最高權力官職，共秉國政，但在地位上北院樞密使還是略高於南院樞密使。北院樞密使不僅實際執掌天下樞機，尚有象徵契丹政權的形式意義，所以並非漢人單純憑藉能力就可取得的職位。曾擔任過北院樞密使職的漢人僅有兩人，其中韓德讓（編號 140）與皇族關係密切，賜姓名耶律隆運，他死後子孫還被擬爲橫帳季父房。要說他純粹以漢人身份和能力陞至北院樞密使，恐怕值得商榷。嚴格來說，單純以漢人身份位置樞密職當屬進士高正（編號 169），而且僅遷至北院樞密副使，並未陞至最高職北院樞密使。北南院大王則是遼朝中央掌握重要兵權的職務，遼朝史上屢屢看到北南院大王率師東征高麗、南伐宋境，所以北南院大王同樣幾乎不是漢人可以企求的官職。以本書所得，唯一以漢人身份位至北南院大王者，是同樣出身玉田韓氏的韓制心（編號 231）爲德讓弟德崇之子。此一方面反映韓德讓以後玉田韓氏在遼朝政治的影響力，亦可見二大王院是北樞密院以外，另一個漢人難以企望的官職。

　　終遼朝之世，進士一直都不是契丹統治者主要的用人管道。但是，遼朝中後期以進士之途入仕的比例有升高的趨勢，而且不少人的最高官職可以到

達使相的位置。雖然部分漢人世家子弟受到進士名額增加的吸引參與科舉，畢竟蔭緣才是他們憑以入仕之階。遼代參加科舉的漢人一般多屬出身平民階層的士子，是故進士比例升高的趨勢，反映遼朝政治結構開放的一面。遼代政治運作制度化與行政組織官僚化之後，政治上或許需要一批高級的行政人才。遼朝進士出身官員的仕歷，在法律與財經方面表現其幹練的形象，同時在翰林院及樞密院擔任高級幕僚參謀，正是反映這一需要。

第五章　結　論

一

　　從蒙元甚至明、清的歷史發展回溯，由契丹、女眞民族建立的遼金二朝
與兩宋對峙的時代，無疑是國史上一段醞釀的時期。這些北亞民族建立的遼
金元清四朝歷史，代表北亞游牧文化及半農半獵的漁獵文化與中原農耕漢文
化的涵化過程。如本書緒論所辨明的，日本學界研究遼金元清四朝政治及社
會所提出的論點，充其量僅可視爲「征服王朝形成史論」。因此自美國學者魏
復古以「征服王朝」指涉遼金元清歷史上兩元文化共生的涵化現象之後，長
久以來是否存在「征服王朝理論」以解釋國史上諸民族文化融合或涵化的事
實，頗有疑問。

　　基於遼代社會與文化的相關史料文獻缺乏而且零碎，同時由於政治也是
總體文化的一環，本書乃試圖以遼代政治爲主題探討國史上的涵化內容。爲
了能表現有遼一代漢制與契丹政治傳統涵化的動態過程，也就是契丹統治者
如何採借漢人的政治制度，結合固有的游牧政治傳統，並有效地統治漢地與
草原的新王朝。筆者遂以功能與結構的角度，觀察遼朝的政治制度與政府的
運作以及統治階層的權力結構。一如其它征服王朝，上述制度、政府與權力
三個層面大概都圍繞兩個問題，即契丹的統治者必須思考如何提高部族酋長
的權威，以集中人力、物力從事征服工作；以及完成征服工作以後，如何鞏
固新成立的政權。下文擬就遼朝的政權基礎、政治制度及政府的權力結構，
回顧本書的研究。

二

從方法論思考，爲了對遼朝的政治發展有結構性的理解，在探討其制度與政府運作以前，必須先從社會基礎的角度認識遼朝政權的構成。大體來看，遼朝政權是由包括契丹人及世代與契丹通婚的部分回鶻人組成的契丹民族，和以漢人爲主包含渤海人的漢文化民族，以及奚、室韋等北亞民族等三大勢力所構成。從權力的角度看，任何政權都有統治者與被統治者。因此以遼朝爲例，探討政權基礎的焦點，一般都著眼於分析統治群體內部的親疏關係，即核心統治集團與較爲疏離的外圍集團。然而爲了鞏固契丹征服政權，遼朝的統治者雖不見得要得到三大社會勢力全部的支持，但是有必要將此三大社會勢力的代表力量納入統治階層。因爲缺乏前揭構成遼朝的三大社會勢力任何一者，都可能造成契丹政權的崩潰，所以本書傾向於將此三大勢力都視爲遼朝政權的基礎。

爲了提高部族酋長的權威，遼太祖耶律阿保機的作法是，將宗室從皇族迭剌部中獨立出來，繼承前遙輦皇室九帳爲第十帳。在契丹各部平權的傳統中，建立宗室橫帳尊貴崇高的地位。回鶻人糯思族後裔與迭剌部耶律氏世通婚姻，成爲迭剌部在契丹建立聲望的一股強大助力。阿保機淳欽皇后即是糯思的後裔，太宗德光之世將淳欽太后父及母前夫之族立爲國舅。自此，橫帳與國舅帳及遙輦帳成爲有遼一代地位最尊的「遼內四部族」，其中的宗室與后族更成爲遼朝的統治核心。

遼太祖耶律阿保機將宗室橫帳與外戚國舅帳自部族析出，建立其尊貴崇高地位的作法，違反了契丹各部族分權的政治傳統，當然必須冒著造成內部衝突的風險。所以阿保機鞏固領導權的過程，並不都是順利的。一次遭遇諸弟叛亂的挑戰，他以迭剌部皇族的強大力量平定諸弟三波的叛亂，並藉此機會剷除某部分舊權貴勢力。同時阿保機這種違反傳統的作爲，也刺激了其他各部酋長的聯合抵制。

耶律阿保機以迭剌部的力量四處征戰逐漸崛起的過程中，便不斷吸納中原幽燕地區流亡及被俘的漢人勢力。爲克服各部酋長聯合抵制帶來的威脅，他採用其妻淳欽皇后之策，利用上述流亡歸附漢人的經濟優勢徹底壓制各部的勢力，擁有像中原王朝帝王一樣的獨尊權力。這些漢人後來也納入遼代統治階層，同時有半數以上是地方節度使或刺史等級的地方領袖。這些漢族統治階層，部分隨著征服王朝歷史的發展還形成勳貴富盛不衰，號稱「燕四大族」的漢人世家。

　　前舉的節度、刺史等地方領袖，都是是職業軍人出身。這批河北職業軍人集團的性格，受到唐末藩鎮割據與五代藩帥互相攻戰的影響。這些職業軍人具有濃厚的地緣意識，只想固守各自的地盤；沒有堅定的國家觀念，並非有志爲國獻身視軍旅爲寄身之所，戰爭以利爲主。簡言之，唐末五代河北軍人集團具有強烈的投機性格。考之遼代政治發展，雖有權傾一時的漢人世家，似未如金朝爆發漢族官員間激烈的朋黨衝突，﹝註1﹞或許便由於遼代漢人統治階層的社會背景。

　　遼太祖還西征奚、霫，建立奚王府，東討渤海，建立東丹，納爲遼朝政權基礎。耶律阿保機不僅是長於攻戰的傑出草原領袖，同時也是具有政治天賦的謀略家。《遼史》稱太祖「任國舅以耦皇族，崇乙室以抗奚王，列二院以制遙輦」，深刻描述耶律阿保機誘使遼朝政權下各種社會勢力互相牽制的謀略，並且統攝在其統治之下奠定穩固的契丹征服國家。

三

　　前節從社會史的角度，敘述遼太祖藉由部族組織的調整，提高部族酋長權威，以鞏固可汗領導權。此處擬續就草原政治傳統與漢地農業區的政治制度，探討遼朝君主在征服成功後，如何運用漢人的政治經驗以形成有效的統治制度，並使政府的運作順利步上軌道。

　　依邏輯而論，政治制度的設計，應該回應政權基礎的需要。在八部聯盟時代，部族酋長夷离堇和可汗的職責，是維持游牧生活的安定，所謂「災害不生，畜牧孳盛，人民安堵」。據此追溯至簡朴的部族社會時代，部族酋長與可汗的權力實際上是源自部民的賦予。所以八部聯盟可汗的產生，必須由部族酋長集議的「選汗大會」共同推舉。遼代皇帝即位的柴冊儀中朝廷官員尋找「眞天子」的情節，就是反映聯盟時代部酋推舉可汗的重要性。過去學界探討契丹可汗的

﹝註1﹞　如金熙宗時期的「田瑴黨禍」，有人認爲田瑴之禍是金朝燕人與南人之政爭，有人則以爲是金朝宗弼與宗翰兩派政爭下波及漢士的結果。參看陶晉生，〈金代政治衝突〉，《中央研究院歷史語言研究所集刊》第43本3分（臺北：中央研究院歷史語言研究所，1971年6月），頁145～146；張博泉等，《金史論稿》（長春：吉林文史出版社，1992年2月第1版）第二卷，頁90；劉浦江，〈金朝的民族政策與民族歧視〉，《歷史研究》1996年3期（北京：《歷史研究》編輯部，1996年），頁60註釋1；陳昭揚，《金初漢族士人的政治參與》（臺中：中興大學歷史系碩士論文，1998年2月），頁109～112。

權力，多著眼於考述「選汗大會」與可汗權力來源的關係，或闡釋柴冊儀即是選汗大會的遺跡。〔註 2〕本書透過對可汗（或部族長）的權力來源、部酋選汗大會以及可汗柴冊儀三者的研析，建構了游牧社會權力的穩定結構。

隨著唐代三省制度崩潰，五代時期中原政權在政治制度方面，原本出納帝命、承受章奏的樞密也逐漸侵奪宰執之權，所謂「樞密之任既重，而宰相自此失其職也」，〔註 3〕樞密乃成為成為新的行政中樞。據研究，樞密最早可溯自唐玄宗時期在中書門下設樞密房，唐代宗時期以宦官任樞密使出納詔旨。〔註4〕後梁懲宦官之禍，始以士人為樞密備顧問、參謀議，後唐郭崇韜、安重誨為樞密後，以職居近密，權勢漸增。

遼太祖建立遼朝，太宗德光繼續太祖未完成的南向中原政策，遼國終於奄有幽燕漢地與契丹龍興草原之地。北南院大王的前身是迭剌部夷离堇，太祖以迭剌部「彊大難制」析而為二，太宗時期再將北南二院夷离堇升為大王，直接變成北面中央高官。北南宰相府也從原本輔佐可汗執掌部族事務的官員，變為「佐理軍國大政」的北面中央宰輔機構。難怪宋人稱太祖「變家為國」，說明遼初一時權宜直接將部族官變為遼朝北面中央高官。

從北南院大王的沿革與北南宰相府沒有實際承辦事務的僚屬來看，遼代北面中央官的設置實是基於「事簡職專」的單純部族政治邏輯。這樣的政治安排，顯然已無法統治民族多元而幅員廣大的新國家，所以只能從擁有豐富政治經驗的漢文化採借漢制以應付實際需要。遼太宗興師滅晉之後，因襲晉制設置南院樞密使，世宗時期再設北院樞密使，以取代傳統的于越成為遼朝的政治中樞。漢制的採借，不能只是機械式地合併。從八部聯盟時期至太祖建元神冊以前，具有實權的于越都是「秉國政」的契丹最高政治中心。但是出身近貴之族的于越，正好都參與或策動諸弟的叛亂，遼太祖便消極地不再任命于越，遼太宗、世宗也只好借用五代時期正在發展而且「職居近密」的樞密使為遼朝行政中樞。

〔註 2〕 參看陳述，〈論契丹之選汗大會與帝位繼承〉，《遼史彙編》，第八冊（臺北：鼎文書局，1973 年 10 月初版，原刊《史學集刊》第 5 期），頁 418～442；及楊志玖，〈阿保機即位考辨〉，《中央研究院歷史與研究所集刊》，第 17 本（北平：中央研究院歷史語言研究所，1948 年），頁 213～225。

〔註 3〕 《五代史記》（臺北：臺灣商務印書館，1988 年 1 月臺六版）卷二四〈郭崇韜‧安重誨傳〉贊，頁 128 下。

〔註 4〕 楊若薇，《契丹王朝政治軍事制度研究》（臺北：文津出版社，1992 年 7 月初版），頁 119。

　　遼朝的契丹皇帝們，對於漢制的權力規範沒有深刻的認識，而且他們也不會容許漢人的政治制度限制其權力。嚴格說來，遼代的統治者應是「利用」漢制，他們往往以其實際的需要運作漢制。換言之，契丹皇帝採取漢制的最高目的是，建立強大的中央集權政府，以鞏固其契丹帝國的政權。五京留守司即是典型的例子，在漢制「留守」一職是臨時性的任務，任務結束職務也就解除。但是契丹處四戰之區，因此遼代的五京留守是常設性的官職，而且「非勳戚，不能鎮撫」，常設是因應四戰之區的實際需要。

　　日本島田正郎對於《遼史‧百官志》與遼朝政治制度與政府組織，進行一系列全面的研究，大致已將遼朝官制分疏清楚。本書無意推翻島田博士的研究成果，但也無法苟同他所謂二元制度確立了契丹人政權下的漢地漢人，由漢人自行管理的行政原則。因為一如前文所強調地一樣，一個中央政府下的二元行政體制，不能只是機械地合併一個獨立的北方草原之國以及一個漢地農耕之國。

　　不論從行政或法律角度來看，遼朝有一套「蕃法」管理部族屬國之政，另有一套「漢法」統治漢地州縣之政。南院樞密使並非只有統治漢人州縣兵馬之政的權力，北院樞密使也非只掌游牧部族、屬國之政。實際上，北南樞密使共同執掌軍國大政，只是北院樞密使地位稍高於南院樞密使。二元行政制度雖然是為了回應遼朝政權下兩個本質相異社會的需要，不過確實有礙於國家的統一。遼朝統治者採取北南面重要官員扈從皇帝四時遷徙的作法，在皇帝的斡魯朵共議朝政，稱為捺鉢政治。依據本書的研究，政治形成包括皇帝（有時是稱制的皇太后）皇位繼承人、北南樞密使和北南府宰相的內決策圈，以及由得以扈從皇帝斡魯朵隨行官員組成的外決策圈。在朝議的議政過程中，由皇帝最後裁決。因此，遼朝政府的運作準則是，當皇帝四時遷徙時行政中心在「捺鉢」；當皇帝駐蹕京師時，遼朝行政中心也隨之轉移至五京所在地。

　　透過上述辯證的討論，遼朝的皇帝採取的漢制已非中原王朝實行的原貌，或許可稱為漢制的外形，同時也改造部分契丹制度，例如北南院大王兼具部族首長及北面中央高官的雙重性格。儘管如此，遼朝採行的「複合多元的體制」也未便視其為美國學者魏復古所指的「第三種文化」，畢竟遼代的漢制與契丹制度都還統攝在捺鉢政治之下。遼代政治制度與體制雖然雜有漢制與契丹傳統的特點，其性質與目的仍然是明確而有跡可尋，就是將遼國境內幅員廣大的疆土與多元的民族，完全納入以皇帝為中心的中央集權政府的統治之下。

四

就方法論而言，必須依據統治階層實際的人事敍任，驗證政權基礎與政治制度研究的正確性。本書實際的作法是，忠實記錄正史與石刻傳記資料所顯示的遼代官員生平與仕履。再以此資料爲基礎，分析統治階層的民族分佈、遼朝統治者的用人政策、政務機關的權力結構，以及官員遷轉。

依傳記資料所顯示，統治階層的民族分佈大致如實反映構成遼朝政權的社會基礎。其中契丹人與漢人的比例較高，尤其契丹人約佔 6 成餘，與女眞建立的金朝情形相差不多。

雖然契丹皇帝採取漢人制度統治一個橫跨草原與漢地農業區的國家，但也不能驟予認定遼國在政治上已實際漢化。所謂徒法不能自行，鄙意認爲尙須進一步分析遼朝政府的權力結構，才能釐清制度的演變方向。據本書的統計，遼朝的用人政策始終都以蔭緣之途爲主要管道，而且在金、元二朝也同樣反映這種現象。近侍與薦辟途徑在遼初雖都佔用人管道的1／3強，但自遼太宗入汴以後逐漸降低。值得注意的是蔭緣制度，遼初雖只佔入仕途徑的 1／4 左右，但自太宗入汴至遼末在遼朝入仕途徑中一直維持最重要的地位，約佔以上 50%。征服王朝用人都有重視家世的傾向，也就是注重「根腳」，所以「世選制度」成爲契丹部族社會最重要的用人制度。當契丹統治者入主中原時，也從漢人用人制度中選擇與世選相近的蔭緣制度，並且成爲遼朝最重要的用人管道。這顯示契丹統治者表面上採取中國的政治制度，但實際任命官員時卻注入契丹的血或漢人血液中與契丹人相合者。一個少數民族統治或外來的政權，爲了維持其所屬民族或統治者的政治利益，往往以身份爲用人標準。不過如果考慮鞏固政權的穩定性，最好的方式是擴大一般人的參政機會。科舉制度是漢人用人政策中，比較容易吸納不同社會階層人士的制度，因此遼代進士出身者在入仕途徑的比例也逐漸上升，使下階層的人才也有進入統治階層的機會。

次以權力結構而言，一個政權的官僚結構能夠含容多元階層的人才，則愈顯示政權的開放性；反之若只有少數特權家系能進入統治階層，則愈顯示此政權的封閉性。討論征服政權的權力結構，已有不少研究典範可資參考。日本三上次郎研究封閉性格較強的金代高級官員之權力結構，〔註5〕陶晉生、

〔註5〕 三上次郎，〈金朝における女眞人外戚の政治、社會的地位〉，《金史研究三：金代政治・社會の研究》（東京：中央公論美術出版，1973 年），頁 105～121。

王明蓀則分析較具開放性的金朝與元朝統治階層構成。〔註6〕本書綜合兩者的優點，分別研析遼代統治階層構成及探討遼代最高階北、南樞密院和北、南宰相府以及北、南大王院的權力結構。綜而言之，顯示漢人與契丹人擔任此最高三官署官員的比例，有部分相差懸殊，表現出這些機構的用人有明顯的民族界線。最明顯的例子就是北樞密院使相的敘任，漢人任北院樞密使的比例尚不足 5%，與漢人任南院樞密使佔有近六成的比例，有天壤之別。北院樞密使不僅實際執掌天下樞機，尚有象徵契丹政權的形式意義，所以並非漢人單純憑藉能力就可取得的職位。北南院大王則是遼朝中央掌握重要兵權的職務，所以北南院大王同樣幾乎不是漢人可以企求的官職。北樞密院與北南院大王的權力結構，充分表現遼朝征服政權的性格。由此足見，在遼朝政治結構中軍事職務顯然具有其封閉性，契丹皇帝並不輕易將兵權交到漢人手上。這從玉田韓氏也就是只有得到皇室信任的漢人世家，才得以觸及軍機掌握兵權，足以證明。相反地，軍事職務常成為世選家族子弟歷練的場所，尤其是邊防重鎮「非勳戚，不能鎮撫」，更是世選家族子弟的囊中物。

　　有遼一代，進士一直都不是契丹統治者主要的用人管道。但是，遼朝中後期以進士之途入仕的比例有升高的趨勢。這與遼朝中後期的政治組織逐漸官僚化，行政事務複雜化，需要長於剖決公文、法律規章的人才有關。此外，遼朝進士官員在現實政治表現的「幹練」與「便宜行事」的形象，似乎下開了金代士人「謹慎務實」的吏風與元代喜用吏員的風氣。

五

　　筆者寫作本書之際，正為是否有所謂「征服王朝理論」以掌握中國史上遼、金、元、清四朝歷史發展而苦惱的時候，讀到蒙元史大家蕭啟慶所著之〈元朝的統一與統合：以漢地、江南為中心〉〔註7〕的反應，就如當年英國史家湯恩比（Arnold Joseph Toynbee, 1889～1975）講授古典希臘史一樣，〔註8〕心頭為

〔註6〕　參看陶晉生，〈金代的政治結構〉，《中央研究院歷史語言研究所集刊》第 41 本 4 分（臺北：中央研究院歷史語言研究所，1970 年 12 月），頁 567～593；及王明蓀，《元代的士人與政治》（臺北：臺灣學生書局，1992 年），頁 92～132。
〔註7〕　蕭啟慶，〈元朝的統一與統合：以漢地、江南為中心〉，收入氏著《元朝史新論》（臺北：允晨文化實業公司，1999 年 5 月），頁 14～42。
〔註8〕　第一次世界大戰帶給西方思想家相當大的衝擊，原本認為西方文化會成為世界中心的遠景，不料竟是黃粱一夢。正當湯恩比思索西方文化何去何從時，德國

之一閃，認爲「征服王朝理論」的架構出現了。蕭啓慶指出忽必烈立國中原之後，對鄰近與海外各國發動的戰爭並未停止。這些戰爭皆非鞏固統一所需要，而是蒙古世界征服戰爭的延續。因此，統一後蒙元政權的性格與典型漢族王朝有甚大的不同。其一，蒙元君主兼具蒙古大汗與中原帝王的雙重性格；其二，爲確保蒙古人的政治、經濟優勢，種族主義始終是元朝統治的最高準則。在此一準則下指導下，對國內各族群進行分化但尊重各族「本俗」，施行多元文化與多元宗教政策。

筆者推演蕭文的論點，認爲「征服王朝」就是征服者刻意以民族身份爲界線，分化社會的統合，以達到國家統一與鞏固政權的目的。爲了達到此一最高目標，征服王朝的統治者必須有相應的政治作爲。遼金元清四朝的君主採取的政治制度、社會經濟政策乃至文化宗教政策，便是「征服王朝」的內涵。因此，本書一開始的進行方向是，考察契丹的統治者是否刻意分化所統治的不同民族，使各民族的勢力互相牽制。其次，也在考察制度的設計是否有明顯的民族差異與相應的用人政策。筆者的恩師王明蓀教授提醒，誘使國內各股勢力互相牽制即在典型的漢族王朝也可時常見到，因此必須考慮如果其現實的政治運作與漢族王朝沒有本質的不同，遼朝也不成其爲「征服王朝」。

由本書的研究可知，前文蕭啓慶指陳的蒙元征服政權若干性格，在遼代政治的實際運作中已經出現。例如遼太祖誘使其控制下各民族的勢力互相牽制，使各股勢力皆不能威脅到其統治權，從而奠定契丹征服政權的基礎。其次，契丹皇帝對北亞草原部族屬國與漢地州縣，進行因俗而治的二元行政制度。證諸遼朝歷史的發展，對各民族進行分化似乎只是遼朝統治者的族群政策，並未成爲遼國政治制度的一部分。不過，上述這些征服政權的若干性格，是否可視爲「征服王朝理論」的架構，必須研究金、清等其它征服王朝是否也存在這些性格，而後始能論斷。

遼朝的契丹皇帝們，雖然並未大幅地改造漢制與契丹制度，不過他們同

的史賓格勒（Oswald Spengler, 1880～1936）出版《西方的沒落》。起初湯恩比懷疑自己苦思的問題是否已被史賓格勒解決，後來在他講授古典希臘史時發現史賓格勒「生、老、病、死」的決定論無法周延解釋文明的起源與發展演變，他從歌德神話〈浮士德〉得到啓發，提出新的解釋架構，這就是日後眾所周知的「挑戰與回應」。參看湯恩比，〈我的歷史觀〉，張文傑等編譯《現代西方歷史哲學譯文集》（臺北：谷風出版社，1987 年 11 月）及陳曉林譯序，〈欲迴天地入扁舟〉，收入湯恩比，《歷史研究》（臺北：遠流出版社，1987 年），頁 10。）

樣也從未受到漢制與契丹制度加諸在皇帝身上的限制。在實際政治運作上，契丹皇帝反而將執行二元行政制度的北南面重要官員納入他最熟悉的捺鉢政治，這說明契丹皇帝們才是遼朝二元制度的最高權威與最終裁決者。因此，採行漢人政治制度反倒成為遼朝統治者建立中央集權政府的手段。

附錄　遼代重要官員暨生平事蹟綜合資料

序	年代	人名	族屬或地望	出身／入仕資格	初任官	仕履	終任官	出處
001	遙輦－太祖8	耶律轄底	迭剌部，肅祖孫帖剌子	二院皇族	迭剌部夷离堇	于越	于越	遼傳112
002	太祖－太祖8	耶律迭里特	六院夷离堇房，轄底子	二院皇族		迭剌部夷离堇		遼傳112
003	太祖－太祖6	滑哥	仲父房，隋國王釋魯子	橫帳皇族		惕隱	太祖6 預諸弟之亂，群臣議死罪	遼傳112
004	太祖－神冊2	剌葛	季父房，太祖弟	橫帳皇族		惕隱、迭剌部夷离堇		遼表64
005	太祖－神冊3	耶律曷魯	迭剌部	二院皇族，近侍（藩邸功臣）	總腹心部	迭剌部夷离堇	阿魯敦于越	遼傳73
006	太祖－神冊3	蕭敵魯	淳欽皇后弟	國舅帳，世決獄官，（近侍）	總宿衛		北府宰相	遼傳73
007	太祖－天顯1	蕭阿古只	淳欽皇后弟	國舅帳，近侍（藩邸功臣）	總宿衛		北府宰相	遼傳73
008	（太祖－太宗）	安團	淳欽后弟阿古只之子	國舅帳			右皮室詳穩	遼傳73
*009	太祖－天顯11	耶律倍	橫帳，太祖長子	橫帳		神冊1春立為太子、征党項為先鋒都統	東丹王，天顯5浮海適唐。天顯11，太宗立晉主，李從珂欲自焚，遣人害之	遼傳72
*010	太祖－大祿間	李胡	橫帳，太祖三子	橫帳		天顯5徇地代北、寰州，遂立皇太弟，兼天下兵馬大元帥	穆宗時，子喜隱反，因死獄中	遼傳72
011	太祖－天顯間	迭剌	季父房，太祖三弟	橫帳皇族		天顯1為東丹中臺省左大相		遼表64

012	太祖－天顯初	寅底石	季父房，太祖四弟	橫帳皇族			太祖遺詔守太師、政事令輔東丹王	遼表64
013	太祖－天顯初	蘇	季父房，太祖五弟	橫帳皇族		惕隱、南府宰相	征渤海國，還薨	遼表64
014	太祖－天顯中	耶律斜涅赤	六院舍利房，裹古直之族	二院皇族，近侍（藩邸功臣）	總腹心部		北院夷离菫	遼傳73
015	太祖－神冊末	耶律老古	六院舍利房，斜涅赤姪	二院皇族。近侍，隸太祖帳下	右皮室詳穩			遼傳73
016	太祖－會同間	耶律頗德	六院舍利房，斜涅赤姪	二院皇族。近侍，弱冠事太祖	天顯初，左皮室詳穩	南院夷离菫	南院大王	遼傳73
017	太祖－天顯初	耶律欲穩	突呂不部	廳補，先世有功	典司近部	奚迭剌部夷离菫	奚迭剌部夷离菫	遼傳73
018	（太祖）	耶律霞里	突呂不部，欲穩弟	（廳補）			奚六部禿里	遼傳73
019	太祖－天顯初	耶律海里	遙輦昭古帳	（近侍），藩邸舊臣	遙輦敞穩			遼傳73
020	（太祖）	耶律敵剌	遙輦鮮質帳	（近侍），藩邸舊臣	掌禮儀	太轄里（霞里，欲穩弟）為奚六部吐里	奚六部吐里	遼傳74
021	太祖	蕭痕篤	迭剌部	近侍，早隸太祖帳	數從征	北府宰相		遼傳74
022	太祖－天顯初	康默記	薊州	恩辟，（藩邸功臣）	左尚書	禮部尚書、皇都夷离畢、將漢軍、隨征渤海	營太祖山陵	遼傳74
023	太祖－應曆中	韓延徽	幽州安次	恩辟，（藩邸功臣）	參軍事	守政事令、從征渤海、左僕射、南京三司使	南府宰相，應曆中致仕	遼傳74
024	太祖－天顯中	韓知古	薊州玉田	恩辟，（藩邸功臣）	參謀議	彰武軍節度使、總知漢兒司事、左僕射	中書令	遼傳74
025	太祖－天顯10	耶律覿烈	六院部，曷魯弟，又名兀里軫	二院皇族，近侍	宿衛	迭剌部夷离菫、南院夷离菫、東丹左大相	南京留守	遼傳75、遼刻上羽之〈墓志〉
026	（太祖）	涅列神子	六院部，曷魯三弟	二院皇族			舍利	遼刻上羽之〈墓志〉
027	太祖－會同初	耶律羽之	六院部，曷魯四弟	二院皇族，近侍	（宿衛）	東丹中臺省次相、授鉞專討、加守太傅判鹽鐵、東丹中臺省左相	特進東丹中臺省左相，總統百揆	遼傳75、遼刻上〈墓志〉
028	太祖－天顯2	耶律鐸臻	六院部	二院皇族，近侍	常居左右		藩邸	遼傳75

029	太祖一（天贊間）	耶律古	六院部，鐸臻弟	二院皇族，近侍（藩邸舊臣）		從太祖略地山西、佐右皮室詳穩	右皮室詳穩	遼傳 75
030	太祖一會同 5	耶律突呂不	六院部，鐸臻弟	二院皇族，近侍（藩邸舊臣）		文班林牙、國子博士知制誥、天下兵馬副元帥、留屯西南部	特進檢校太衛	遼傳 75
031	太祖一天顯初	王郁	京兆萬年	恩辟，太祖養子		同政事門下平章事、崇義軍節度使	政事令	遼傳 75
032	太祖一天顯 1	耶律迭里	橫帳孟父房，安摶父	橫帳皇族		惕隱、南院夷离堇	南院夷离堇	遼傳 77
033	太祖一天顯 5	張建立	平州盧龍	（廕補）		檢校尚書右僕射，行榆州諸軍事	榆州刺史，兼西南路番漢都提轄使	遼編建立墓志
034	太祖一會同 2	趙思溫	盧龍	恩辟		漢軍都團練使、檢校太保、保靜軍節度使、南京留守、盧龍軍節度使、管內觀察處置使、開府儀同三司兼侍中、臨海軍節度使	檢校太師	遼傳 76
035	太祖一大同 1	耿崇美	上谷（延慶州）	恩辟	通事	天顯中，南討李從珂臨敵敢先，爲澤路帥	武定軍節度使	遼文 5、遼編延毅墓志
036	太祖	賈去疑	晉唐間，因籍爲燕人，玄孫師訓	恩辟。後唐間，奉使來貢因留之		營上都、遷將作大匠	始平軍節度	遼文 9、遼編師訓墓志
037	太祖一天祿初	耶律朔古	橫帳孟父房，近侍	橫帳皇族，近侍	既冠，右皮室詳穩	三河烏古部都詳穩、惕隱	惕隱坐佐皇太后出師免官	遼傳 76
038	太祖一天祿末	蕭塔剌葛	國舅別部，叔祖台哂殺于越釋魯	國舅帳，廕補	弘義宮	補國舅別部敵史	北府宰相	遼傳 90
039	太祖一天祿末	蕭翰	淳欽后弟敵魯之子	國舅帳		會同初，領漢軍侍衛、宣武軍節度使	附察哥亂，伏誅	遼傳 113
040	太祖一天祿末	察哥	季父房，父明王安端	橫帳皇族		以兵歸世宗，以功封泰寧王、領女石烈軍	壽安王（穆宗）欒殺之	遼傳 113
041	太祖一應曆初	安端	季父房，太祖五弟	橫帳皇族		惕隱、北院夷离堇、東丹國王	西南面大詳穩	遼表 64
042	太祖一應曆 1	耶律魯不古	（五院部）太祖從姪	二院皇族	林牙監修國史	西南邊大詳穩	北院大王	遼傳 76

043	太祖－穆宗	高模翰	渤海	恩辟			上將軍、伐晉統軍副使、總左右鐵鷂子軍、滄州節度使、侍中、特進檢校太師、汴州巡檢使、中京留守、東丹中臺省右相	東丹中臺省左相	遼傳76
044	太祖－應曆5	陳萬	瀛州景城	恩辟	豪州刺軍使		豪州刺史，加司空	豪州刺史，加司空	遼編萬墓志
045	（太祖）－應曆17	劉承嗣	平州，劉仁恭子守奇之子	恩辟	守平州長史，兼御史中丞		檢校尚書左僕射，兼御史大夫、轉司空，守右威衛將軍、宜、霸二州刺史、興州刺史，轉太保	充左驍衛將軍	遼編承嗣墓志
046	太祖－保寧間	李內貞	媯汭	恩辟	檢校工部尚書，兼御史中丞，屬珊都提舉使		檢校尚書左僕射，兼御史大夫、補充隨使左都押衙、中門使兼知廳勾、攝薊州刺史、都峰銀冶都監	檢校司空，兼御史大夫太子左衛率府率	遼文4、遼編內貞墓志
047	太宗	韓德樞	幽州安次	延徽長子，蔭任	左羽林大將軍		特進太尉、遼興軍節度使、南院宣徽使、遙授天平軍節度使、平灤營三州管內觀察處置等使、門下平章事	加開府儀同三司行侍中	遼傳74
048	太宗	韓匡嗣	薊州玉田	蔭任，知古三子。知古有九子，匡字為輩序，圖、業、嗣、佑、美、胤、贊、文、道	直長樂宮		太祖廟詳穩、上京留守、同政事門下平章事、臨潢尹、南面行營都統、盧龍軍節度使、幽都尹、南京留守、留守攝樞密使、遙授晉昌軍節度使	西南面招討使	遼傳74、遼刻上墓志
049	（太宗）	韓匡美	薊州玉田	蔭任，知古五子			燕京統軍使、天雄軍節度管內處置使、檢校太師	政事令	遼刻上匡嗣〈墓志〉、遼文5子瑜〈墓志〉

050	（太宗）	韓匡胤	薊州玉田	蔭任，知古六子		戶部使、鎮安軍節度使	太保	遼刻上匡嗣〈墓志〉
051	太宗	耶律圖魯窘	五院部	二院皇族	五院夷离堇	北院大王	北院大王	遼傳 75
052	太宗	耶律漚里思	六院部	二院皇族			總領敵烈皮室軍，坐私奪官	遼傳 76
053	太宗	張礪	磁州	恩辟	翰林學士	翰林承旨兼吏部尚書	右僕射兼門下侍郎平章事	遼傳 76
054	太宗－天祿初	耶律拔里得	橫帳季父房	橫帳皇族	太宗以親愛見任	安國軍節度使總領河北道事	中京留守	遼傳 76
055	太宗－天祿初	耶律洼	橫帳仲父房，隋國王釋魯孫，父縚思。	橫帳皇族	惕隱	先鋒	北院大王，拜于越	遼傳 77
056	太宗－天祿 2	趙延壽	盧龍，本恒山人	恩辟	幽州節度使	南京留守、加政事令、魏博節度使、留徇貝、冀、深三州、中京留守大丞相	樞密使	遼傳 76
057	太宗－天祿 3	耶律吼	六院部	二院皇族，近侍	（宿衛）	南院大王，以功加探訪使	南院大王	遼傳 77
058	太宗－天祿中	劉哥	季父房，寅底石之子	橫帳皇族		累遷西南邊大詳穩、世宗太后和議成，為惕隱	惕隱，天祿中與地盆都、天德反	遼傳 113
059	世宗－應曆初	盆都	季父房，劉哥弟	橫帳皇族，近侍		天祿初，以族屬為皮室詳穩	與兄反，免死。復預察哥亂，死	遼傳 113
060	太宗－應曆初	牒蠟	六院部，六院蒲古只之後	二院皇族		天顯中，為中臺省右相、南京留守	察哥反，為壽安王討亂所殺	遼傳 113
061	太宗－應曆初	耶律朗	季父房古直之後（應為轄底兄子），據此則為二院部	二院皇族	天顯間以材勇進	會同 9 知澶淵	六院大王，察哥反，伏誅	遼傳 113
062	太宗－應曆初	耶律頹昱	橫帳孟父房	橫帳皇族	領九石烈部	惕隱	政事令	遼傳 77
063	太宗－應曆初	耶律解里	突呂不部	世為小吏，太宗潛邸「早隸太宗麾下」	軍校	御史大夫、守太子太傅	本部令穩，世其職	遼傳 76
064	太宗－應曆初	海思	（仲父房），隋國王釋魯庶子	（橫帳皇族），制舉，會同 5 召求直言，詣闕	帝與言，擢宣徽使	領太后諸局事	穆宗即位，與敵烈反，死獄中	遼傳 113
065	太宗－應曆間	蕭海璃		（廕補）其先遙輦氏時為本部夷离堇，父塔列天顯間為本部令穩		穆宗以近戚，嘉其勤篤，命預北府宰相選總知軍國事	（夷离畢）每被命案獄，多得其情，人無冤者	遼傳 78

066	（太宗）－應曆5	劉存規	（彭城），河間王二十四代孫	恩辟		積慶宮都提轄使	校尉司空兼御史大夫，上柱國	遼文4存規墓志
067	（太宗）－應曆間	婁國	義宗耶律倍次子	橫帳		遙授武定軍節度使、南京留守	穆宗不恤政事，有覬覦心，及餘黨盡服，遂縊	遼傳112
068	（太宗）－保寧間	耶律隆先	義宗耶律倍四子	橫帳		景宗即位，始封平王、爲幾，兼政事令，留守東京	東京留守，與耶律室魯討高麗，還薨	遼傳72
069	太宗－乾亨間	道隱	義宗耶律倍五子，生於唐	橫帳		景宗即位，爲上京留守，乾亨1遷守南京	統和初病薨	遼傳72
070	（太宗）－保寧間	喜隱	李胡子	橫帳		應曆中二反，下獄、保寧間授西南面招討使、	復誘群小叛，賜死	遼傳72
071	（太宗）－保寧1	張彥英	平州盧龍，張建立子			榆、惠二州刺史、知榷場事，兼兵馬都監	西南路都提轄使充糺使，檢校司徒	遼編建立墓志
072	太宗－保寧4	耶律屋質	橫帳孟父房	橫帳皇族		惕隱、右皮室詳穩	北院大王加于越	遼傳77
073	太宗－保寧間	蕭思溫	淳欽后弟敵魯族弟忽沒里之子	國舅帳	奚禿里太衛	群牧都林牙、南京留守、北院樞密使、兼北府宰相，命世預其選	加尚書令	遼傳78
074	太宗－保寧間	高勳	石晉宗室，晉北平王信韜之子		四方館使	樞密使、總漢軍事、上京留守、南京留守、知南院樞密事	南院樞密使	遼傳85
075	太宗－保寧中	王白	冀州人	恩辟，太宗得於汴，晉司天少監		保寧中，歷彰武、興國二軍節度使		遼傳108
076	太宗－乾亨間	耶律撻烈	六院部	二院皇族	邊部令穩	南院大王，朝議以爲富民大王、都統西南道、行軍都統	加政事令	遼傳77
077	太宗－（聖宗）	直魯古	吐谷渾人	恩辟，太祖破吐谷渾得之，淳欽後養之。能醫，專針灸	太宗，以太醫給侍		年九十，卒	遼傳108
078	太宗－統和間	室昉	南京	會同初登進士第	知制詔總禮儀事	南京留守判官、翰林學士、政事舍人、南京副留守、工部尚書、樞密副使，參知政事、拜樞密使兼北府宰相，加同政事門下平章事、監修國史	中京留守加尚父	遼傳79

079	太宗－統和間	耶律合住，漢名琮	季父房，太祖弟迭剌孫	橫帳皇族，以近族入侍	侍衛	太宗南伐，爲先軍監陣、檢校太保，右羽林軍大將軍，兼御史大夫,加右龍虎衛上將軍、昭武軍節度、利等州觀察處置等使、涿州刺史、西南兵馬都監,招安,巡檢等使、(契丹、奚、渤海、漢兒兵馬都部署)	左金吾衛上將軍,巡檢涿郡,搖授國軍節度使	遼傳86,遼文4 琮墓志,遼編琮墓志
080	（太宗－統和間）	韓紹勳	幽州安次	延徽長子德樞子,(廕補)			東京戶部使	遼傳74
081	（太宗－統和間）	韓紹芳	幽州安次	延徽長子德樞子,(廕補)		參知政事兼侍中	廣德軍節度使	遼傳74
082	太宗－統和13	韓佚	幽州安次	延徽次子德鄰子,廕補	政事令（韓德樞）坐鎮東平,始補衙內都指揮使	特授權遼興軍節度副使、檢校國子祭酒,兼監察御史、改授營州刺史,超授司徒,命以扈從、遷上京副留守,加太保	始平軍節度使	遼編佚墓志
083	世宗	李澣		恩碑。仕晉爲中書舍人,晉亡歸遼,隨從上京	翰林學士	工部侍郎	加禮部尙書,宣政奠學士	遼傳103
084	（世宗）－穆宗	蕭護思	（北院部）	世爲北院史	北院史	御史中丞、總典群牧部籍、左客省使、拜御史大夫	北院樞密使,命世預宰相選	遼傳78
085	世宗－應曆3	耶律安摶	橫帳孟父房	橫帳皇族,近侍		直宿衛、總腹心部	北院樞密使	遼傳77
086	（世宗－景宗）	耿紹紀	上谷（延慶州）	耿崇美子、延毅父		昭義軍節度使、涿州刺史		遼文5、遼編延毅墓志
087	（世宗）－乾亨間	耶律何魯不	六院部	二院皇族,耶律吼子	本族敵史	昭德軍節度使	北院大王	遼傳77
088	世宗－乾亨間	張諫	南瀛州河間	永康王幕僚	樞密直學士	轉給事、朔州順亦軍節度使	左威衛上將軍	遼編正嵩墓志

089	穆宗	耶律敵祿	橫帳孟父房	橫帳皇族		北院宣徽使		遼傳 90
090	穆宗	耶律夷臘葛	宮分人	廕任，以父任入侍	（宿衛）	殿前都點檢、遷寄班都知	宿衛，穆宗被弒，坐守衛不嚴被誅	遼傳 78
091	穆宗－保寧末	女里		廕補	補積慶宮人	腎馬小底、馬群侍中、加政事令、契丹行宮都部署	加守太尉	遼傳 79
092	穆宗－乾亨 2	耶律賢適	（五院部）于越魯不古子	二院皇族，（薦舉），滑稽玩世，人莫知之，惟于越屋質器之		右皮室詳穩、檢校太保搖授寧將軍節度使、腹心部加特進同中書門下平章事、北院樞密使兼侍中	西北路兵馬都部署	遼傳 79
093	（景宗－聖宗）	耶律觀音	（五院部）賢適子	二院皇族			大同軍節度使	遼傳 79
094	穆宗－乾亨 2	王裕	京兆萬年	王郁孫，父王鶚，廕補	天順皇帝以勳閥之嗣，授西頭供奉	盧龍軍節度衙內馬步軍都指揮使、持節順州諸軍事，行順州刺史寧、衍等州觀察處置等使，特加靜難軍節度使、改授崇義軍節度使，管內觀察、處置等使	檢校太保，使持節宜州諸軍事，行宜州刺史	遼編裕墓志
095	（景宗）－統和 2	王瓚	京兆萬年	王郁曾孫，父王裕，（廕補）	年二十授西頭供奉	行通事舍人、積慶宮漢兒副部署	檢校尚書右僕射，兼御史大夫	遼編瓚墓志。遼文 13，名爲王奉諸
096	（景宗）－統和 23	王悅		王郁孫，父王廷阮	充遼興軍節度衙內都指揮使	嚴勝龍衛兵馬都部署、出爲飛狐招安副使、充祁溝兵馬都監、燕京西南面巡檢使、長寧軍節度副使、諸宮院兵馬副都部署、寧遠軍節度副使	上京兵馬部署	遼文 5、遼編悅墓志
097	穆宗－乾亨 4	蕭討古	淳欽后弟敵魯之後，蕭幹姪	近侍。國舅帳，應曆初始入侍	宿衛	南京統軍使	南京侍衛親軍都指揮使	遼傳 84

098	穆宗－統和5	韓瑜	薊州玉田	蔭任，匡美長子	補天雄軍衙內都指揮使	檢校工部尚書兼御史大夫、控鶴都指揮使、絳州防禦使、檢校司空、左羽林大將軍、客省使、內客省使守儒州刺史	權涿州刺史	遼文5瑜墓志
099	穆宗－統和6	耶律沙		蔭任。其先常相遙輦氏		總南面邊事，加守太保	累官南府宰相	遼傳84
100	穆宗－統和末	耶律抹只	橫帳仲父房	近侍。橫帳皇族，初以皇族入侍	（宿衛）	林牙、樞密副使、南海軍節度使、樞密副使、東京留守	開遠軍節度使	遼傳84
101	穆宗－統和4	蕭幹	淳欽后弟北府宰相敵魯子	國舅帳	群牧都林牙	北府宰相、突呂不部節度使	加政事令	遼傳84
102	穆宗－統和6	劉景	昌平	蔭任，父守敬南京副留守	幽都府文學	右拾遺、知制誥，爲翰林學士、禮部侍郎、尚書宣政殿學士、南京副留守、戶部使、武定、開遠軍節度使	加兼侍中	遼傳86
103	（穆宗）－（聖宗）	劉慎行	昌平	蔭任？劉景子	膳部員外郎	彰德軍節度使	北府宰相，監修國史	遼傳86
104	穆宗－統和間	耶律休哥	橫帳仲父房，隋國王釋魯孫，父綰思。	橫帳皇族		惕隱、總南面戎兵、北院大王	總南面軍務	遼傳83
105	（景宗－聖宗末）	耶律高八	橫帳仲父房，休哥子	橫帳皇族			節度使	遼傳83
106	（景宗－聖宗末）	耶律高十	橫帳仲父房，休哥子	橫帳皇族			于越	遼傳83
107	穆宗－統和間	耶律速撒		近侍	應曆初，爲侍從	累遷突呂不部節度使、霸濟祥順聖五州都總管、敦睦宮太師、九部都詳穩	在邊二十年，九部都詳穩？	遼傳94
108	穆宗－統和25	常遵化	常山郡	進士第，登場得第	霸州文學參軍	將仕郎，守霸州歸化縣令、霸州觀察判官，加試大理司直，兼監察御史、授乾州	遼西州軍事，遼西州刺史	遼文13、遼編遵化墓志

					觀察判官、崇德宮漢兒都部署判官、廣德軍節度副使、檢校左散騎常侍、再授廣德軍副使、上京軍巡使、京內巡檢使、朔州権場都監		
109	（穆宗）－開泰8	趙匡禹	盧龍，趙思溫孫，父趙延寧	（蔭補）	初仕授西宮使	改授麓州刺史、遂州觀察使，知臨海軍節度使		遼文13、遼編匡禹墓志
110	（穆宗）－景宗	郭襲			久淹外調	南院樞密使，加兼政事令	武定軍節度使	遼傳79
111	景宗	康延壽	薊州	（蔭任）康默記孫	特授千牛衛大將軍	南京抗宋	保大軍節度使	遼傳74
112	（景宗）	耶律迪烈，漢名甘露	六院部	二院皇族，羽之子			東京中臺省右相	遼刻上，子元寧〈墓志〉、孫道清〈墓志〉
113	景宗－乾亨初	陳公				左相都指揮使、持節州諸軍事，左千牛衛上將軍、（持節）金州諸軍事，行金州刺史	充本州防禦使	遼編陳公之銘
114	景宗－統和間	耶律沒里	遙輦昭古可汗四世孫	遙輦帳	南院宣徽使	參預國論、都統、北院宣徽使加政事令	行宮部署職？行在多盜，阿沒里立禁捕法	遼傳79
115	景宗－統和間	邢抱朴	應州人		政事舍人，知制誥	翰林學士加禮部侍郎、鎮撫山西州縣加戶部尚書、翰林學士承旨、參知政事、按察諸道	南院樞密使	遼傳80
116	景宗	邢抱質	應州	與兄抱朴以儒術顯			侍中	遼傳80
117	景宗－聖宗	馬得臣	南京	文	政事舍人	翰林學士南京副留守、翰林學士承旨、兼侍讀學士、兼諫議大夫，知宣徽院事	侍讀學士贈太子太保	遼傳80
118	景宗－統和初	耶律虎古	六院部，耶律觀烈孫	二院皇族，蔭補	保寧初，補御盞郎君	涿州刺史		遼傳82

119	景宗－統和8	耶律勃古哲	六院部	二院皇族	天德軍節度使	南京侍衛馬步軍都指揮使、南院大王，兼領山西路諸州事、總之山西五州	南京統軍使	遼傳82
120	景宗－統和13	和朔奴	奚可汗之裔	奚王府	奚六部長	南面行軍副部署、奚六部長、都部署	都部署	遼傳85
121	（聖宗）	烏也	奚可汗之裔，和朔奴子	奚王府			郎君班詳穩	遼傳85
122	景宗－統和18	劉宇傑	平州，劉仁恭子守奇之孫，父承嗣	（廕補）	保寧2起家受東頭供奉官	供奉官副都知、供奉官都知、彰武軍節度副使、授監顯州中作、殿中侍御史	易州商稅都監	遼編宇傑墓志
123	景宗－統和20	蕭撻凜	淳欽后族弟忽沒里之後，蕭思溫再從姪	國舅帳，近侍	宿直官	諸軍副部署、南院都監，加右監門衛上將軍、檢校太師、阻卜都詳穩，加兼侍中	南京統軍使	遼傳85
124	（聖宗）	蕭樢古	淳欽后族弟忽沒里之後，蕭撻凜子	國舅帳			南京統軍使	遼傳85
125	景宗－統和21	王鄰	太原	鄰有兄弟五人，顥、鄰、操、政、俊長兄不仕	乾亨2，東班少府	使持節降聖州諸軍事，行降聖州刺史、使持節喦州諸軍事，行喦州刺史、蔚州錢帛都監	上京都商稅院都監	遼文5、遼編鄰墓志
126	聖宗－統和間	王政	太原		右番殿直	西頭供奉官、行閣門通事舍人		遼文5、遼編鄰墓志
127	景宗－統和25	王說	太原		景宗，授西頭供奉官，授初階	洛苑使、軍器庫使、翰林茶酒使、亳州防禦使、知永州刺史、上京副留守、奉先軍節度使，檢校太保，行顯州刺史、積慶宮漢兒渤海都部署、權宣徽及五宮院事、燕京管內商稅都點檢寧將軍節度使	板築都部署，宣差中京大內都（部署）。建彼皇都，加授戶部使	遼編說墓志

128	（聖宗）	耶律爻里	六院部，耶律勃古哲子	二院皇族			詳穩	遼傳82
129	景宗－統和間	耶律斜軫	六院部，于越曷魯孫	二院皇族。薦舉，保寧元年，思溫薦斜軫有經國才	（南面事），本傳有命節制西南面諸軍，仍援河東	節制西南面諸軍、北院大王、北院樞密使、山西路兵馬都統	加守太保	遼傳83
130	（聖宗）	耶律狗兒	六院部，斜軫庶子	二院皇族			小將軍	遼傳83
131	景宗－統和間	耶律奚低	橫帳孟父房	橫帳皇族	任以軍事	右皮室詳穩	右皮室詳穩？	遼傳83
132	景宗－統和間	耶律善補	橫帳孟父房	橫帳皇族	千牛衛大將軍	大同軍節度使、南京統軍使、惕隱，宋侵不敢戰，罷之、南府宰相	南院大王	遼傳84
133	景宗－統和間	耶律題子	北府宰相兀里子	（二院皇族）	御盞郎君	西南面招討都監		遼傳85
134	景宗－統和28	耶律盆奴	（五院部）惕隱涅魯古孫	（二院皇族）	烏古部詳穩	馬群太保	北院大王	遼傳88
135	景宗－統和間	耶律撒合	乙室部	（世選）南府宰相歐禮斯子		乙室大王，兼知兵馬事	加守太保	遼傳85
136	景宗	耶律海里	橫帳季父房，拔里得子	橫帳皇族	彰國軍節度使	惕隱、南院大王	上京留守	遼傳84
137	（景宗－統和間）	韓德源	薊州玉田，匡嗣長子	近侍、景宗潛邸		崇義、興國節度使加檢校太師	加同政事門下平章事遙授保寧軍節度使	遼傳74、遼刻上匡嗣〈墓志〉
138	（景宗）	韓德慶	薊州玉田，匡嗣二子			左監門衛將軍	司徒	遼刻上匡嗣〈墓志〉
139	（景宗－聖宗）	韓德彰	薊州玉田，匡嗣三子			氈毯使	左散騎常侍	遼刻上匡嗣〈墓志〉
140	景宗－統和	韓德讓，耶律隆運	薊州玉田，匡嗣四子，統和二十二年改隸橫帳季父房	近侍	東頭承奉官	補樞密院通事、上京皇城使，搖授彰德軍節度使、權知上京留守、南京留守、遼興軍節度使、南院樞密使，加開府儀同三司兼政事令，加守	大丞相總二樞密	遼傳82、遼刻上匡嗣〈墓志〉

						司空、代北府宰相仍領樞密使兼修國史、兼總二樞密使	
141	景宗－統和14	韓德威	薊州玉田，匡嗣五子	蔭任	西頭供奉官	檢校右散騎常侍，兼侍御史、驍騎尉、羽林軍將軍、檢校司徒、皇城使、檢校太傅、汝州防禦使、宣徽北院使、彰武軍節度使、西南面招討使	西南面招討使，加開府儀同三司，同政事門下平章事	遼傳82、遼刻上德威〈墓志〉
142	（景宗）	韓德沖，匡嗣〈傳〉稱德崇	薊州玉田，匡嗣六子			戶部使	威勝軍節度使，太尉	遼刻上匡嗣〈墓志〉
143	（景宗－開泰）	韓德顯，疑匡嗣〈傳〉所稱德凝	薊州玉田，匡嗣七子	蔭任		護軍司徒、護衛太師、都宮使、崇義軍節度使、廣德軍節度使、西南面招討使	大同軍節度使	遼傳74、遼刻上匡嗣〈墓志〉
144	（景宗－聖宗）	韓德昌	薊州玉田，匡嗣九子				盧龍軍節度使，檢校太保	遼刻上匡嗣〈墓志〉、遂忠〈墓志〉
145	景宗聖宗	耶律學古	橫帳仲父房，于越洼孫	橫帳皇族，廕補	保寧中，補御盞郎君	搖授保靜軍節度使，爲南京馬布都指揮使、彰國軍節度使	惕隱	遼傳83
146	景宗－開泰1	張琪	析津，張儉仲父	廕補	府君承資廕，授幽都府文學	歷容城、文德、永興、薊北縣主簿、平州錄事參軍幽都府倉曹參軍	龍門文德縣令	遼文6、遼編張琪墓志
147	景宗－開泰間	耶律化哥	橫帳孟父房之後	橫帳皇族	北院林牙	上京留守、遷北院大王、南院大王、北院樞密使	經略西境，諸蕃不附，削工爵，以侍中遙領大同軍節度使	遼傳94
148	景宗－開泰中	耶律幹臘	奚迭剌部	廕補	保寧初，補護衛	護衛太保、行軍都監	加同政事門下平章事，爲東京留守	遼傳94

149	（景宗）－太平3	蕭排押	國舅少父房	國舅帳		左皮室詳穩、總永興宮分糺及舍利拽剌二皮室等軍、改南京統軍使、拜駙馬都衛，加同政事門下平章事、北南院宣徽使、加政事令，遷東京留守、專任南面、北府宰相、以宰相知西南面招討使	東平王，再伐高麗，委甲仗走，免官	遼傳88
150	（景宗）－	蕭恒德	國舅少父房，排押弟	國舅帳	拜駙馬都衛	遷南面林牙、北面林牙、東京留守	行軍都部署	遼傳88
151	景宗－統和末	蕭札剌	國舅少父房，排押弟	國舅帳，蔭緣	保寧間，以戚屬進	累遷寧遠軍節度使	統和末南京馬步軍都指揮使	遼傳106
152		蕭陽阿			本班郎君	三軍詳穩、烏古敵烈部屯田太保、易州刺史、武安州觀察使、烏古、涅里、順義、彰信等軍節度使、權知東北路統軍使	權南京留守	遼傳82
153	聖宗－開泰1	耶律元寧	六院部，羽之孫	二院皇族	奉宣西品府	三鎮口（雲、應、朔三鎮山口）巡檢使	三鎮口巡檢使	遼刻上
154	聖宗	耶律延寧	六院部，羽之孫	二院皇族		雲、應、朔三鎮山口都巡檢使	提點三鎮節度使事	遼刻上，子道清〈墓志〉
155	聖宗	耶律八哥	五院部	以世業爲本部史	統和中，五院部史	閘撒鈜轉樞密院侍御、上京留守、北院樞密副使、東京留守、伐高麗都監	西北路都監	遼傳80
156	聖宗	耶律室魯	六院部	蔭補	甫冠補祇候郎君	宿直官、檢校太師、北院大王，特進門下平章事	北院樞密使，贈守司徒政事令	遼傳81
157	聖宗	耶律歐里思	六院部，室魯子	蔭補	未冠，補祇候郎君	六院部司徒、郎君班詳穩、右皮室詳穩	西南面招討使	遼傳81
158	聖宗	耶律磨魯古	六院部，耶律覿烈之後，虎古子	二院皇族	統和初，南面林牙	北院大王	北院大王	遼傳82

159	聖宗	耶律的琭	橫帳仲父房之後	橫帳皇族	左皮室詳穩	北院大王	出為烏古敵烈部都詳穩	遼傳88
160	聖宗	耶律奴瓜	橫帳季父房，南府宰相蘇孫	橫帳皇族	黃皮室紃都監	加諸衛小將軍、黃皮室詳穩、東京統軍使、南府宰相，加同政事門下平章事、遼興軍節度使	南府宰相加尚父	遼傳85
161	聖宗	耶律蒲古	橫帳季父房，太祖弟蘇四世孫	橫帳皇族	涿州刺史	上京內客省副使、鎮鴨綠江城、廣德軍節度使、東京統軍使	惕隱，重熙十一年為子所殺	遼傳87
162	聖宗	耶律諧里	突舉部	軍，從斜軫擊來侵宋軍	常居先鋒	突舉部節度使，以功世預節度使選	卒於陣中	遼傳85
163	聖宗	蕭柳	淳欽皇后弟阿古只五世孫	國舅帳。薦舉，叔父恒德薦其才	統和中，詔入侍衛	四軍兵馬都指揮使、北女直詳穩	東路統軍使	遼傳85
164	聖宗	蕭觀音奴	奚王搭紇孫	奚王府，(蔭補)	右祇候郎君班詳穩	奚六部大王	同知南院事	遼傳85
165	聖宗	蕭和尚	國舅大父房	國舅帳，廕補	開泰初，補御盞郎君	內史、太醫等局都林牙	唐古部節度使	遼傳86
166	聖宗	蕭敵烈	淳欽后族弟忽沒里之後，宰相撻烈(凜)四世	國舅帳	牛群敵史	帝聞其賢，詔入侍、遷國舅詳穩、同知左夷离畢、改右夷离畢、遷國舅詳穩、加同政事門下平章事、拜上京留守	中京留守	遼傳88
167	聖宗	耶律瑤質	積慶宮人	(蔭補) 父侯古室韋部節度使	積慶宮使	拜四蕃部詳穩	四蕃部詳穩	遼傳88
168	聖宗	耶律弘古	遙輦鮮質可汗後	遙輦帳	拽剌詳穩	南京統軍使、東京留守、典禁軍	侍中	遼傳88
169	聖宗	高正		統和初進士第		樞密直學士、右僕射、遷工部侍郎	北院樞密副使	遼傳88
170	聖宗	大康乂	渤海			南府宰相、出知黃龍府	黃龍府	遼傳88
171	聖宗	耶律敵魯	宮分，其先本五院之族	薦舉，統和初韓德讓所薦，精於醫			官至節度使	遼傳108

172	聖宗	王繼恩	棣州人	宦者		內業者、內侍左廂押班、尙衣庫使、左承宣、監門衛大將軍、靈州觀察使	內庫都提點，後不知所終	遼傳109
173	聖宗	趙安仁	深州樂壽	宦者	統和中，爲黃門令	秦晉國王府祇候授內侍省押班、御院通進、左承宣、監門衛大將軍	充漢人渤海內侍都知，兼都提點，後不知所終	遼傳109
174	聖宗－統和24	□奉殷	魏州大名	父太宗降附，蔭補	補充左教練使	彰義軍節度補充司馬、彰義軍補充攝節司空		遼文5、遼編奉殷墓志
175	（聖宗－開泰）	蕭高八	楮特部，惟信父	（蔭補），四世祖霞賴南府宰相，祖烏古中書令，父阿古只知平州	開泰中爲北院承旨	右夷离畢、南府宰相、倒塌嶺節度使、知興中府	復爲右夷离畢	遼傳96
176	聖宗－開泰5	耶律世良	六院部			北院大王，加檢校太尉、同政事門下平章事、拜北院樞密使	伐高麗副部署	遼傳94
177	聖宗－開泰間	蕭圖玉	北府宰相蕭海璲之子	蔭緣	統和初，以戚屬入侍	烏古部都監、烏古部節度使、總領西北路軍事、拜駙馬都尉，加同政事令門下平章事、仍領諸部，坐公主殺婢，罷使相	烏古敵烈部詳穩	遼傳93
178	（興宗）	蕭雙古	北府宰相蕭海璲之後，蕭圖玉子				南京統軍使	遼傳93
179	（道宗）	蕭訛篤斡	北府宰相蕭海璲之後，蕭圖玉孫				烏古敵烈部統軍使	遼傳93
180	聖宗－開泰8	耿延毅	上谷（延慶州）	蔭補，耿崇美孫，父紹紀	年十七（統和2）蔭補西頭供奉官	轉充御院通進、西南面招安史，超授右驍衛將軍、控鶴都指揮使，進位左領軍衛大將軍、出守歸化、長寧軍節度使、昭德	轉戶部使	遼文5、遼編延毅墓志，遼文6、遼編耿知新墓志

						軍節度使、入授永興、崇德宮都部署，兼帥武平軍		
181	聖宗－太平 3	王繼忠		恩辟，統和 21 南府宰相奴瓜獲之	戶部使	左武衛上將軍、攝中京留守、漢人行宮都部署、伐高麗行軍副部署	南院樞密使，致仕	遼傳 81
182	（聖宗）	王懷玉		（蔭補）王繼忠子			防禦使	遼傳 81
183	聖宗－太平 3	馮從順	信都	恩辟，聖宗一見風儀，置之左右	西頭供奉	頒給副使、頒給武德皇城等使、敦睦宮漢兒渤海都部署、歸義軍節度管內觀察處置等使	上京戶部使	遼文 6、遼編 從順墓志
184	聖宗－太平 5	蕭合卓	突呂不部	吏進	始爲本部吏	統和初，補南院侍郎、北院樞密中丞、北院樞密副使、左夷离畢	北院樞密使	遼傳 81
185	聖宗－太平 5	宋匡世		（徵辟），故樞密使魏王聞其器業，降以恩榮	起家署爲孔目官	北安州興化縣令、至滿，授大定府都市令、未幾，授北面孔目都官，仍加階級，超試官資、攝毛詩博士	晉國公主中京提轄使	遼文 6、遼編 匡世墓志
186	聖宗－太平 8	李知順	隴西郡	恩辟，俘公而來，遠詣行闕之下，今皇上見而奇之，委而任之	西頭供奉	中京宮苑副使、頒給大使、頒給庫使，特加頒給庫使、檢校太保，千牛衛大將軍，知內承宣事、兼御史大夫、中京內省使，知宮苑司事	楊州節度使，秩預五侯，官踰三品	遼文 6、遼編 知順墓志
187	聖宗－太平 9	蕭僅		國舅帳，母爲聖宗仁德皇后之姨，韓匡嗣女	特授率府率	遷勝州節度使，荐膺貴德州節度使		遼編 僅墓志
188	（聖宗）（興宗）	蕭烏古	突呂不部	（蔭任），蕭合卓子			突呂不部節度使	遼傳 81
189	（聖宗）	耶律阿古只	六院部，耶律古欲父				官至節度使	遼傳 104

190	聖宗－興宗	耶律古欲	六院部		統和中，本部太保	塌母城節度使、鞫霸州疑獄稱旨，授啓聖軍節度使、本部太保、南院大王，請老不許	詔與耶律庶成、蕭韓家奴編遼國上世事跡與諸帝實錄，卒	遼傳104
191	聖宗	耶律烏不呂	橫帳仲父房，于越洼孫，學古弟	橫帳皇族	統和中，屢任以軍事	東路統軍都監、統軍使	加檢校太尉，以弟國留罪，下吏	遼傳83
192	聖宗－重熙初	耶律資忠	橫帳仲父房，兄烏不呂、國留，弟古	橫帳皇族，（徵辟）	年四十末仕，聖宗召補宿衛	中丞、上京副留守、林牙知惕隱事、出知來遠城、事歷保安軍，昭德軍節度使	昭德軍節度使	遼傳88
193	聖宗－	耶律古	橫帳仲父房	橫帳皇族		統和中，坐兄國留事，流西北部	蕭撻凜爲西北路招討使，奏免其役	遼傳104
194	聖宗－重熙4	耶律韓留	橫帳仲父房	橫帳皇族，（徵辟）	統和間，召攝御院通進	烏古敵烈部都監，俄知詳穩事、加千牛衛大將軍、同知上京留守、奚六部禿里太尉	北面林牙	遼傳89
195	聖宗－重熙初	蕭匹敵	國舅少父房，父恒德	國舅帳	駙馬都衛	殿前副點檢、北面林牙、殿前都點檢、國舅詳穩	國舅詳穩	遼傳88
196	聖宗－重熙4	蕭朴	國舅少父房	國舅族，廕補，「父爲聖宗詩友」	開泰初，補牌印郎君	南院承旨權知轉運事、南面林牙、左夷离畢、知部署院事、興國軍節度使、南面林牙、守太子太傅、北府宰相遷北院樞密使、安撫東京、東京留守	南院樞密使	遼傳80
197	聖宗－重熙7	張思忠	南瀛州河間，張諫曾孫	（制舉登第），用揀詔於彤庭，誤捷登於上第	始授東西頭供奉，權閣門通事舍人	任職諸司、超授黃龍府節度副使、黔、義等州刺史濟州刺史	上京南中作使	遼編正嵩墓志、遼編思忠墓志
198	（聖宗）－重熙8	趙爲幹	盧龍，趙思溫曾孫，父匡禹	（廕補）	開泰1右可入內右承制	監燕都蒼、中京牢城指揮使，兼命監押軍旅、轉授燕京控鶴右廂都	命監永濟鹽院	遼編爲幹墓志

					指揮使、改授西南面安撫副使、超授持節遂州諸軍事，行遂州刺史		
199	聖宗－重熙10	蕭特末	國舅大父房，蕭和尚弟	國舅帳		安東軍節度使、左祇候郎君班詳穩、左夷夷畢、北院宣徽使、加同政事門下平章事	北院宣徽使	遼傳86
200	（聖宗）－重熙10	北大王万辛		世選家族，世世爲本郡王		重熙4爲北大王		遼文、遼編北大王墓志
201	聖宗－重熙12	蕭孝穆	淳欽后弟阿古只五世孫，父陶瑰，聖宗欽哀皇后弟	國舅帳		西北路招討都監、遙授建雄軍節度使，加檢校太保、九水諸部安撫使、北府宰相，賜檢校太師同政事門下平章事、知樞密院事，充漢人行宮都部署、南京留守，兵馬都總管、東京留守、復爲南京留守、北院樞密使、南院樞密使	北院樞密使，追贈大丞相	遼傳87
202	興宗－清寧7	蕭阿剌	淳欽后弟阿古只之後，孝穆子	國舅帳	弘義宮使	累遷同知北院樞密使，加同中書門下平章事、東京留守、西北路招討使、駙馬都衛、北府宰相，兼南院樞密使	北院樞密使	遼傳90，阿剌子別里剌，或爲蕭德溫，遼編德溫墓志
203	聖宗－清寧初	蕭撒八	淳欽后弟阿古只之後，孝穆子	國舅帳，蔭補	七歲以戚屬，加左右千牛衛大將軍。補祇候郎君	以柴冊禮恩加檢校太傅、永興宮使、總領左右護衛，同知點檢司事、拜駙馬都衛、北院宣徽使，仍總知朝廷禮儀	西北路招討使	遼傳87

204	聖宗－重熙12	蕭孝忠	淳欽后弟阿古只之後，孝穆弟	國舅帳，廕補	開泰中，補祗候郎君	駙馬都尉、殿前都點檢、北府宰相	東京留守	遼傳81
205	（聖宗）	蕭阿速	淳欽后弟阿古只之後，孝忠子	國舅帳			南院樞密使	遼傳81
206	聖宗－重熙4	蕭孝先	淳欽后弟阿古只五世孫，孝穆弟	國舅帳，廕補	統和18，補祗候郎君	國舅詳穩、南京統軍使、漢人行宮都部署，加太子太傅、上京留守、復爲國舅詳穩，改東京留守、總禁衛事、遙授天平軍節度使，加守司徒兼政事令、北院樞密使	南京留守	遼傳87
207	聖宗－清寧2	蕭孝友	淳欽后弟阿古只五世孫，孝穆弟	國舅帳，蔭緣	開泰初，以戚屬爲小將軍	加左武衛大將軍，檢校太保、西北路招討使、加政事令、敗南院樞密史、中書令、復北府宰相，出知東京留守，改上京留守，加尙父	復爲北府宰相，遙授洛京留守，致位。以子胡覩首與重元亂，伏誅	遼傳87
208	興宗－清寧9	蕭胡覩	淳欽后弟阿古只族，孝友子	國舅帳	祗候郎君	俄遷興聖宮使，受駙馬都尉、北面林牙、歷北、南院樞密副使、代族兄朮哲爲西北路招討使	同知北院樞密事，與涅魯古反，投水死	遼傳114
209	聖宗－重熙12	蕭塔列葛	五院部	（國舅帳），八世祖只魯以功預北府宰相選	仕開泰間	西南面招討使、右夷离畢、同知南京留守，轉左夷离畢、東京留守	世選爲北府宰相	遼傳85
210	聖宗－重熙12	耶律韓八	北院部，北院詳穩古之五世孫	二院皇族	審錄南京疑獄	群牧馬闒、左夷离畢、北面林牙、北院大王、復爲左夷畢	北院大王	遼傳91
211	聖宗－重熙4	耶律唐古	橫帳孟父房，于越屋質庶子	橫帳皇族，蔭補	補小將軍，統和二十四述屋質安民治盜之法以進	西南面巡檢、豪州刺史、唐古部詳穩、移屯鎮州、隗衍党項部節度使	隗衍党項部節度使，重熙4致仕	遼傳91

212	聖宗－重熙12	耶律弘古	橫帳孟父房，耶律化哥弟	橫帳皇族		順義軍節度使、北面林牙、加同政事門下平章事、出爲彰國軍節度使，兼山北道兵馬都部署、武定軍節度使、惕隱、南府宰相、上京留守、南院大王	復授武定軍節度使	遼傳95
213	聖宗－重熙間	耶律馬六	孟父房之後	橫帳皇族，鷹舉	耶律弘古鷹補宿直官	旗鼓拽剌詳穩、崇德宮使、惕隱、北院宣徽使	遼興軍節度使	遼傳95
214	(聖宗)－重熙13	蕭相公				特授御史中丞、改授兩任樞密副使、上京留守、知諸行宮都部署	佐移離畢	遼編蕭相公墓志
215	聖宗－重熙中	蕭拔剌	淳欽后族弟忽沒里後，蕭敵烈弟	國舅帳，廕補	開泰間，以兄爲右夷离畢，始補郎君	奚六部秃里太尉、四捷軍詳穩、昭德軍節度使	國舅詳穩	遼傳88
216	聖宗－重熙15	劉日泳	平州，劉仁恭子劉守奇之後，父宇傑、祖承嗣	廕補，聖宗以勳舊之臣子，乃議褒昇	閤門祇候	授西頭供奉、改授中京天積庫副使、未於周紀，特遂高遷，改授中京綾錦使、持節遂州諸軍事，遂州刺史、持節來州諸軍事，來州刺史、潤州刺史	宿州刺史，充本州團練使	遼文13、遼編日泳墓志
217	聖宗－重熙17	夏行美	渤海人			保州，總渤海軍、加同政事門下平章事、忠順軍節度使	遷副部署	遼傳87
218	聖宗－重熙16	蕭蒲奴	奚王府，奚王楚不寧之後	近侍	開泰間，選充護衛	奚六部大王、都監、加兼侍中、北阻卜副部署、在授奚六部大王、西南面招討使	奚六部大王	遼傳87
219	聖宗－重熙12	張儉	析津宛平	統和14，舉進士第一	順州從事，署棘寺丞	范陽令、監察御史、司門外郎、禮部郎中，知制誥、直樞密院、樞密直學士加	太師尚父政事令	遼傳80、遼文6

					尚書工部郎中、樞密副使，授宣政殿學士，守刑部尚書、參知政事，同知樞密院事、武定軍節度使、大同軍節度使、南院樞密使、左丞相、太師、中書令加尚父		
220	聖宗－重熙	蕭韓家奴	涅剌部		統和14始仕	右通進，典南京栗園、同知三司使事、天成軍節度使、彰愍宮使、擢翰林都林牙，兼修國史、歸德軍節度使	召修國史，卒	遼傳103
221	聖宗－重熙21	耶律古昱	林牙突呂不四世孫，六院蒲古只之後	二院皇族	烏古敵烈都監	鎮撫西北部、中京巡邏使、黃皮室詳穩、御史中丞、開遠軍節度使、歸德軍節度使	天成軍節度使	遼傳92
222	聖宗－重熙22	王澤	（太原）	開泰7進士第	秘書省校書郎	營州軍事判官、充樞密院令史吏房令史，權主事，進士隸院職，自父始也、武定軍節度判官、都官員外郎，充使館修撰，兼權大理少卿、析津判官彰國軍節度副使、樞密副都承旨，夏州觀察使、知順州軍州事、知副留守事、改授行宮都部署司事、知涿州軍州事、超授廣德軍節度使	移鎮奉陵軍節度使	遼文7、遼編澤墓志
223	聖宗－重熙22	董匡信	其先濟陰人，今貫於燕		統和23，始籍名於三班院	監上谷作坊	右班殿直	遼文8、遼編匡信墓志

224	聖宗－重熙 19	蕭惠	淳欽后弟阿古只五世孫	國舅帳	以中宮親爲國舅詳穩	契丹行宮都部署、南京統軍使、右夷離畢，加同中書門下平章事、東京留守事、西北路招討使、南京侍衛親軍馬步軍都指揮使、南京統軍使、知興中府、順義軍節度使、東京留守、西南面招討使，加開府儀同三司、檢校太師，兼侍中、契丹行宮都部署，加守太師南院樞密使兼北府宰相，同知元帥府事	北院樞密使，駙馬都衛	遼傳 93
225	聖宗	蕭虛列	淳欽后弟阿古只五世孫，惠弟	國舅帳			武定軍節度使	遼傳 93
226	聖宗－興宗	蕭兀古匿	淳欽后弟阿古只之後，惠子	國舅帳			北府宰相	遼傳 93
227	聖宗－重熙間	蕭慈氏奴	淳欽后弟阿古只之後，惠子	國舅帳，廕補	太平初，以戚屬補祗候郎君	匣撒狨，加右監門衛上將軍、西北路招討都監、領保大軍節度使、殿前副點檢、烏古部都詳穩	統軍都監	遼傳 93
228	聖宗－重熙間	蕭普達			南院承旨	烏古敵烈部都監、烏古敵烈部都詳穩	西南面招討使	遼傳 92
229	聖宗－重熙間	楊佶	南京	統和二十四進士第一	校書郎	大理正、轉儀曹郎，典掌命，加諫議大夫、出知易州、大理少卿、翰林學士、同知南京留守事、復爲翰林學士、翰林學士承旨、工部尚書、忠順軍節度使、朔，武等州觀察處置史、天	吏部尚書，兼門下侍郎，同中書門下平章事	遼傳 89

						德軍節度使，加特進檢校太師，同中書門下平章事、參知政事兼知南院樞密使、武定軍節度使		
230	（聖宗）	韓雱金	薊州玉田	蔭補，德威子，屬匡嗣系			彰國軍節度使	遼傳82
231	聖宗	韓制心，韓橁〈墓志〉作耶律遂貞，又名直心	薊州玉田	蔭補，德崇子，屬匡嗣系		武定軍節度使、歸化州節度使、上京留守、漢人行宮都部署、中京留守、惕隱	南院大王	遼傳82
232	聖宗	韓郭三	薊州玉田	蔭補，德凝子，屬匡嗣系			天德軍節度使	遼傳74
233	聖宗－重熙5	韓橁	薊州玉田	蔭補，瑜長子，屬匡美系	西頭供奉官	御院通進、給庫使、引進使、客省使、左第一驍騎部署、知歸化州事、彰愍宮都部署、燕京留守衙內馬步都指揮使、易州兵馬都監、弘義宮都部署、侍衛親軍步軍指揮使、利州觀察使、乾顯宜等七州都巡檢、左監門衛大將軍、易州軍州事、長寧軍節度使易博冀觀察處置、移鎮潘州、北院宣徽使、歸義軍節度使、沙州管內觀察處置	南院宣徽使	遼文6〈墓志〉
234	聖宗－重熙6	耶律遂忠	薊州玉田	蔭補，德昌子，屬匡嗣系	忠順軍節度管內觀察處置等使	持節蔚州諸軍事	行蔚州刺史	遼刻上遂忠〈墓志〉
235	聖宗－重熙間	耶律鐸軫	積慶宮人	（近侍）		多以軍事屬任、東北詳穩、東路統軍使、天德軍節度使	相地西邊	遼傳93

236	（聖宗）－重熙間	耶律官奴	林牙幹魯孫	徵辟	初，徵為宿直將軍	重熙9以疾去官，上以官奴尊，欲成其志，許自擇一路節度使	加歸義軍節度使，輒請致政	遼傳106
237	聖宗－清寧2	杜防	涿州歸義	開泰五年進士第		起居郎，知制誥、政事舍人、樞密副使、參知政事、南府宰相、武定軍節度使	右丞相加向父	遼傳86
238	（道宗）	涿州歸義	杜公謂				南府宰相	遼傳86
239	聖宗－清寧初	耶律僕里篤	六院部，六院林牙突呂不四世孫	二院皇族	開泰間，本班郎君	遷率府率（帥）、同知南院宣徽使事、彰聖軍節度使、知興中府、西南面招討使、加右武衛上將軍、倒塌嶺都監、金肅軍事、副宰相	長寧、匡義二軍節度使，致仕。	遼傳91
240	（道宗）	耶律阿固質	六院部，僕里篤子				倒塌嶺都監	遼傳91
241	聖宗－清寧2	高為裘	渤海扶餘魚谷	廕補	開泰7，祖父高模翰廕寄班祗候	西班小底、右班殿直、禮賓副使，知順義軍馬步都指揮使事		遼編為裘墓志
242	聖宗－清寧4	張績	清河	太平末，進士乙科第	將仕郎，守秘書省著作佐郎	涿州軍事判官，試大理評事、彰國軍節度書記、充燕京管內都商稅判官、權延慶宮漢兒渤海都部署判官、白川州觀察判官、遷承奉郎、大理寺直、上京留守□□□□大理司直、鹽鐵判官、度支都勾判官、興國軍節度副使、興中府判官、西京巡警使	忠順軍節度副使	遼文8、遼編續墓志

243	聖宗－清寧5	耶律庶幾	季父房之後，太祖弟寅底石之後		太平1，郎君監御牌印	燕軍衙內馬步軍指揮使、長寧宮漢兒渤海都部署使、南面林牙、北面林牙、鎮建州、奚王監軍瀋州管內觀察處置使、知興中府、燕京步軍都指揮使、信州彰勝軍節度使、上京留守、賓州龍化州平州管內觀察處置使	知遼興軍節度，平、灤、營三州觀察處置使事	遼編庶幾墓志
244	聖宗－清寧8	耶律宗政	聖宗弟隆慶長子	橫帳	護國軍節度，管內觀察處置等使	判武定軍節度，奉聖、歸化、儒、可汗等州觀察處置等使、知遼興軍節度，平灤營三州觀察處置等使、大內惕隱、諸行宮都部署武寧軍節度，徐、宿等州觀察處置等使、判宣徽南院、拜樞密使、南院大王、復拜樞密使、判上京留守、再拜大內惕隱、再判遼興軍節度	移判武定軍節度	遼文7、遼編宗政墓志
245	聖宗－咸雍1	耶律宗允	聖宗弟隆慶次子	橫帳	開泰間，遙授貝州觀察使	匡義軍節度使事、節制乾州、知臨海軍事、魏州管內觀察處置等使、崇義、興國二軍、歷廣德、啓聖、再判崇義軍、南府宰相、判西京留守、判奉先軍事	匡義軍節度使事	遼文8、遼編宗允墓志
246	聖宗－重熙22	耶律宗教	聖宗弟隆慶四子	橫帳	開泰8，王子郎君將軍	改授始平軍節度、南面林牙、彰國軍節度使、崇義節	移鎮顯州	遼編宗教墓志

						制、天德軍節度使、南面契丹行宮副部署、都部署、東北路達領將軍、宣徽使、出知忠順軍節度使、左夷离畢、大內惕隱、遼興軍節度使		
*247	聖宗－清寧9	耶律重元	橫帳，聖宗次子	橫帳		北、南樞密使、南京留守、知元帥府事	天下兵馬大元帥，清寧9叛，自縊	遼傳112
248	興宗－清寧9	涅魯古	橫帳，皇太叔重元子	橫帳		惕隱、出為武定軍節度使、知南院樞密使事	清寧9與父重元叛，為近侍所殺	遼傳112
249	聖宗－清寧9	蕭革	國舅大父房，國舅林牙和尚子	國舅帳	太平中，累遷官職	重熙初拜北面林牙、北院樞密副使、北府宰相、同知北院樞密事、南院樞密使、改知北院樞密使，兼中書令、復為南院樞密使	北院樞密使，預重元亂，凌遲殺之	遼傳113
250	聖宗－清寧9	蕭迭里得	國舅少父房之後	國舅帳，蔭補	太平中，以外戚補祗候郎君	延昌宮使、殿前副點檢、伐夏多所俘掠，遷殿前都點檢，改烏古敵烈部都詳穩、復為都點檢、夏人來侵，以功命知行宮都部署事、出為西南面招討使，以私議宮掖事，削爵為民	以所坐事非實，起為南京統軍使。從重元子涅魯古叛，伏誅	遼傳114
251	（聖宗）－清寧初	劉六符	昌平	進士第，祖劉景，父劉慎行		政事舍人、翰林學士、漢人行宮副部署、加同中書門下平章事	三司使	遼傳86
252	（聖宗）－（道宗）	劉二玄	昌平	蔭任，祖劉景，父劉慎行		三司使、武定軍節度使	上京留守	遼傳86
253	（聖宗）－（道宗）	劉三嘏	昌平	進士第，祖劉景，父劉慎行		駙馬都衛	駙馬都衛，奔宋，歸殺	遼傳86

254	（聖宗）－（道宗）	劉四端	昌平	進士第，祖劉景，父劉慎行		駙馬都衛、衛尉少卿	樞密直學士	遼傳86
255	聖宗－咸雍4	蕭韓家奴	奚長勃魯恩之後	奚王府，廕補	太平中，補祗候郎君	累遷敦睦宮使、左翼都監、北面林牙、南院副部署、奚六部大王、南京統軍使、北院宣徽使、以功遷殿前都點檢、遷西南面招討使	上書力言太子冤，復爲西南面招討使	遼傳96
256	（道宗）	蕭楊九	奚長勃魯恩之後，蕭韓家奴子	奚王府，（蔭補）			右祗候郎君班詳穩	遼傳96
257	聖宗－大康5	楊皙	幽州安次	（詔舉），聖宗聞其穎悟，詔試詩	秘書省校書郎	太平十一年進士乙科，擢著作佐郎、樞密都承旨、權度支使、進樞密副使、長寧軍節度使、山西路轉運使、知興中府、南院樞密使、復知興中府、賜尚書左僕射，兼中書令	樞密使	遼傳89
258	聖宗－大康中	楊績	良鄉	太平十一年進士第		累遷南院樞密副使、擅給進士堂帖降長寧軍節度使，徙知涿州、參知政事，兼同知樞密院事、南府宰相、知興中府、知樞密院事	南院樞密使，致仕，加守太保	遼傳97
259	聖宗－天慶初	蕭常哥。漢名義，據蕭義墓志銘	淳欽后弟蕭敵魯之後	國舅帳，（近侍）	祗候郎君	本族將軍、南女直都監、東京四軍副都指揮使、松山州刺史、永興宮使、南院宣徽使、漢人行宮都部署，加太子太師、國舅詳穩、遼興軍節度使	北府宰相，加侍中	遼傳82、遼文9、遼編義墓志
260	（聖宗）	陳昭袞	雲州	廕補	統和中，補祗候郎君	奚拽剌詳穩、敦睦宮太保兼圍場事、特加節鉞、圍場都太師、歸義軍節度使，同上京留守	西南面招討都監	遼傳81

261	（聖宗）	武白		恩辟。宋國子博士，俘	詔授上京國子博士	臨潢令、廣德軍節度使、權中京留守，正宰相劉慎行與子婦私，以斷百姓分籍不直，左遷、遷尚書左丞、知樞密事	遼興軍節度使	遼傳 82
262	興宗	耶律和尚	橫帳季父房	橫帳皇族，廕補	重熙初，補祗候郎君	積慶，永興宮使、同知南院宣徽使事、南面林牙、懷化軍節度使、御史大夫，加天平軍節度使，檢校太師	中京路案問使	遼傳 89
263	（興宗）	耶律謝十	薊州玉田	擬橫帳皇族，德威孫			惕隱	遼傳 82
264	（興宗）	耶律高十	薊州玉田	擬橫帳皇族，德凝孫			遼興軍節度使	遼傳 74
265	興宗	耶律滌魯	薊州玉田	擬橫帳皇族，德威孫	授小將軍	北院宣徽使、右林牙副點檢、惕隱、西北路招討使、烏古敵烈部都詳穩、東北路詳穩	南府宰相	遼傳 82
266	（興宗）－道宗	耶律高家奴	薊州玉田	擬橫帳皇族，德凝孫			南院宣徽使	遼傳 74
267	興宗	耶律侯哂	六院蒲古只之後	二院皇族	西南巡邊官	南京統軍使、北院大王	東京留守，加兼侍中，致仕	遼傳 92
268	（聖宗）	耶律查只	侯哂祖，六院蒲古只之後	二院皇族			北院大王	遼傳 92
269	（興宗）	耶律忽古	侯哂父，六院蒲古只之後	二院皇族			黃皮室詳穩	遼傳 92
270	興宗	耶律宜新	古昱子，六院蒲古只之後	二院皇族			北院大王	遼傳 92
271	興宗－大康 3	耶律兀沒	古昱子，六院蒲古只之後	二院皇族			漢人行宮都部署	遼傳 92
272	興宗－大康 1	耶律獨攧	太師古昱子六院部	二院皇族，近侍	左護衛	十二行糺司徒、拽剌詳穩、同知金肅軍事、涅剌奧隗部節度使、皇太后左護衛太保、寧遠軍節度使、五國，烏古，遼興軍節度使	四捷軍詳穩	遼傳 92

273	興宗	蕭滴烈	遙輦鮮質可汗宮人		遙攝鎮國軍節度使	降同簽南京留守事、遙授竟將軍節度使、群牧都林牙、右夷離畢、北院樞密副使、中京留守	西京留守	遼傳95
274	興宗	耶律喜孫	永興宮分人	近侍，興宗在青宮，常居左右輔導		南府宰相	東北路詳穩	遼傳97
275	興宗－清寧初	蕭撒抹	遙輦注可汗宮分人	蔭補，父涅魯古北院樞密副使	補祗候郎君	北面林牙、大父敵穩、知山北道邊境事	西北招討使，加同中書門下平章事	遼傳92
276	興宗－清寧間	耶律合里只	六院部，夷离菫蒲古只之後	二院皇族		西南面招討都監、懷化軍節度使、北院大王、遼興軍節度使	東北路詳穩加兼侍中	遼傳86
277	興宗－清寧間	耶律庶成	橫帳季父房之後，父吳九檢校太師	橫帳皇族，蔭補	重熙初，補牌印郎君	樞密直學士、出使吐蕃	林牙？	遼傳89
278	興宗－清寧間	蕭烏也	興聖宮分	蔭補，觀察使塔里直孫	重熙中，補護衛	護衛太保，加團練使、敵烈部節度使	興聖、延慶宮使	遼傳92
279	興宗－清寧8辭	蕭圖古	楮特部		仕重熙中，以能稱	累遷左中丞、清寧初，歷北面林牙、改北院樞密副使、知北院樞密使事、出知黃龍府、拜南府宰相	北院樞密使，坐引薦重元黨，免為庶人	遼傳111
280	興宗－清寧9	古迭	宮分人，失姓氏	近侍	重熙初，改為護衛	歷宿直官，改興聖宮太保	從重元、涅魯古叛，凌遲死	遼傳114
281	興宗－清寧9	耶律撒刺竹	孟父房之後，滌冽孫	橫帳皇族		清寧中，累遷宣徽使、改殿前都點檢	首與重元亂，戰死	遼傳114
282	興宗－咸雍8	耶律仁先	橫帳仲父房，父南府宰相瑰引。仁先本傳言孟父房，仁先墓志言「第二橫帳」，即仲父房，據此改	橫帳皇族，蔭補	重熙3，補護衛，應即墓志所稱左千牛衛將軍	崇德宮使，仁先〈傳〉云：「授宿直將軍」、殿前副點檢、北面林牙、北院樞密副使、中書門下平章事、同知南京留守事兼權析津府尹事、契丹行宮都部署、北院大王、東京留守、北院樞密使、南院樞密使、南京兵馬副元帥、復為北院大王、加尚父、再授北院樞密使	西北路招討使	遼傳96、遼文8

283	興宗	耶律義先	橫帳仲父房	橫帳皇族，廕補	重熙初，補祗候郎君班詳穩	十二行糺都監、南院宣徽使、殿前都點檢、南京統軍使	惕隱	遼傳90
284	興宗－(道宗)	耶律禮先	橫帳仲父房	橫帳皇族			(盒州)團練使	遼文8仁先〈墓志〉
285	興宗－(道宗)	耶律智先	橫帳仲父房	橫帳皇族			果州防禦使	遼文8仁先〈墓志〉
286	興宗－清寧初	耶律信先	橫帳仲父房	橫帳皇族	左護衛太保	同知殿前點檢司事、兼右祗候郎君班詳穩	南面林牙	遼傳90
287	道宗	耶律撻不也，仁先〈墓志〉稱慶嗣	橫帳仲父房	橫帳皇族，廕補	清寧2，補祗候郎君。甫弱冠詔入仕，寘以近列	崇德宮副使、南王府司徒、永興宮使(彰愍宮都部署)左班郎君詳穩，遙授忠正軍節度使、同知殿前點檢司事、南面林牙、歷高陽、臨海二軍節度使、左皮室詳穩、西南路兵馬副部署、倒塌領太師、烏古敵烈統軍、知西北路招討使，加兼侍中、大內惕隱	西南面招討使、西北路何魯掃古戰不利，命慶嗣代之，莫於陣，贈兼侍中	遼傳96、遼編慶嗣墓志
288	興宗－咸雍初	耶律玦	遙輦鮮質可汗之後	遙輦帳，(馘辟)	重熙初，召修國史，補符寶郎	遷知北院副部署、樞密副使、西南面招討都監、同簽南京留守事、南面林牙、同知遼興軍使事、復為樞密副使、兼北院副部署、西京留守佐	孟父房敞穩	遼傳91
289	興宗－咸雍初	耶律仙童	仲父房之後	橫帳皇族，(近侍)	宿直官	惕隱、都監、五國節度使、彰國軍節度使、北院大王、知黃龍府事、侍衛親軍馬步軍都指揮、忠順軍節度使	武定軍節度使	遼傳95
290	興宗－咸雍初	耶律良	(乾州)	著帳郎君之後，廕補	重熙中，補寢殿小底	燕趙國王近侍、乘廄馬、遷修起居注、遷知制誥，兼知部署	知中京留守事	遼傳96

					司事、敦睦宮使，兼權知皇太后宮諸局事、以功遷漢人行宮都部署、同知南院樞密使事、惕隱			
291	興宗－咸雍2	蕭尤哲	淳欽后弟阿古只之後，孝穆弟高九之子	國舅帳	加監門衛上將軍	興聖宮使、統軍都監、西南面招討都監、國舅詳穩、西北路招討使、昭德軍節度使、北院宣徽使、復爲西北路招討使、北府宰相	順義軍節度使	遼傳91
292	興宗－咸雍中	耶律裹履	六院部，夷离董蒲古只之後	二院皇族		同知點檢司事、駙馬都衛永興宮使、右祇候郎君班詳穩、同知南院宣徽事	加太子太師	遼傳86
293	興宗－咸雍5	蕭素颯	五院部		北院承旨	彰愍宮使、左皮室詳穩、右夷离畢、北院林牙	南院副部署	遼傳95
294	興宗－咸雍7	王觀	南京人	重熙7 進士乙科		興宗崩，充夏國報哀使、給事中、翰林學士、乾文閣學士、南院樞密副使，參知政事	兼知南院樞密事	遼傳97
295	興宗－咸雍間	趙徽	南京人	重熙5 進士甲科	大理正	翰林學士承旨、度支使、參知政事、武定軍節度使	同知樞密院事，兼南府宰相，門下侍郎，平章事	遼傳97
296	興宗－大康1	耶律引吉	品部	廕補，父雙古鎮西邊二十餘年	以廕補官	重熙間，累遷東京副留守、北院樞密侍御、改客省使、輔昭懷太子、出爲群牧林牙、懷德軍節度使	漠北猾水馬群太保	遼傳97
297	興宗－大康初	耶律馬哥	橫帳仲父房，休哥孫	橫帳皇族，興宗時，以散職入見	散職	唐古部節度使、匡義軍節度使	（匡義軍節度使）	遼傳82
298	興宗－大康初	蕭迁魯	五院部		牌印郎君	護衛太保、知殿前副點檢事、降戍西北部、總知烏古敵烈部、左皮室詳穩、西北招討都監、南京統軍都監、黃皮室詳穩	東北路統軍都監	遼傳93

299	興宗－大康間	蕭鐸盧幹	五院部，蕭迁魯弟		給事北院知聖旨事	謫戍西北部		遼傳93
300	興宗－大康2	蕭速撒	突呂不部人		重熙間累遷右護衛太保	北面林牙、彰國軍節度使、北院樞密副使、經略西南邊（西南面招討使）	知北院樞密使事，被誣廢立事，遣使殺之	遼傳99
301	興宗－大康3	蕭巖壽	乙室部		仕重熙末	文班太保、同知樞密院事、敵烈部節度使、同知南院宣徽使事、北面林牙	出爲順義軍節度使，與乙辛忤，流於烏隗路、三年乙辛誣，殺之	遼傳99
302	興宗－大康中	蕭惟信	楮特部	（蔭補），父高八右夷离畢	重熙初始仕	累遷左中丞、燕趙國王傅、北院樞密副使，坐事免官、尋復職，兼北面林牙、南京留守、左右夷离畢	北院樞密副使，加守司徒	遼傳96
303	興宗－大康間	姚景行	興中縣，父周將姚漢英，隸漢人宮分	重熙5進士乙科	將作監	燕趙國王教授、翰林學士、樞密副使、參知政事、北府宰相武定軍節度使、南院樞密使、致仕，復南院樞密使，兼中書令、知興中府·朔方軍節度使、遼興軍節度使	上京留守，加守太師，致仕	遼傳96
304	興宗－大康間	劉伸	宛平	重熙5進士第	彰武軍節度使書記	大理正、樞密都承旨、權中京副留守、遷大理少卿、升大理卿、改西京留守、三司副使，加諫議大夫、提點大理寺徙南京副留守、崇義軍節度使、改戶部使、敗南院樞密副使、參知政事、出爲保靜軍節度使、加守太子太保	上京留守，大安二年卒	遼傳98
305	興宗－大康間	蕭余里也	淳欽后弟阿古只之後，國舅阿剌次子	蔭緣。國舅帳，重熙間以外戚進	清寧初補祗候郎君，拜駙馬	累遷南面林牙、出爲奉先軍節度使、召爲北面林牙、出爲寧	西北路招討使，以母憂去官	遼傳111

					都尉	遠軍節度使、國舅詳穩、北府宰相，兼知契丹行宮都部署、知北院樞密事、坐乙辛黨以天平軍節度使歸第		
306	興宗－大康7	耶律乙辛	五院部	吏進	重熙中，爲文班吏，掌太保印	皇后令補筆硯吏、累遷護衛太保、同知點檢司事、陞北院同知、歷樞密副使、南院樞密使、改知北院、重元亂平，拜北院樞密使，加守太師、出爲中京留守、復召爲北院樞密使、之南院大王事	改知興中府事，坐以禁物鬻入外國，八議，幽來州	遼傳110
307	興宗－大康8	耶律庶箴	橫帳季父房	橫帳皇族	本族將軍	同知東京留守事、烏衍突厥部節度使、知薊州事都林牙	都林牙	遼傳89
308	興宗－清寧初	耶律蒲魯	橫帳季父房，父庶箴	橫帳皇族，重熙中進士第	牌印郎君			遼傳89
309	興宗－（大康末）	張孝傑	建州永霸	重熙24進士第		累遷樞密直學士、出爲惠州刺史、俄召復舊職、兼知戶部司事、參知政事，同知樞密院事，加工部侍郎、北府宰相、既出乙辛，亦悟孝傑姦，出爲武定軍節度使	私販鹽，擅改詔，貶安肅州，數年乃歸。大安中，死於鄉	遼傳110
310	興宗－大安中	耶律頗的	橫帳季父房，奴瓜孫	橫帳皇族，廕補	重熙初，補牌印郎君	知易州、彰國軍節度史、北面林牙、南院宣徽使、忠順軍節度使、南院大王、同知南京留守事、南府宰相	北院樞密使	遼傳86
311	（興宗）（道宗）	耶律霞抹	橫帳季父房，頗的子	橫帳皇族			北院樞密副使	遼傳86
312	興宗－大安中	耶律敵烈	六院部，蒲古只之後，採訪使吼五世孫	二院皇族，廕補	重熙末，補牌印郎君，兼知起居注	通知永州事、北面林牙承旨，遙授臨海軍節度使、武安州觀察使、長寧宮使、撿刮戶部司、南	塌母城節度使，加兼侍中	遼傳96

						院大王、同知南京留守事、上京留守		
313	興宗－大安5	蕭抱魯		近侍，興宗皇帝嘉其遠器，實以近班		尋差知兵帳、押領殿中司一行兵馬、授本府敞史、歷左金吾詳穩、松山州刺史、歸州觀察使、累遷匡義、彰聖、開遠、臨海等軍節度使、湯河女直詳穩	北宰相	遼文9作蕭裕魯，遼編抱魯墓志
314	興宗－大安中	耶律胡呂	弘義宮分人	廕補，太祖功臣耶律欲穩之後，父楊五左監門衛大將軍	重熙末，補寢殿小底	千牛衛大將軍、阻卜招討都監	漢人行宮副部署，兼知太和宮事	遼傳98
315	興宗－大安中	楊遵勗	涿州范陽	重熙19進士第		調儒州軍事判官、累遷樞密院都承旨、咸雍3使宋還，都承旨、拜樞密直學士、改樞密副使、參知政事、徙知樞密院事，兼門下侍郎、平章事、拜南府宰相	北府宰相，大安中暴卒	遼傳105
316	(道宗)	楊晦	涿州范陽	楊遵勗子			終昭文館學士	遼傳105
317	興宗－(大安間)	董庠		進士第	授著作佐郎	累遷朝散大夫，守殿中少監	知惠州軍州事	遼編董庠妻張氏墓志
318	興宗－大安末	王棠	涿州新城	重熙15擢進士第一		累遷上京鹽鐵使、東京戶部使、大康3入爲樞密副使	拜南府宰相	遼傳105
319	興宗－壽昌初	耶律鐸魯斡	季父房之後	橫帳皇族	重熙末，給事詥院	咸雍中，累遷同知南京留守事、大康初，改西南面招討使、北面林牙、遷左夷离畢	大安5，拜南府宰相，壽昌初致仕，卒	遼傳105
320	(道宗－天祚)	耶律普古	季父房之後，鐸魯斡子	橫帳皇族		烏古部節度使		遼傳105
321	興宗－壽昌4	耶律特麼	橫帳季父房	橫帳皇族	北剋	六部禿里太尉、倒塌嶺節度使、禁軍都監南院宣徽使、北院大王	知黃龍府事	遼傳95

322	興宗－壽昌4	鄧中舉	其先南陽人	少舉進士中第（重熙末）		營州軍州事、召補丞相掾、廳房主書、吏房承旨、中京少尹、中上東三京路供奉官、燕京留守中門使、燕京副留守、提點大理寺、東路按察使、宣權鹽鐵使、知鹽鐵使	保安軍節度使	遼編 中舉墓志
323	興宗－壽昌5	孩里	回鶻人，其先來貢，太祖留用	近侍	重熙間歷近侍長	近侍長，加金吾衛上將軍、殿前都點檢，加守太子太保，加同中書門下平章事、改同知南院宣徽使事、出廣利軍節度使	品達魯虢部節度使	遼傳 97
324	興宗－壽昌7	耶律陳家奴	六院部，懿祖弟葛刺八世孫	二院皇族，廕補	重熙中，補牌印郎君	本班郎君、御盞郎君、鷹坊、尚廄、四方館副使、徒魯古皮室詳穩、右夷离畢、烏古部節度使行軍都監	道宗山陵使，致仕	遼傳 95
325	興宗－乾統中	耶律何魯掃古	孟父房之後	橫帳皇族，廕補	重熙初，祗候郎君，加安州團練使	懷德軍節度使、奚六部禿里太尉、改左護衛太保、知西北路招討使事，加左僕射，坐不以實聞，削官	惕隱，兼侍中	遼傳 94
326	（道宗）	韓資讓	幽州安次	延徽四世孫，蔭補	中書侍郎平章事	崇義軍節度使	遼興軍節度使	遼傳 74
327	道宗	牛舒溫	范陽	咸雍中進士第	滯小官	戶部使，轉給事中、知三司使事，加戶部侍郎、改三司使、參知政事，兼同知樞密院事，攝中京留守、知南院樞密使事	加中書令	遼傳 86
328	道宗	蕭陶隗	宰相轄特六世孫	（國舅帳）	馬群太保	契丹行宮都部署	西南面招討使	遼傳 90

329	道宗	蕭韓家	國舅族	國舅帳	護衛太保	知北院樞密副使	漢人行宮都部署	遼傳92
330	(道宗)	蕭樂音奴	奚六部	近侍，奚六部敵穩突呂不六世孫，父蕭拔剌舍利軍詳穩	護衛	護衛太保、本部南剋旗鼓拽剌詳穩、監障海東青鶻	五蕃部節度使	遼傳96
331	道宗	張衍		壽昌1進士第	校書郎	管內都商稅判官、遷秘書郎，知龍門縣事、補中京留守推官、遷都官員外郎，差監銀絹庫	授比部郎中，通判易州	遼文11、遼編衍墓志
332	道宗－咸雍5	韓資道	幽州安次，韓延徽次子德鄰之後，曾伯祖韓佚，父韓造	廕補	清寧初，行右衛率府副率	閤門祗候供軍副使、六宅副使	省市買都監	遼文8、遼編資道墓志
333	道宗－大康1	耶律合魯	六院部，六院裏古直之後		仕清寧初	附乙辛，俄擢南面林牙	北院大王，卒	遼傳111
334	道宗－(大康)	耶律吾也	六院部，六院裏古直之後，耶律合魯弟				南院大王	遼傳111
335	道宗－大康2	耶律撒剌	六院部，南院大王磨魯古孫	二院皇族	清寧初，累遷西南面招討使	北院大王、契丹行宮都部署、始平軍節度使	蕭訛都幹誣首，遣使殺之	遼傳99
336	興宗	耶律高家	季父房，耶律撻不也父	橫帳皇族			林牙	遼傳99
*337	道宗－大康3	順宗濬	道宗長子	橫帳		8歲，立為皇太子、大康元年，兼領北南院樞密事	大康3乙辛害太子，廢為庶人，陰遣人殺之，諡昭懷太子	遼傳72
338	道宗－大康3	耶律撻不也	季父房	橫帳皇族，廕補	清寧中，補牌印郎君	永興宮使、知點檢司事、懷德軍節度使、遙輦剋	北院宣徽使，大康3被誣謀廢立事，殺之	遼傳99
339	道宗－大康3	蕭撻不也	淳欽后弟阿古只之後，國舅郡王高九之孫	國舅帳，廕補	咸雍中，補祗候郎君	彰愍宮使，拜駙馬都衛	同知漢人行宮都部署，乙辛誣謀廢立事，見殺	遼傳99
340	道宗－大康3	蕭忽古		蔭補	甫冠，補禁軍	帝召為護衛	欲殺乙辛，流於邊。廢太子，殺之	遼傳99
341	道宗－大康3	蕭訛都幹	國舅少父房之後	廕補	咸雍中，補牌印郎君		後與乙辛不合，被誅	遼傳111

342	（興宗－道宗）	蕭鐸魯幹	蔑古乃部，蕭十三父				節度使	遼傳110
343	道宗－大康5	蕭十三	蔑古乃部			清寧間，以年勞遷護衛太保、遷殿前副點檢、殿前都點檢，兼同知樞密院事、遷北院樞密副使	保州統軍使，卒	遼傳110
344	（道宗）－大康間	蕭謀魯幹	五院部，蕭素颯子	蔭補	初補夷离畢郎君	文班太保、南京統軍使、右夷离畢、見忌，出爲馬群太保、同知烏古敵烈統軍、降領西北路戍軍	馬群太保	遼傳95
345	道宗－大康中	耶律趙三	六院部，夷离菫蒲古只之後之後	（近侍），二院皇族	宿直官	北面林牙、北院大王、西南面招討使西北路招討使，兼行軍都統	北院大王	遼傳94
346	道宗－乾統6	耶律那也	六院部，蒲古只之後之後，趙三姪	近侍，父死王事，九歲加諸衛小將軍，爲題里司徒	宿直官	遙輦剋、倒塌領節度使、烏古敵烈部統軍使，留任、中京留守	北院大王	遼傳94
347	道宗－大安3	耶律燕哥	季父房之後，四世祖鐸穩太祖異母弟			清寧間，左護衛太保、大康初，轉北面林牙、左夷离畢、契丹行宮都部署、南府宰相、惕隱	西京留守，致仕	遼傳110
348	道宗－大安3	王安裔		大康5進士第	簽書涿州軍倅公事	中京內省判官	澤州神山縣令	遼文11、遼編安裔墓志
349	道宗－大安6	鄭恪	白霅北原人	清寧8進士三甲	秘書省校書郎	松山州軍事判官、試秘書省校書郎、貴德州節度副使、差授東京供贍都監、遷尚書虞部郎中、度支戶部判官、遷尚書都官郎中、四遷至少府少監	上京鹽鐵副使	遼文9、遼編恪墓志
350	道宗－大安7	竇景庸	中京人，中書令振之子	清寧中進士第	秘書省校書郎	累遷少府少監、樞密直學士、尋知漢人行宮副部署事、南院樞密副使，監修國史、知樞密院	中京留守	遼傳97

					事，加太子太保、武定軍節度使		
351	（道宗）	竇瑜				三司副使	遼傳 97
352	道宗－壽昌間	劉輝		大康 5 進士第		太子洗馬、禮部郎中	擢使館修撰	遼傳 104
353	道宗－壽昌 2	孟有孚	其先平昌著姓，我朝北遷遂爲中都人	咸雍 9 進士第		泰州樂康縣、辰涷鹽院使、通知泰州軍州事、特指改授韶陽軍節度副使、改知盧龍縣，錦州節度副使，凡五任	大理正	遼文 9、遼編有孚墓志
354	道宗－壽昌 2	尙暐		清寧 5 進士第	當年，勾充樞密院令史	知度支戶部判官、知上京內省副使	知大定府	遼文 9、遼編暐墓志
355	道宗－壽昌 3	賈師訓	晉唐之間，籍爲燕人，高祖賈去疑。曾祖喦遂家於遼，貫遼濱縣	年 35，咸雍 2 進士第	秘省著作佐郎	調恩州軍事判官、充東京麯院使、授奉玄縣令、改錦州永樂令、大理寺丞、補中京留守推官、入樞府爲掾史、知大理寺正、知觀察使事、詔按察河東路刑獄、千樞密直學士、樞密副使、進禮部侍郎，參知政事、拜刑部尙書，中書侍郎	移中京留守	遼文 9、遼編師訓墓志
356	道宗－壽昌 5	蕭得裏特	遙輦洼可汗宮分人			清寧初，累遷北面林牙、同知北院宣徽使事、大康中，遷西南招討使、歷順義軍節度使、轉國舅詳穩	壽昌 5，貶西北統軍司，卒	遼傳 111
357	道宗－壽昌末	蕭文	外戚			大康初，掌秦越國王中丞司事、知北面貼黃、同知奉國軍節度使、歷國舅都監、知易州，兼西南面安撫使	唐古部節度使，後不知所終	遼傳 105

358	道宗－壽昌末	梁援	醫巫閭	清寧5進士第	初命儒林郎，守右拾遺，直史館	歷左補闕、起居郎，充史館修撰、知制誥，兼兵刑房承旨，兼權行宮御史臺、衛尉卿，兼吏房承旨，加右諫議大夫、提點大理寺、權諸行宮副部署，兼判三班院、寧昌軍節度使、戶部使，靜江軍節度使、復拜諸行宮副部署，兼領內署、興中尹、起復諸行宮都部署、權上京留守、知宣徽南院事、知武定軍節度使、再授諸行宮都部署、判遼興軍節度使事、樞密副使	監修國使，知樞密院事。道宗崩，充玄工都部署。同年歿，天祚即位，改元乾統	遼編援墓志
359	道宗－乾統1	王師儒	太原	咸雍1進士丙科	將仕郎，守秘書省校書郎	擢充樞密院令史、遷儒林郎，直史館、秘書丞，應奉閣下文字、充史館修撰尙書職方郎中、遷將作少監，知尙書吏部銓、改堂後官，充史館修撰、乾文閣侍制，命爲伴讀、知制誥、遷給事中，權翰林侍讀學士、正授前職、翰林學士，同知諸行宮都部署，兼樞密直學士、加尙書刑部侍郎，知樞密副使、正授樞密副使、改授參知政事，簽（同知）樞密院	改授諸行宮都部署	遼文10、遼編師儒墓志

					事、再知樞密副使、改授宣政殿大學士，判史館事、衝攢塗提點		
360	道宗－乾統初	耶律阿思		廕補	清寧初，補祇候郎君	渤海近侍詳穩、契丹行宮都部署、北院大王、北院樞密使，監修國史	北院樞密使，致仕，加尚父	遼傳96
361	道宗－乾統初	蕭藥師奴	淳欽后弟阿古只之後，蕭尤哲姪	國舅帳，蔭補	補祇候郎君	興聖宮使、同知殿前點檢事、右夷离畢、南面林牙、漢人行宮副部署	安東軍節度使	遼傳91
362	道宗－乾統4	甯鑑	固安	進士第	著作佐郎	順州軍事判官、大理評事、中京內省判官、秘書狼、泰州樂康令、平州掌書記、樞密院試驗、朔州觀察判官、改授敦睦、弘義、延昌等宮判官、西京留守推官，丁太君憂，起復加尚書戶部郎中、樞密吏房主事、遷左司郎中、兵房承旨	接伴南宋使，小心得過，出爲忠順軍節度使	遼編鑑墓志
363	道宗－（乾統間）	蕭奪剌	遙輦注可汗宮分人	廕補，祖涅魯古北院樞密副使，父撒抹西北招討使	重熙初，祇候郎君	漢人行宮都部署、烏古敵烈統軍使，加龍虎衛上將軍、西北路招討使、東北路招討使、復西北招討使，改西京留守	復東北路招討使	遼傳92
364	道宗－乾統間	蕭阿魯帶	烏隗部			清寧間始仕。本部司徒	烏古敵烈統軍都監、山北副部署，加金吾衛上將軍，加同中書門下平章事	改西北路招討使，免官、被徵、致仕	遼傳94
365	道宗－乾統間	耶律斡特剌	季父房，許國王寅底石六世孫	橫帳皇族，廕補	年四十一，始補本班郎君	宿直官，歷左右護衛太保、升燕王傅、徙左夷离畢、北院樞密副使、知北院樞密使事、西北	北院樞密使，加守太師，致仕	遼傳97

						路招討使、南府宰相、契丹行宮都部署、復爲西北路招討使乞致仕，只罷招討，復南院樞密使	
366	道宗－乾統間	蕭達魯古	遙輦嘲古帳宮分	雜途（偏途）		旗鼓挏剌詳穩、國舅詳穩	乾統賂阿思，免	遼傳111
367	（興宗－道宗）	耶律安十	六院蒲古只之後，林牙突呂不之後，耶律石柳父	二院皇族			統軍副使	遼傳99
368	道宗－乾統中	耶律石柳	六院蒲古只之後，林牙突呂不之後，祖獨攧	二院皇族	牌印郎君	夷离畢郎君、以太子事，流鎮州、御史中丞	遙授靜江軍節度使，卒	遼傳99
369	（天祚）	耶律馬哥	六院蒲古只之後，石柳子	二院皇族			同中書門下平章事	遼傳99
370	道宗	耶律劉家奴	孟父房，孟簡父	橫帳皇族			節度使	遼傳104
371	道宗－乾統中	耶律孟簡	孟父房，于越屋質五世孫	橫帳皇族		乙辛銜之，大康謫巡磁窯關、上命置局編修國史、六院部太保、高州觀察使	昭德軍節度使	遼傳104
372	道宗－乾統6	王鼎	涿州	清寧5進士第	調易州觀察判官	改淶水令、累遷翰林學士、陞觀書殿學士、怨上不知己，下吏流鎮州	復其職（觀書殿學士），卒	遼傳104
373	（世宗－景宗）	馬廷煦	醫巫閭	馬人望曾祖			南京留守	遼傳105
374	（景宗－聖宗）	馬淵	醫巫閭	馬人望祖			中京副留守	遼傳105
375	（聖宗－興宗）	馬詮	醫巫閭	人望父			中京文思使	遼傳105
376	道宗－（乾統間）	馬人望	醫巫閭	高祖馬胤卿，晉青州刺史。咸雍中第進士	松山縣令	徙知涿州新城縣、中京度支司鹽鐵盼官、南京三司度支判官、遷警巡使、鞫乙辛弄權、改上京副留守、樞密都承旨、遷南京諸宮提轄制	南院樞密使，以守司徒兼侍中，致仕	遼傳105

					置、保靜軍節度使，遙授彰義軍節度使、遷中京度支使、徙左散騎常侍、累遷樞密直學士、拜參知政事，判南京三司使事、改南院宣徽使，以示優老		
377	道宗－天慶1	耶律塔不也	仲父房之後	橫帳皇族，廕補	咸雍初，補祇候郎君	改延慶宮副使、行宮都部署、天祚嗣位，出爲特免部節度使、賂阿思免，徙敵烈部節度使、敦睦宮使	出爲西北路招討使，卒	遼傳111
378	（聖宗－興宗）	蕭里拔	突呂不部人，陶蘇幹祖				奧隗部節度使	遼傳101
379	道宗－天慶4	蕭陶蘇幹	突呂不部人	廕補，重元亂隨伯父赴行在	補筆硯小底	累遷祇候郎君、樞密院侍御、崇德宮使、漠北滑水馬群太保、漠南馬群太保、天齊殿宿衛、同知南院樞密使事、漢人行宮副部署、控扼東路（疑東北路統軍使）	太子太傅致仕，卒	遼傳101
380	道宗－天慶3	丁文清		廕補	年15，由廕補內供奉班祇候	征商榷酒等務、左衛率府率	潞縣商麴鐵都監	遼文11、遼編文清墓志
381	道宗－天慶4	史洵直	儒州縉山	清寧8進士第	授著作佐郎	差充西京管內都商稅判官、左諫議大夫		遼文11、遼編墓志
382	道宗－天慶5	蕭胡篤	太和宮分人，其先撒葛只	廕補，曾祖敵魯明醫，統和中預太醫選世家	清寧初，補近侍	彰愍宮使、永興宮太師、累遷至殿前副點檢、東征先鋒都統	知北院樞密使事，卒	遼傳101
383	道宗－天慶中	耶律適祿			本部郎君	宿直官，加奉宸、護衛太保、弘義宮副使，泰州觀察使、達魯虎部節度使	知興中府	遼傳95

384	道宗－天慶中	耶律大悲奴	王子班涅里古之後		永興宮使	延昌宮使、右皮室詳穩、殿前都點檢、上京留守、惕隱、復爲都點檢、西南面招討使、上京留守、領北南樞密院點檢中丞諸司等事	彰國軍節度使	遼傳95
385	道宗－天慶中	耶律儼	析津李氏	咸雍進士第	守著作佐郎	補中書省令史、都部署判官，將作少監、改少府少監，知大理正、大理少卿、同簽部署司事、景州刺史、御史中丞、同知宣徽院事、提點大理寺、山西路都轉運使、樞密直學士、參知政事	知樞密院事	遼傳98
386	道宗－天慶間	蕭兀納	六院部	薦辟	清寧初，帝問兄圖獨族人可用者，以兀納對，補祗候郎君	近侍敞史，護衛太保、北院宣徽使、同知南院樞密使事、殿前都點檢、輔導燕王（燕王傅）南院樞密使、北府宰相、遼興軍節度使，守太傅、降寧邊州刺史、臨海軍節度使、知黃龍府事、改東北路統軍使、上京留守	契丹都宮使	遼傳98
387	道宗－天慶間	耶律章奴	季父房	橫帳皇族，廕補	大安中，補牌印郎君	累遷右中丞，兼領牌印宿直事、降知內客省事、東北路統軍副使	改同知咸州路兵馬事，謀立耶律淳，縛送行在	遼傳100
388	道宗－天慶7	姚璹		（廕補）	幼閤門祗候	西頭供奉官		遼文13、遼編璹墓志
389	（興宗－道宗）	大信	中京大定，先世遼陽率賓縣，統和間，徙遼東豪右以實中	大公鼎父			興中主簿	遼傳105

				京，因家於大定			
390	道宗-保大初	大公鼎	中京大定	渤海大氏，咸雍10進士第	調瀋州觀察判官	改良鄉令、累遷興國軍節度副使、長春州錢帛都提點、大理卿、長寧軍節度使、南京副留守、改東京戶部使	中京留守，保大1卒	遼傳105
391	道宗-保大－2	李處溫	析津李氏，伯父耶律儼		將作少監	累官參知政事、奉先薦處溫為相	魏國王淳授番漢馬步軍都元帥	遼傳102
392	道宗－保大2	張琳	瀋州人		壽昌末，為秘書中允	天祚即位，擢戶部使、南府宰相、召琳付東征事（疑東北路統軍使）	淳稱帝，諸將咸居權要，琳獨守太師，抑鬱卒	遼傳102
393	道宗－保大2	耶律棠古	六院部，六院郎君葛剌之後	二院皇族，廕補	大康中，補本班郎君，累遷大將軍	西北戍長、烏古部節度使	乞致仕，復為烏古部節度使	遼傳100
394	道宗－保大2	蕭得里底	淳欽后弟阿古只之後，晉王孝先之孫	國舅帳，廕補，父撒鉢歷官使相	大康中，補祗候郎君	興聖宮使，兼同知中丞事、歷寧遠軍節度使、長寧宮使、改同知南京留守事、北面林牙、同知北院樞密事、知北院樞密事，加守司徒、出為西南面招討使	北院樞密使	遼傳100
395	道宗－保大3	蕭乙薛	國舅少父房		壽昌間，累任劇官	知國舅詳穩事、遷殿前副點檢、金兵起，為行軍副都統、武定軍節度使、西京留守、北府宰相，加左僕射，兼東北路都統、金兵陷上京，詔兼上京留守、東北路統軍使、左遷西南面招討使、拜殿前都點檢	上京留守，保大3年盧彥倫叛被執，後為耶律大石所殺	遼傳101

396	道宗－保大3	奚回離保	奚王忒鄰之後	奚王府，廕補	大安中，補護衛	稍遷鐵鷂軍詳穩、徙北女直詳穩，兼知咸州路兵馬事、改東京統軍、遷奚六部大王，兼總知東路兵馬事、立淳爲帝	保大3自立，號奚國皇帝，爲郭藥師所敗，其黨殺之	遼傳114
397	天祚－天慶間	耶律尤者	六院部，六院蒲古只之後	二院皇族，廕補	乾統初，補祇候郎君	加觀察使、左遷銀州刺史、徙咸州糺將	與耶律章奴謀立耶律淳，送行在	遼傳100
398	天祚－天慶中	蕭酬斡	國舅少父房之後	國舅帳	祇候郎君班詳穩	出爲國舅詳穩，籍興聖宮、南女直詳穩	征東副統軍，歿於陣	遼傳100
399	天祚－保大2	耶律阿息保	五院部	吏進，世爲招討司吏家，祖徙居西北部	年十六，以才幹補內史	轉樞密院侍御、都巡補使、加領軍衛大將軍、奚六部禿里太尉	敵烈皮室詳穩，耶律淳僭號，疑貳心，殺之	遼傳101
400	天祚-保大3	蕭奉先		天祚元妃兄，后族		因元妃爲上眷倚，累官樞密使	樞密使，誤天祚亡國，賜死	遼傳102
401	天祚－保大4	耶律余覩	國族之近者	蔭緣	保大初，歷官副都統	蕭奉先忌之，叛歸女眞，爲其國先鋒	在女眞，意不自安，遁西夏，卒	遼傳102
402	天祚－保大5	蕭特烈	遙輦洼可汗宮分	近侍	乾統中，入宿衛	出爲順義軍節度使、同知咸州路兵馬事遷隗古部節度使、副統軍、中軍都統	僞立興宗孫尤烈，俱爲亂兵所殺	遼傳114

徵引書目

壹、中文之部

一、史 料

1. 元好問，《遺山先生文集》，臺北：臺灣商務印書館，叢書集成初編縮本，1965 年 8 月。

2. 王易，重編《燕北錄》，臺北：臺灣商務印書館，涵芬樓明鈔本《説郛》卷三，1972 年 12 月。

3. 王惲，《秋澗先生大全文集》，臺北：臺灣商務印書館，叢書集成初編縮本，1965 年 8 月。

4. 司馬光，《資治通鑑》，臺北：世界書局，1974 年 3 月六版。

5. 田況，《儒林公議》，北京：中華書局，叢書集成初編本，1985 年。

6. 向南編，《遼代石刻文編》，石家庄：河北教育出版社，1995 年 4 月第 1 版。

7. 李燾，《續資治通鑑長編》，臺北：世界書局，新定本，1983 年 2 月。

8. 脫脫等撰，《金史》，臺北：臺灣商務印書館，百衲本，1988 年 1 月臺六版。

9. 脫脫等撰，《遼史》，北京：中華書局，1974 年 10 月初版。

10. 脫脫等撰，《遼史》，臺北：臺灣商務印書館，百衲本，1988.1 臺六版。

11. 陳述編，《全遼文》，北京：中華書局，1982 年初版。

12. 陸游，《老學庵筆記》，北京：中華書局，《唐宋史料筆記叢刊》，1997 年 12 月第二刷。

13. 楊復吉，《遼史拾遺補》，北京：中華書局，叢書集成初編，1985 年。

14. 萬斯同,〈遼大臣年表〉,見《遼史彙編》第四冊,臺北:鼎文書局,1973年10月。

15. 葉隆禮,《契丹國志》,臺北:廣文書局,1992年月再版。

16. 蓋之庸編著,《內蒙古遼代石刻文研究》,呼和浩特:內蒙古大學出版社,2002年5月第1版。

17. 劉昫等撰,《舊唐書》,臺北:臺灣商務印書館,百衲本,1981.1臺五版。

18. 厲鶚,《遼史拾遺》,臺北:藝文印書館,百部叢書集成廣雅叢書本,1964年。

19. 歐陽修等撰,《五代史記》,臺北:臺灣商務印書館,百衲本,1988.1臺六版。歐陽修等撰,《新唐書》,臺北:臺灣商務印書館,百衲本,1988年1月臺六版。

20. 龍袞,《江南野史》,臺北:臺灣商務印書館,文淵閣四庫全書本。

21. 薛居正等撰,《舊五代史》,臺北:臺灣商務印書館,百衲本,1988.1臺六版。

22. 魏收撰,《魏書》,臺北:臺灣商務印書館,百衲本,1988年1月臺六版。

23. 趙翼,《廿二史箚記》,臺北:世界書局,1986年10月九版。

二、近人研究

(一)專 著

1. 毛漢光,《中國中古政治史論》,臺北:聯經出版公司。1990年1月初版。

2. 毛漢光,《中國中古社會史論》,臺北:聯經出版公司,1988年2月。

3. 王明蓀,《元代的士人與政治》,臺北:臺灣學生書局,1992年。

4. 何天明,《遼代政權機構史稿》,呼和浩特:內蒙古大學出版社,2004年9月第1版。

5. 李符桐,《回鶻與遼朝建國之關係》,收於《李符桐論著全集》第二冊,臺北:臺灣學生書局,1992年4月初版。

6. 金毓黻,《東北通史》,臺北:洪氏出版社,1976年,影印國立東北大學民國30年本。

7. 島田正郎撰,何天明譯,《大契丹國》(即日文版《遼代社會史研究》),呼和浩特:內蒙古人民出版社,2007年1月第一版。

8. 馬凌諾斯基著、費(孝)通譯,《文化論》,臺北:臺灣商務印書館,1978年臺三版。

9. 莫斯加(Gaetano Mosca)著,涂懷瑩譯,《統治階級論》,臺北:國立編譯館,1997年5月

10. 張博泉等,《金史論稿》,長春:吉林文史出版社,1992年2月第1版。

11. 陳述,《契丹史論證稿》,收於《遼史彙編》第七冊,臺北:鼎文書局,1973年10月初版。

12. 陶晉生,《女眞史論》,臺北:稻香出版社,2003年11月。

13. 傅海波(Herbert Franke)崔瑞德(Denis Twitchett)主編,史衛民等譯,《劍橋中國遼西夏金元史》,北京:中國社會科學出版社,1998年8月。

14. 愛宕松男著,邢復禮譯,《契丹古代史研究》,呼和浩特:內蒙古人民出版社,1988年11月第一版。

15. 楊若薇,《契丹王朝政治軍事制度研究》,臺北:文津出版社,1992年7月。

16. 楊樹藩,《遼金中央政治制度》,臺北:臺灣商務印書館,1978初版。

17. 劉萍,《津田左右吉研究》,北京:中華書局,2004年11月1版1刷。

18. 摩爾根(Lewis H. Morgan)著,楊東蒓等譯,《古代社會》,北京:商務印書館,1987年1月。

19. 羅素(Bertrand Russell)著,靳建國譯,《權力論》,臺北:遠流出版公司,1989年5月。

(二)學位論文

1. 陳昭揚,《征服王朝下的士人——金代漢族士人的政治、社會、文化論析》,新竹:清華大學歷史研究所博士論文,2007年6月。

2. 陳昭揚,《金初漢族士人的政治參與》,臺中:中興大學歷史系碩士論文,1998年2月。

3. 廖啓照,《契丹建國前之社會結構》,台中‧中興大學歷史系碩士論文,1995年6月。

(三)期刊與專書論文

1. 毛漢光,〈論安史亂後河北地區之社會與文化——舉在籍大士族爲例〉,淡江大學中文系主編《晚唐的社會與文化》(臺北:臺灣學生,1990年)。

2. 王民信,〈契丹外戚集團的形成〉,《契丹史論叢》(臺北:學海出版社,1973年6月初版),頁73～87。

3. 王民信,〈遼太祖諸弟叛逆探源〉,《遼金史論集》第5輯(北京:文津出版社,1991年11月),頁51～58。

4. 王民信,〈遼代漢人賜姓研究〉,《政大邊政所年報》9期(臺北:政大邊政研究所,1978年)。

5. 王民信,〈遼朝時期的康姓族群——遼朝漢姓氏族集團研究之一〉,《第二屆宋史學術研討會論文集》(臺北:中國文化大學,1995年)。

6. 王明蓀,〈八十餘年以來遼金史研究之方向與課題〉,《中華民國史專題論文集第四屆討論會》(臺北:國史館,1998年12月),頁729～751。

7. 王明蓀，〈契丹與中原本土之歷史關係〉，《宋遼金史論文稿》（臺北：明文書局，1981 年 12 月初版），頁 1～32。

8. 王明蓀，〈略論遼代漢人集團〉，《宋遼金史論文稿》（臺北：明文書局，1981 年 12 月初版），頁 63～126。

9. 王明蓀，〈論內蒙古遼代之古城〉，《興大歷史學報》13 期（台中：興大歷史系，2002 年），頁 25～70。

10. 王明蓀，〈論東北遼代之古城〉，《興大人文學報》32 期下（台中：興大文學院，2002 年），頁 731～777。

11. 王明蓀，〈遼代政區之建置與移民築城〉，《中古史研究》第 1 期（台北：蘭台，2002 年），頁 248～279。

12. 王明蓀，〈論遼代五京之性質〉（未刊稿）。

13. 王壽南，〈論唐代河北三鎮之獨立性在文化上的原因〉，《中山學術文化集刊》第 1 集（臺北：中山學術文化基金會，1968 年 3 月）。

14. 田村實造撰、李明仁譯，〈中國征服王朝——總括〉，鄭欽仁、李明仁編譯，《征服王朝論文集》（臺北：稻香出版社，1999 年 1 月初版），頁 70～90。

15. 吉田順一撰、鄭欽仁譯，〈北亞的歷史發展與魏復古的征服王朝理論〉，鄭欽仁、李明仁編譯，《征服王朝論文集》（臺北：稻香出版社，1999 年 1 月初版），頁 171～184。

16. 朱子方、黃鳳岐，〈遼代科舉制度述略〉，《遼金史論集》第 3 輯（北京：書目文獻出版社，1987 年），頁 1～12。

17. 吳光華，〈唐代幽州地域主義的形成〉，淡江大學中文系主編《晚唐的社會與文化》（臺北：臺灣學生書局，1990 年 9 月初版）。

18. 村上正二撰、鄭欽仁譯，〈征服王朝〉，鄭欽仁、李明仁編譯，《征服王朝論文集》（臺北：稻香出版社，1999 年 1 月初版），頁 91～150。

19. 李文澤，〈遼代官方教育與科舉制度研究〉，《四川大學學報》哲社版 1994 年 4 期，頁 60～64。

20. 李家祺，〈遼朝科舉考〉，《現代學苑》，5 卷 8 期（臺北：現代學苑月刊社，1968 年），頁 21～26。

21. 李符桐，〈奚部族及其與遼朝關係之探討〉，《李符桐論著全集》五（臺北：臺灣學生書局，1992 年 4 月初版），頁 1～112。

22. 李符桐，〈遼朝國舅族拔里乙室巳二部爲回鶻考〉，《李符桐論著全集》五（臺北：臺灣學生書局，1992 年 4 月初版），頁 113～177。

23. 李漢陽，〈遼太祖諸弟之亂考〉，《史學會刊》，第 16 期（臺北：臺灣師範大學歷史研究所，1976 年 6 月）。

24. 李錫厚，〈論遼朝的政治體制〉，《宋遼金元史》1988 年第 4 期，頁 52～68。

25. 李錫厚，〈遼代宰相制度的演變〉，《宋遼金元史》，1987 年 5 期（北京：人民大學書報中心，1987，原刊《民族研究》1987 年 4 期），頁 56～62。

26. 周懷宇，〈遼王朝的科舉制考察述論〉，《安徽史學》，1997 年 4 期。

27. 林麗月，〈王者佐‧社稷器──宰相制度〉，《中國文化新論──制度編》（臺北：聯經出版公司，1995 年 11 月），頁 89～138。

28. 姚從吾，〈契丹君位繼承問題的分析〉，《臺大文史哲學報》第 2 期（臺北：臺灣大學文學院，1953 年 2 月初版），頁 81～111。

29. 姚從吾，〈說阿保機時代的漢城〉，《東北史論叢》（臺北：正中書局，1970 年 4 月臺三版），頁 193～216。

30. 姚從吾，〈說契丹的捺鉢文化〉，《東北史論叢》（臺北：正中書局，1970 年 6 月臺三版），頁 1～30。

31. 姚從吾，〈說遼朝契丹人的世選制度〉，《臺大文史哲學報》，第 6 期（臺北：臺大出版委員會，1954 年 12 月初版），頁 91～135。

32. 唐統天，〈契丹于越考──兼與島田正郎及威特夫先生商榷〉，《宋遼金元史》，1988 年第 3 期（北京：人民大學書報中心，1988 年，原刊《東北地方史研究》1988 年第 1 期），頁 54～60。

33. 唐統天，〈遼代漢官的散階制〉，《宋遼金元史》，1989 年 4 期（北京：人民大學書報中心，1989 年），頁 68～72。

34. 唐統天，〈關於北、南宰相府的幾個問題〉，《宋遼金元史》，1989 年第 1 期（北京：人民大學書報中心，1989 年，原刊《民族研究》1988 年第 5 期），頁 61～68。

35. 唐統天，〈遼代尚書省研究〉，《北方文物》1989 年第 1 期（哈爾濱：北方文物雜誌社，1989 年 2 月），頁 64～70。

36. 島田正郎，〈遼朝于越考〉，《大陸雜誌》，第 35 卷 10～12 期（臺北：大陸雜誌，1967 年 11～12 月初版）。

37. 島田正郎，〈遼朝北面中央官制的特色〉，《大陸雜誌》，29 卷 12 期（臺北：大陸雜誌社，1964 年 12 月），頁 443～452。

38. 島田正郎，〈遼朝宰相考〉，《大陸雜誌》，40 卷 3 期（臺北：大陸雜誌社，1970 年 2 月），頁 71～84。

39. 島田正郎，〈遼朝監察官考〉，《大陸雜誌》30 卷 7 期（臺北：大陸雜誌社，1965 年 4 月），頁 213～222。

40. 孫國棟，〈唐代中央重要文官遷轉時間與任期的探討〉，《唐宋史論叢》（香港：商務印書館，2000 年月初版），頁 357～383。

41. 孫國棟，〈從夢遊錄看唐代文人遷官的最優途徑〉，《唐宋史論叢》（香港：商務印書館，2000 年月初版），頁 17～36。

42. 海老澤哲雄撰、穆鴻利譯，〈戰後日本研究遼金史動態〉，《遼金契丹女真

史譯文集》（長春：吉林文史出版社，1990 年 9 月第 1 版）。

43. 張亮采，〈遼代漢人樞密院之研究〉，《遼史彙編》，第九冊（臺北：鼎文書局，1973 年 10 月初版，原刊《東北集刊》第 1 期），頁 217～226。

44. 陳述，〈論契丹之選汗大會與帝位繼承〉，《遼史彙編》，第八冊（臺北：鼎文書局，1973 年 10 月初版，原刊《史學集刊》第 5 期），頁 418～442。

45. 陳述，〈遼代（契丹）刑法史論證〉，《遼金史論集》，第 2 輯（北京：書目文獻出版社，1987 年 7 月）。

46. 陳寅恪，〈統治階級之氏族及其升降〉，《唐代政治史述論稿》上篇，（臺北：臺灣商務印書館，1994 年）。

47. 陳曉林譯序，〈欲迴天地入扁舟〉，收入湯恩比，《歷史研究》（臺北：遠流出版社，1987 年）。

48. 陶晉生，〈民國以來遼金史研究的回顧〉，《民國以來國史研究的回顧與展望研討會論文集》（台北：國立台灣大學歷史學系，1992 年），頁 123～134。

49. 陶晉生，〈金代的用人政策〉，《食貨月刊》，復刊 8 卷 11 期（臺北：食貨月刊社，1979 年 2 月），頁 47～56。

50. 陶晉生，〈金代的政治結構〉，《中央研究院歷史語言研究所集刊》第 41 本 4 分（臺北：中央研究院歷史語言研究所，1970 年 12 月），頁 567～593。

51. 陶晉生，〈金代的政治衝突〉，《中央研究院歷史語言研究所集刊》第 43 本 1 分（臺北：中央研究院歷史語言研究所，1971 年 6 月），頁 135～161。

52. 陶晉生，〈從宋詩看宋遼關係〉，《宋遼關係史研究》（臺北：聯經出版公司，1984 年）。

53. 都興智，〈有關遼代科舉的幾個問題〉，《北方文物》，1991 年 2 期（北京：北方文物編輯社，1991 年 5 月），頁 56～60。

54. 傅樂煥，〈遼代四時捺鉢考五篇〉，《中央研究院歷史語言研究所集刊》，第十本（北平：中央研究院歷史語言研究所，1948 年），頁 223～347。

55. 曾資生，〈宋遼金元的考核制度概況〉，《東方雜誌》41 卷 12 期（上海：商務印書館，1945 年 6 月）。

56. 湯恩比，〈我的歷史觀〉，張文傑等編譯《現代西方歷史哲學譯文集》（臺北：谷風出版社，1987 年 11 月）。

57. 馮永謙，〈遼史外戚表補證〉，《社會科學輯刊》，1979 年第 3 期（瀋陽：《社會科學輯刊》編輯部，1979 年 5 月）。

58. 黃鳳岐，〈近年來我國契丹史研究述略〉，《遼金史論集》，第 7 輯（鄭州：中州古籍出版社，1995 年），頁 1～15。

59. 楊志玖，〈阿保機即位考辨〉，《中央研究院歷史與研究所集刊》，第 17 本（北平：中央研究院歷史語言研究所，1948 年），頁 213～225。

60. 楊若薇，〈遼朝科舉的幾個問題〉，《宋遼金元史》，1989 年 3 期（北京：人民大學書報中心，1989 年，原刊《史學月刊》1989 年 2 期），頁 69～74。

61. 楊樹藩，〈遼金文官任用制度〉，《中國歷史學會史學集刊》6 期（臺北：中國歷史學會，1974 年）。

62. 楊樹藩，〈遼金貢舉制度〉，《宋史研究集》第 7 輯（臺北：中華叢書編審委員會，1974 年 9 月），頁 115～149。

63. 廖啓照，〈從部落聯盟到契丹王朝——以遼代中央政樞之官僚化爲中心〉，《興大歷史學報》，第 11 期（臺中：中興大學歷史系，2000 年 12 月），頁 153～173。

64. 廖啓照，〈臺灣遼金元史研究述要〉，《遼夏金元史教研通訊》，2002 年第 1 期（臺中：《遼夏金元史教研通訊》編輯組，2002 年 6 月），頁 113～132。

65. 漆俠，〈從對《遼史》列傳的分析看遼國加體制〉，《歷史研究》，1994 年第 1 期（北京：歷史研究雜誌社，1994 年），頁 75～88。

66. 劉銘恕，〈遼代之頭鵝宴與頭魚宴〉，《遼史彙編》，第八冊（臺北：鼎文書局，1973 年 10 月初版），彙編第七十五種。

67. 蔣武雄，〈耶律阿保機諸弟叛亂始末〉，《空中大學人文學報》第 3 期（臺北：空中大學，1994 年 4 月）。

68. 蔣武雄，〈宋遼外交中的詩歌交往〉，《中國中古史研究》第 1 期（臺北：蘭台出版社，2002 年 9 月），頁 229～245。

69. 蔣武雄，〈遼代文臣參與遼宋外交的探討——以遼代狀元和王師儒爲例〉，《東吳歷史學報》第 17 期（臺北：東吳大學歷史系，2007 年 6 月），頁 28～48。

70. 蔡美彪，〈遼代的后族與遼季后妃三案〉，《歷史研究》，1994 年第 2 期（北京：歷史研究雜誌社，1994 年 4 月），頁 43～61。

71. 盧建榮，〈唐後期河北特區化過程中的抗爭文化邏輯——兼論唐廷與河北爲扈從主義關係說〉，《中國民國史專題論文集·第五屆討論會》（臺北：國史館，2000 年 12 月初版）。

72. 聶崇岐，〈宋遼交聘考〉，《宋史叢考》下（臺北：華世出版社，1986 年），頁 283～375。

73. 蕭啓慶，〈內北國而外中國：元朝的族群政策與族群關係〉，《元朝史新論》（臺北：允晨文化公司，1999 年 5 月），頁 43～60。

74. 蕭啓慶，〈元朝的統一與統合：以漢地、江南爲中心〉，《元朝史新論》（臺北：允晨文化實業公司，1999 年 5 月），頁 13～42。

75. 蕭啓慶，〈漢人世家與邊族政權——以遼朝燕京五大家族爲中心〉，《國科會研究彙刊：人文及社會科學》3 卷 1 期（臺北：國家科學委員會，1993

年 1 月），頁 36～58。

76. 劉浦江，〈金朝的民族政策與民族歧視〉，《歷史研究》1996 年 3 期（北京：《歷史研究》編輯部，1996 年）。

77. 嚴耕望，〈唐代方鎮使府僚佐考〉，《唐史研究叢稿》（香港：新亞研究所，1969 年），頁 211～236。

78. 護雅夫撰、鄭欽仁譯，〈內陸亞世界的展開──總說〉，鄭欽仁、李明仁編譯，《征服王朝論文集》（臺北：稻香出版社，1999 年 1 月初版），頁 151～170。

貳、日文專著與論文

1. 三上次郎，〈金朝における女眞人外戚の政治、社會的地位〉，《金史研究三：金代政治・社會の研究》（東京：中央公論美術出版，1973 年），頁 105～121。

2. 田村實造，〈唐代に於ける契丹族の研究──特に開國傳說の成立と八部組織に就いて〉，《滿蒙史論叢》第一（出版地不詳：四滿文化協會刊，昭和 13 年 8 月），頁 1～85。

3. 津田左右吉，〈遼の制度の二重體系〉，《津田左右吉全集》第 12 卷（東京：岩波書店，1987 年 8 月第二刷），頁 321～391。

4. 島田正郎，《遼制之研究》，東京：汲古書院，1973 年 8 月。

5. 橋口兼夫，〈遼代の國舅について〉，《史學雜誌》，第 50 卷 2、3 號（出版地不詳：史學會），頁 153～191 及頁 326～357。

參、西文專著與論文

1. J. Holmgren, "Marriage, Kinship and succession under The Ch'i-tan Rulers of The Liao Dynasty（907～1125）", *T'oung-pao,* No.72（1986）, pp.44-91

2. Harold D. Lasswell and Abraham Kaplan, *Power and Society: A Framework for Political Inquiry*, New Haven: Yale University Press, 1950.

3. Karl A. Wittfogel and Feng Chia-Sheng, *History of Chinese Society: Liao (907～1125)* Philadelphia: American Philosophical Society, 1949.

4. Karl A. Wittfogel, "Public Office in The Liao Dynasty and The Chinese Examination System", *Harvard Journal of Asiatic Studies*, Vol. 10, No. 1（Cambridge: Harvard-Yenching Institute, 1967.6）, pp.13～40